"十四五"普通高等教育会计专业精品规划教材

基础会计学

JICHU KUAIJIXUE

主编 龚菊明

苏州大学出版社
Soochow University Press

图书在版编目(CIP)数据

基础会计学/龚菊明主编. —苏州:苏州大学出版社,2021.7(2022.7重印)

"十四五"普通高等教育会计专业精品规划教材

ISBN 978-7-5672-3552-6

Ⅰ.①基… Ⅱ.①龚… Ⅲ.①会计学-高等学校-教材 Ⅳ.①F230

中国版本图书馆 CIP 数据核字(2021)第 087761 号

基础会计学

龚菊明　主编

责任编辑　施小占

苏州大学出版社出版发行

(地址:苏州市十梓街1号　邮编:215006)

常州市武进第三印刷有限公司印装

(地址:常州市湟里镇村前街　邮编:213154)

开本787 mm×1 092 mm　1/16　印张17.25　字数388千
2021年7月第1版　2022年7月第2次印刷
ISBN 978-7-5672-3552-6　　定价:48.00元

图书若有印装错误,本社负责调换
苏州大学出版社营销部　电话:0512-67481020
苏州大学出版社网址　http://www.sudapress.com
苏州大学出版社邮箱　sdcbs@suda.edu.cn

"十四五"普通高等教育会计专业精品规划教材

编审委员会

顾问　冯博
主任　周中胜
委员　王则斌　俞雪华　龚菊明　茆晓颖　郁刚　张薇
　　　何艳　蒋海晨　薛华勇　王雪珍　滕青

Preface 前言

会计是经济管理的一个重要组成部分，经济越发展，会计越重要。2006年2月15日，财政部对1992年后陆续发布的一系列企业会计准则进行全面修订，发布了包括《企业会计准则——基本准则》和38项具体准则在内的新的企业会计准则体系，并于2007年1月1日起施行，实现了我国企业会计准则与国际会计准则的接轨。随着我国社会主义市场经济的不断发展和完善，会计领域发生了很多变化：2014年至2020年已先后修订了十多项会计具体准则和新出台了多项会计具体准则；2016年起全面实施营业税改征增值税，增值税的税率多次进行了调整；2016年起开始实施新的《会计档案管理办法》；等等。会计理论的巨大变革和会计实践的深刻变化，极大地冲击着会计教学，要求我们顺应潮流，不失时机地培养高质量、高水平、能满足改革开放需要、通晓国际会计惯例的高素质人才。正是基于这一认识，我们根据会计工作的新变化，编写了《基础会计学》一书。

《基础会计学》主要阐述会计学基本理论、基本方法和基本操作技术，是会计初学者的入门向导。本书是以《中华人民共和国会计法》和新的企业会计准则体系为指针，在汲取会计教学和研究最新成果的基础上编写的一本内容新颖、结构合理、实用性强的全新教科书。全书共分十一章，包括总论、会计要素和账户、复式记账、基本经济业务的核算、成本计算、会计凭证、会计账簿、财产清查、财务报表、账务处理程序、会计工作的组织等内容。每章开始有本章学习目的与要求，章末有本章小结和思考题。为了便于学习基础会计的相关知识，与本书配套出版《基础会计学习指导与习题集》一书。本书可作为高等学校会计学、财务管理、工商管理、经济学、金融学、财政学等经济类、管理类各专业的教材，也可以作为广大财务会计人员进行继续教育、业务培训和业务学习的用书，还可以作为财政、审计、税务、银行、工商等经济管理和监督部门在职干部业务学习的参考资料。本书由龚菊明担任主编，负责全书的修改、总纂和定稿。全书各章分工如下：第一、二、三、四、五章由龚菊明编写；第六、十章由袁敏编写；第七、八章由龚蕾编写；第九、十一章由李洁慧编写。

本书在编写过程中，参考了国内许多相关的教材和资料及有关专家、学者的优秀论著，受益良多，在此谨向这些文献的作者致以诚挚的谢意！

由于编者水平有限，加上时间仓促，书中难免有疏漏甚至错误之处，恳请广大读者批评指正，以便今后进一步修改和完善。

编 者
2021年3月于苏州大学

目录

第一章　总　论
第一节　会计的含义　/1
第二节　会计的对象和职能　/6
第三节　会计目标、会计基本假设和会计基础　/11
第四节　会计信息质量要求　/15
第五节　会计计量和会计方法　/19
本章小结　/22
思考题　/23

第二章　会计要素和账户
第一节　会计要素　/24
第二节　会计等式　/33
第三节　会计科目　/37
第四节　会计账户　/40
本章小结　/43
思考题　/44

第三章　复式记账
第一节　复式记账的意义　/45
第二节　借贷记账法　/47
第三节　总分类账户和明细分类账户　/59
本章小结　/62
思考题　/63

第四章　基本经济业务的核算
第一节　资金投入业务的核算　/65

第二节　供应业务的核算　／72

第三节　生产业务的核算　／82

第四节　销售业务的核算　／92

第五节　财务成果业务的核算　／101

第六节　资金退出业务的核算　／117

本章小结　／118

思考题　／120

第五章　成本计算

第一节　成本计算的基本原理　／121

第二节　成本计算的基本方法　／124

本章小结　／131

思考题　／132

第六章　会计凭证

第一节　会计凭证概述　／133

第二节　原始凭证的填制和审核　／143

第三节　记账凭证的填制和审核　／146

第四节　会计凭证的传递和保管　／149

本章小结　／152

思考题　／152

第七章　会计账簿

第一节　会计账簿概述　／154

第二节　会计账簿的设置和登记方法　／158

第三节　会计账簿的使用规则　／166

第四节　对账和结账　／170

第五节　会计账簿的更换和保管　／174

本章小结　／175

思考题　／176

第八章　财产清查

第一节　财产清查概述　／177

第二节　财产清查的盘存制度　／181

第三节　财产清查的方法　／183

第四节　财产清查结果的处理　/ 188

本章小结　/ 192

思考题　/ 192

第九章　财务报表

第一节　财务报表概述　/ 193

第二节　资产负债表　/ 199

第三节　利润表　/ 208

第四节　现金流量表　/ 213

第五节　所有者权益变动表　/ 217

第六节　财务报表附注　/ 221

本章小结　/ 222

思考题　/ 223

第十章　账务处理程序

第一节　账务处理程序概述　/ 224

第二节　记账凭证账务处理程序　/ 226

第三节　科目汇总表账务处理程序　/ 237

第四节　汇总记账凭证账务处理程序　/ 241

本章小结　/ 246

思考题　/ 247

第十一章　会计工作的组织

第一节　会计工作组织概述　/ 248

第二节　会计机构　/ 250

第三节　会计人员　/ 252

第四节　会计法规　/ 255

第五节　会计档案　/ 258

第六节　会计电算化　/ 261

本章小结　/ 265

思考题　/ 266

第一章

总 论

学习目的与要求

通过本章学习，了解并掌握：
1. 会计的产生、发展和含义；
2. 会计的对象和职能；
3. 会计的目标、会计基本假设和会计核算的基础；
4. 会计信息的质量要求；
5. 会计的计量属性和核算方法。

第一节 会计的含义

一、会计的产生

会计是人类社会发展到一定阶段的必然产物。在人类社会中，生产活动是最基本的实践活动。人类要生存，社会要发展，就必须进行物质资料的生产。生产活动一方面会创造物质财富，另一方面又会发生劳动耗费。如果生产中取得的成果扣除耗费后，没有多余，社会就无法发展；反之，如果有多余，再生产就能在扩大的规模上进行，社会就能不断地发展。为此，人们在生产中必然非常关心自己的劳动耗费和劳动成果，总是力求以尽可能少的耗费，取得尽可能多的成果。为了达到这一目的，必须在不断采用先进生产技术的同时，加强对生产活动的管理，即需要对劳动耗费和劳动成果进行计量、记录、计算和对比，这样就产生了会计。所以，会计是适应社会生产的发展和经济管理的需要而产生的。

在人类社会的发展历史上，会计很早就产生了。在原始社会时期，人们为了掌握生产成果和安排生活，逐步产生了计数和计算的需要。在文字产生以前，这种计数和计算是通过"结绳记事""刻木记数"或是凭头脑的记忆进行的。在文字产生后，人们对物质资料的生产与耗费开始有了专门的记载，这种文字与数字相结合的专门记载，就是最初形态的会计。但是，由于当时的生产力十分低下，生产规模非常小，用来计算生产和耗费的会计也极为简单和粗略，它只是生产者在从事生产活动中的一项附带工作。

随着社会生产力的发展，生产规模的不断扩大，社会产品逐渐增多，生产管理日趋复杂，会计的重要性也就越来越明显。作为管理生产活动的会计工作，已经不是生产者所能胜任的一项附带工作了，于是，会计便开始从生产职能中分离出来，成为一种特殊的独立的职能。

二、会计的发展

会计产生至今，有着悠久的历史。在我国，根据《周礼》记载，早在西周时期，就已经建立起了一套完整的会计工作组织系统，有"司书""司会"等官吏专门从事会计工作。这个时期的会计主要是核算和监督朝廷官厅的钱粮赋税的收支活动，对财物收支进行实物数量的记录和计算。因此，通常将这个时期的会计称为"官厅会计"。

随着社会生产的日益发展和生产规模的日益扩大，会计经历了一个由简单到复杂、由低级到高级的发展过程，即从早期对实物数量的简单记录和计算，逐渐发展为用货币作为计量单位来综合反映和监督经济活动过程。经过长期的社会实践，通过不断吸收先进的科学技术成果，会计的技术和方法逐渐完善。

从实物计量到货币综合反映，经历了从秦到汉缓慢的过渡时期。与此同时，在秦汉两代，用于提供经济信息的会计方法也有了明显的进步。在官方的赋税记录中，开始使用"入""出"作为记账符号并创立了用于登记会计事项的账簿。西汉时采用的"上计簿"，则可视为"会计报告"的滥觞。到了唐宋时期，发明了"四柱清册"的结账与报账方法。所谓"四柱"，是指"旧管"（相当于"上期结存"）、"新收"（相当于"本期收入"）、"开除"（相当于"本期支出"）和"实在"（相当于"本期结存"）四个部分。"四柱清册"方法把一定时期内财物收支的记录，通过"旧管＋新收＝开除＋实在"（上期结存＋本期收入＝本期支出＋本期结存）这一平衡公式加以总结，既可检查日常记录的正确性，又可分类汇总日常会计记录，在一定程度上起到系统、全面和综合的反映作用。"四柱清册"的发明把我国传统的单式收付簿记提到一个较为科学的高度。这是我国古代会计的一个杰出成就，即使是现代会计，也仍在运用这一平衡关系。

明清时期，商业和手工业趋向繁荣，商品货币经济进一步发展，资本主义经济关系逐渐萌芽，相继出现了"龙门账"和"天地合账"。"龙门账"把全部账目划分为"进"（各项收入）、"缴"（各项支出）、"存"（各项资产）和"该"（资本及负债）四大类，运用"进－缴＝存－该"的平衡公式计算盈亏，分别编制"进缴表"和"存该表"。"天地合账"要求对一切账项，都要在账簿上记录两笔，以反映同一账项的来龙去脉；账簿采用垂直书写，直行分上下两格，上格记收，称为天，下格记付，称为地，上下两格所记数额必须相符，即所谓天地合。

中华人民共和国成立以前，我国的会计实际上是中西式并存。许多中小型工商企业仍沿用传统的"中式簿记"（主要是单式记账法），只有官僚垄断资本主义企业、少数大型民族工商业及民国政府机关，才采用"西式会计"（主要是借贷复式记账法）。

中华人民共和国成立后，为了适应社会主义建设的需要，我国引进了苏联的会计制度，以复式记账为基础的现代会计才得到迅速而全面的推广。基于有计划地进行大规模社会主义经济建设的需要，我国先后制定出多种统一会计制度，强化了对会计工作的组织和指导。1985年颁布的《中华人民共和国会计法》，标志着我国的会计工作从此进入了法治阶段，使我国的会计工作沿着正确方向健康发展有了可靠的法律保证。

为了适应社会主义市场经济的需要，财政部于1992年颁布了《企业会计准则》，它从1993年7月1日起施行。2006年2月15日，财政部对上述准则做了系统性的修改，发布了包括《企业会计准则——基本准则》和38项具体准则在内的企业会计准则体系。这是引导我国会计工作与国际会计惯例接轨的一项重大措施，也是我国会计理论和实践发展中的一个重要里程碑。

财政部于2014年修改了《企业会计准则——基本准则》，修订了《企业会计准则第2号——长期股权投资》《企业会计准则第9号——职工薪酬》《企业会计准则第30号——财务报表列报》《企业会计准则第33号——合并财务报表》《企业会计准则第37号——金融工具列报》五项具体会计准则，制定了《企业会计准则第39号——公允价值计量》《企业会计准则第40号——合营安排》《企业会计准则第41号——在其他主体中权益的披露》三项具体会计准则。

财政部于2017年修订了《企业会计准则第14号——收入》《企业会计准则第16号——政府补助》《企业会计准则第22号——金融工具确认和计量》《企业会计准则第23号——金融资产转移》《企业会计准则第24号——套期会计》《企业会计准则第37号——金融工具列报》具体会计准则，制定了《企业会计准则第42号——持有待售的非流动资产、处置组和终止经营》。财政部于2018年修订了《企业会计准则第21号——租赁》。财政部于2019年修订了《企业会计准则第7号——非货币性资产交换》和《企业会计准则第12号——债务重组》。财政部于2020年修订了《企业会计准则第25号——保险合同》。

在国外，会计的历史也很悠久。在原始的印度公社时期，专职的记账员已经出现了，他们负责登记农业账目，登记和记录与此有关的一切事项。在奴隶社会和封建社会时期，由于商品经济还不发达，当时的会计主要是政府部门用来记录和计算钱物税赋等财政收支活动的。在西方，10世纪前后，一般也采用单式簿记记账。由于当时欧洲的生产技术远比东方落后，那里流行的单式簿记在技术上尚未达到我国当时的水平。

但是，从12世纪到15世纪，在地中海沿岸的许多城市如佛罗伦萨、热那亚和威尼斯等，商业和手工业都比较兴盛，出现了资本主义生产的最初萌芽。不断发展的商品经济，孕育并推动了簿记方法的革命。在这样一个历史时期，簿记方法终于出现了重大的突破。意大利数学家卢卡·帕乔利在认真研究威尼斯簿记的基础上于 1494 年发表了《算术、几何与比例概要》一书，在书中第三篇"记算与记录评论"（又称"簿记论"）中，对威尼斯簿记做了完善的说明；他的"簿记论"公认是世界第一部系统地阐述复式簿记原理与方法的经典著作，为复式记账在全世界的广泛传播、为以复式簿记为支柱的现代会计奠定了基础。复式记账是商品经济的产物，而复式记账对促进商品经济的发展又具有不可磨灭的功绩。著名的德国诗人歌德曾这样赞美复式簿记：它是人类智慧的绝妙创造，以至每一个精明的商人都必须在自己的经营事业中利用它。

18 世纪末和 19 世纪初的产业革命，在若干资本主义国家特别是英国形成了空前的生产力，由此引起了生产组织和经营形式的重大变革，股份有限公司这种新的经济组织应运而生。股份有限公司的资本所有权与经营权的分离，产生了审查经营管理人员履职情况的需要。于是，社会上出现了以"自由职业"为身份的、以查账为职业的特许或注册会计师。1854 年，在英国苏格兰的会计师中成立了第一个特许会计师协会——"爱丁堡会计师协会"。从此，会计的服务对象扩大了，会计的内容也发展了。会计包括了记账、算账、报账和查账，在核算职能的基础上更能发挥监督的职能，尤其通过特许或注册会计师的活动，会计的作用获得社会的广泛承认。

从 19 世纪 50 年代起，会计的理论、方法和技术等各个方面，都有突飞猛进的发展。复式簿记不断完善，会计的一些新的内容如成本计算、会计报表分析、货币计价原则与方法等相继出现，发展很快。20 世纪 30 年代以后，为了使会计工作规范化，提高会计报表的真实性和可比性，西方各国先后研究和制定了会计原则（会计准则），进一步把会计理论和方法推上了一个新的水平。

20 世纪 50 年代以后，会计的面目又为之一新。会计由于引入信息论、控制论、系统论、现代数学、行为科学等学科，丰富了自己的内容，传统的会计逐渐形成了相对独立的两个分支："财务会计"和"管理会计"。前者主要为企业外部利害关系人提供财务信息，而后者则主要帮助企业内部管理层进行经营决策。另外，电子计算技术被引进会计领域，已经引起和继续促进会计工艺的彻底革命。

综上所述，会计是随着社会生产的进步而产生，并随着生产和经济的发展而不断发展完善的。人们要进行生产活动，要管理生产，就需要会计。经济越发展，会计越重要，可靠、相关的会计信息，能有力地促进经济的发展。会计的性质和内容是随着人类社会生产力的不断发展和生产关系的不断变革而发展变化的。会计的方法和技术又随着商品经济的发展和科学技术的进步，经历了一个由简单到复杂、由低级到高级、由不完善到逐步完善的演进过程。

三、会计的含义

会计的含义即会计的本质，是人们对会计这一事物根本性质的认识。认识会计本质的角度不同，往往看法也不一样。在我国，"会计"一词起源于西周。清代学者焦循在《孟子正义》一书中，对会计的解释为："零星算之为计，总合算之为会"，这反映了人们当时对会计的认识。中华人民共和国成立以来，我国会计学界对会计本质的认识，大致有以下四种观点。

第一种观点认为，会计是一种计量技术。其基本理由是：会计离不开计量。经济过程中占用的财产物资和发生的劳动耗费，都必须通过计量，以货币数量加以描述，进而评价经济上的得失。会计记录是数字和文字的结合，而文字说明又依托在数量的基础之上。

第二种观点认为，会计是一种管理工具。其基本理由是：会计用货币量度计量和记录财产物资和生产经营活动的增减变化，并根据增减变化情况来考核、评价生产经营活动，为进一步加强生产经营管理提供有用的会计核算资料。

第三种观点认为，会计是一个信息系统。其基本理由是：会计对经济过程中占用的财产物资和发生的劳动耗费的原始数据进行计量、记录、计算，产生会计信息资料，并通过报告，提供给需要了解和管理经济活动的有关部门和人员使用。

无论是"计量技术论""管理工具论"还是"信息系统论"，都把会计看成是一种文字和数字相结合的、为管理提供经济信息的应用技术。因此，可统称为"技术会计观"。这种观点认为，会计是一种处理信息的方法和技术，只提供信息而不利用信息；会计机构是信息处理部门，而不是利用信息管理经济活动的部门。它们处于为管理服务的地位，作用只是为其他职能部门创造更好的管理条件。

第四种观点认为，会计是一种管理活动。其基本理由是：会计是要用货币量度对经济业务进行计量、记录、计算、分析、检查，提供反映经济活动的有关信息资料，但提供会计信息资料并不是会计的目的，而是会计的手段；会计的目的在于通过所提供的信息资料，加强对经济活动的管理，以提高经济效益。

从会计的发展历史来看，生产的发展不仅要求会计进行数量的核算，而且还要求根据数量的变化加强对生产活动的管理。管理的最初形式就是对生产活动的计量、记录和计算。随着生产的发展，会计管理的内容和方式也随之扩展变化，由简单的计量、计算，发展到监督、控制、预测和参与决策等方面。

综上所述，会计是以货币为主要计量单位，采用专门的方法和程序，对各单位的经济活动进行核算和监督，以提供经济信息和反映受托责任履行情况为主要目的的经济管理活动。

第二节　会计的对象和职能

一、会计的对象

会计的对象也称会计的内容，是指会计所核算和监督的内容。研究会计的对象，目的是要明确会计在经济管理中的活动范围，从而确定会计的目标和任务，建立和发展会计的方法体系。

会计作为经济管理的组成部分，它所核算和监督的内容，取决于社会经济发展的状况。在会计产生后到商品货币经济尚未形成前这一段相当长的时间里，会计所核算和监督的内容主要是财产物资的收支和结存。在这一时期，会计对经济活动的管理，主要体现在管好财产物资，防止损失和遗漏，使生产成果得到保护等方面。而且，这一时期会计对财产物资的核算和监督主要是通过实物形式进行的。对于货币的收支，虽然也要加以核算和监督，但这仅仅是把货币作为一种单独的财产来处理，而不是把它作为统一的价值尺度来反映全部财产物资，所以当时的会计还没有统一的计量单位。

商品货币经济充分发展后，生产日益社会化，生产规模日趋扩大，企业之间的竞争也日趋激烈。企业为了求得自己的生存和发展，必须力争以最少的投入取得最大的产出，以求最大限度地增加自己的财富，为此必须不断地从各方面加强经济管理。对于会计来讲，就要全面、系统、连续、综合地核算和监督生产经营活动。于是，会计的内容也就从核算和监督财产物资的收支和结存，发展为全面、系统、连续、综合地核算和监督财产物资的取得、使用、耗费和补偿。同时，在商品货币经济已经充分发展的条件下，由于货币已经成为所有商品的一般等价物，一切商品交换都要以货币为价值尺度，会计对财产物资的取得、使用、耗费和补偿的核算与监督，也都要通过货币来计量，会计逐渐形成了一套用价值形式管理经济活动的技术方法。因此，在商品货币经济充分发展的条件下，以货币计量为基本形式是会计的主要特点。

在社会主义市场经济条件下，价值规律对商品生产和流通仍然起着调节作用，企业为了提高经济效益，也要在生产过程中求得价值的增值。在以生产资料公有制为主体的社会主义市场经济中，价值运动表现为资金运动。因此，会计所要核算和监督的内容，就是社会再生产过程中的资金运动。这种资金运动具体到企业，即为经营资金运动，包括资金投入、资金循环周转和资金退出三大方面；具体到行政事业单位，即为预算资金运动，包括资金收入和资金支出两大方面。

为了全面地了解资金的运动过程，从而正确地把握会计的内容，需要进一步具体研究国民经济各部门及各类企业、事业单位的资金运动。

工业企业为了进行生产经营活动，必须拥有一定的财产物资作为其物质基础。这些财产物资的货币表现（包括货币本身），称为经营资金（以下简称"资金"）。

工业企业开展生产经营活动，首先必须拥有一定数量的资金，因此其资金运动的起点是资金投入。企业的所有者向企业投入的资本金，是企业进行生产经营活动的起动资金。另外，在生产经营过程中，企业还可以向债权人负债来形成资金投入。

企业利用所有者和债权人投入企业的资金，开展生产经营活动。企业的资金在生产经营活动过程中不断地改变形态，经过供应、生产、销售三个阶段，由货币资金转变为储备资金，再由储备资金转变为生产资金和成品资金，最后回到货币资金，如此周而复始地循环周转。

在供应阶段，企业要用货币资金购买各种材料、物资，这时资金从货币资金形态转化为储备资金形态。

在生产阶段，工人利用机器设备对材料进行加工，这时资金从储备资金形态转化为生产资金形态。同时，在生产过程中，一部分货币资金用于支付职工的工资和其他生产费用，也形成生产资金。此外，厂房、机器设备等劳动资料在使用中会发生磨损，这部分磨损的价值也转移到正在加工中的产品上，形成生产资金。产品制造完工后，资金又从生产资金形态转化为成品资金形态。

在销售阶段，企业将产品销售出去，取得销售收入，这时资金从成品资金形态又转化为货币资金形态。企业将这部分货币资金中的一部分以税金等形式上交国家，以及按规定提取公积金和分配投资者利润后，又用于购买材料、物资，支付生产费用，继续进行周转。

企业在生产经营过程中，将实现的部分纯收入以税金的形式用货币资金上交给国家。同时，还会用货币资金等形式向投资者支付投资利润。此外，也会用某种形态的资金偿还债权人的债务。这样，资金就退出了企业的生产经营过程。

可见，工业企业的资金运动主要包括资金投入、资金循环周转和资金退出三个方面的内容。其他各种从事物质生产的企业，如建筑安装施工企业、农业企业等，其资金运动的具体内容与工业企业基本相同或相似。

在商品流通企业中，资金运动的基本内容也包括资金投入、资金循环周转和资金退出三个方面。但是，商品流通企业的经营活动一般只限于流通领域，其经营过程只包括采购和销售两个阶段，因此，商品流通企业的资金循环周转与工业企业的资金循环周转有所不同。在采购阶段，用货币购进商品，货币资金形态转化为商品资金形态。在销售阶段，将商品销售出去，收到货币，商品资金形态又转化为货币资金形态，如此不断循环周转。

不属于企业性质的行政事业单位，为了完成国家赋予的工作任务，也必须拥有一定数量的资金。这些资金主要为财政预算，由国家拨给，并按批准的预算来支出，一般称为预算资金。这样，行政事业单位一方面按预算从国家取得货币或其他形式的资金，另一方面又按预算以货币等形式支付各项费用，形成一收一付的预算资金运动。

综上所述，在社会主义市场经济条件下，价值规律对商品生产和流通仍然起着调节作用，企业为了提高经济效益，也要在生产过程中求得价值的增值。在以生产资料公有制为主体的社会主义市场经济中，价值运动表现为资金运动。因此，会计所要核算和监督的内容，就是社会再生过程中的资金运动。这种资金运动具体到企业，即为经营资金运动，包括资金投入、资金循环周转和资金退出三大方面；具体到行政事业单位，即为预算资金运动，包括资金收入和资金支出两大方面。

二、会计的职能

会计的职能是会计在经济管理过程中所具有的功能。今天，人们一般认为会计的基本职能包括进行会计核算和实施会计监督两个方面。会计的这两项基本职能已写入《中华人民共和国会计法》，这对会计工作的开展具有重要的指导意义。

（一）会计核算职能

会计核算贯穿于经济活动的全过程，是会计最基本的职能，也称反映职能。它是指会计以货币为主要计量单位，对特定主体的经济活动进行确认、计量、记录和报告，为有关各方提供会计信息。会计核算的内容具体表现为生产经营过程中的各种经济业务，包括：(1) 款项和有价证券的收付；(2) 财物的收发、增减和使用；(3) 债权、债务的发生和结算；(4) 资本、基金的增减和经费的收支；(5) 收入、费用和成本的计算；(6) 财务成果的计算和处理；(7) 其他需要办理会计手续、进行会计核算的事项。会计核算的要求是真实、准确、完整和及时。

确认是运用特定会计方法、以文字和金额同时描述某一交易或事项，使其金额反映在特定主体财务报表的合计数中的会计程序。确认分为初始确认和后续确认。

计量是确定会计确认中用于描述某一交易或事项的金额的会计程序。

记录是指对特定主体的经济活动采用一定的记账方法、在账簿中进行登记的会计程序。

报告是指在确认、计量和记录的基础上，对特定主体的财务状况、经营成果和现金流量情况（行政事业单位是对其经费收入、经费支出、经费结余及财务状况），以财务报表的形式向有关方面报告。

会计核算职能具有以下特点。

1. 会计主要是从数量方面反映经济活动

任何单位的经济活动，如资金投入、材料购入、生产耗费、产品销售和利润分配等，都可以从数量方面进行计量、记录，以求得一定的数量指标，这为会计进行数量反映提供了客观可能性。在经济活动日趋复杂的情况下，人们单凭观察与记忆，不可能掌握经济活动的全貌，只有通过会计提供系统的数据资料，才能了解经济活动的过程和结果，才能加强经济管理。因此，经济活动的复杂性和加强经济管理的重要性决定了会计进行数量反映的必要性。

通过对经济活动情况进行数量反映，可以在一定程度上说明经济活动的质量。而且，记录是反映，分析也是反映。通过对记录的数据资料进行分析，可以揭示客观事物之间内在的联系，进一步了解、把握事物之所以变化的内在原因。此外，反馈信息也是一种反映。

2. 会计必须连续、系统、全面、综合地反映经济活动

会计对任何单位经济活动的反映，必须做到具有连续性、系统性、全面性和综合性。所谓连续性，是指对经济活动中每一个具体事项，必须按其发生的时间顺序，从始至终不间断地反映；所谓系统性，是指在对各种经济活动进行会计反映时，必须采取一套专门的方法，进行互相联系的记录和科学正确的分类，最终提供系统化的数据资料；所谓全面性，是指对于每个单位所发生的一切经济业务，都无一遗漏地进行记录，予以反映；所谓综合性，是指必须运用一定的货币单位作为统一的计量标准，对经济活动情况进行数量反映，以求得各种总括的价值指标。

会计从数量方面反映经济活动，一般可以采用三种量度，即劳动量度、实物量度和货币量度。但是，在商品经济发达和价值规律发挥作用的条件下，对生产资料的取得、生产的耗费、产品的销售、利润的分配等都必须通过货币计价，才能综合地反映经济活动的过程和结果。因此，会计对经济活动的反映，必须以货币量度作为统一的计量标准，而劳动量度和实物量度只能作为辅助的计量标准。

3. 会计主要是反映已经发生或已经完成的经济活动

会计对已经发生或已经完成的经济业务进行事后反映，一方面便于了解和考核经济活动的过程和结果，另一方面也可以为正确地预测未来提供可靠的依据。预测和计划是对未来的反映，是为了确定目标和把握未来的经济活动。随着社会生产的发展，生产经营规模的不断扩大，经济活动日趋复杂，在经营管理上加强预见性和计划性就十分重要。反映过去与预测未来密切相关，只有全面、正确地了解历史情况，才能正确地分析、预测未来。

（二）会计监督职能

会计监督职能也称控制职能，是指对特定主体经济活动和相关会计核算的合法性、合理性进行审查，即以一定的标准和要求利用会计所提供的信息对特定主体的经济活动进行有效的指导、控制和调节，以达到预期的目的。会计监督的内容包括：（1）监督经济业务的真实性；（2）监督财务收支的合法性；（3）监督公共财产的完整性。

会计的监督职能具有以下特点。

1. 会计必须对经济活动的全过程实施监督

会计监督必须贯穿于经济活动的全过程，对每项经济业务进行事前、事中和事后监督。所谓事前监督，就是对未来经济活动的计划或方案进行审查，看其是否可行，针对存在的问题提出合理化建议，促使未来的经济活动取得最大的经济效益；所谓事中监督，就是对正在发生的经济活动进行检查和分析，及时发现问题并提出改进建议，控制经济活动进程，使其按照规定的要求和预期的目标进行；所谓事后监督，就是对已经完成的经济活动进行考核和评价,总结经验教训,促使有关部门采取措施,指导和调整以后的经济活动。

2. 会计必须对经济活动实施全面监督

会计必须对经济活动全过程的合法性、合理性和有效性进行全面监督。会计必须审查各项经济活动是否符合国家的财经政策、财经制度和财经纪律,对于违法乱纪的行为,必须坚决加以制止。检查经济活动的合法性和合规性,是会计体现其监督职能的一个重要方面。

会计还必须审核、检查经济活动是否是在正常或特定的情况下应该发生的,是否符合事物发展的常理,是否符合经济管理的原理和原则。检查经济活动的合理性,也是会计体现其监督职能的一个重要方面。

此外,会计还必须对经济活动的有效性进行监督。合法性和合理性监督,主要是为了正确处理国家与企业之间的关系,协调局部利益与整体利益之间的关系,以提高宏观经济效益。有效监督,主要是从企业内部提高微观经济效益出发,把监督贯穿于经济活动全过程,检查和评价每项经济活动能否提高经济效益,是否遵守节约原则,有无损失和浪费。

3. 会计必须采用多种手段对经济活动实施监督

会计通过货币计价,可以提供一系列价值指标来综合反映经济活动的过程和结果。因此,可以利用各项价值指标,考核、监督各项经济活动,也可以利用事先制定的价值指标,控制有关经济活动。由于价值指标具有综合性,利用价值指标进行监督可以比较全面地考核和控制特定主体的经济活动。

会计监督除了采用价值指标进行货币监督外,还可以进行实物监督。

会计核算和会计监督两项职能关系十分密切,两者是相辅相成的。会计核算是会计监督的基础,没有核算就无法进行监督,只有正确地核算,监督才能有真实可靠的依据。会计监督则是会计核算质量的保障,如果只有核算而不进行监督,核算也就失去了可靠的保证,就不能发挥会计工作的应有作用;只有严格地进行监督,核算所提供的数据资料才能在经济管理中发挥更大的作用。

(三) 会计拓展职能

会计核算和会计监督是会计的两大基本职能,体现了会计的本质特征。会计的职能并不是一成不变的,随着社会生产力水平的不断提高,生产过程和生产关系的日益复杂化,会计职能的内涵和外延也在不断变化。传统的职能得到不断充实,新的职能不断出现。预测经济前景、参与经济决策和评价经营业绩等职能在经济活动中越来越重要,而且这些职能正逐渐成为独立的职能。

1. 预测经济前景

预测经济前景,是指根据财务报告等提供的信息,定量或者定性地判断和推测经济活动的发展规律,以指导和调节经济活动,提高经济效益。

2. 参与经济决策

参与经济决策，是指根据财务报告等提供的信息，运用定量分析和定性分析方法，对备选方案进行经济可行性分析，为企业经营管理等提供与决策相关的信息。

3. 评价经营业绩

评价经营业绩，是指利用财务报告等提供的信息，采用适当的方法，对照相应的评价标准，对企业一定经营期间的资产运营、经济效益等经营成果进行定量和定性对比分析，以做出真实、客观和公正的综合评价。

第三节 会计目标、会计基本假设和会计基础

一、会计目标

会计目标是指会计所要达到的目的，会计主要是生成和提供会计信息。会计的目标涉及以下四个方面。

（一）会计信息的使用者

会计信息的使用者包括投资者、债权人、政府及其有关部门和社会公众等。

（二）会计信息的用途

会计信息的使用者的不同，决定了会计信息的用途也是多样的。企业投资人利用会计信息主要是为了做出投资决策；债权人利用会计信息主要是为了评价企业的偿债能力；企业管理层利用会计信息主要是为了不断改善企业的经营管理；政府机构利用会计信息主要是为了执行政府机构的有关宏观管理职能，如税收部门利用会计信息来了解企业是否依法纳税。

（三）会计信息的内容

会计信息用途的多样性，决定了会计应当向不同的会计信息使用者提供多种不同的会计信息。例如，用于反映企业财务状况、经营成果和现金流量具体内容的信息主要包括资产结构、变现能力、负债水平与偿债能力、盈利水平与分配关系、现金流量变动等方面。

（四）会计信息的提供方式

企业主要是通过编制资产负债表、利润表和现金流量表等会计报表和编写会计报表附注，以财务会计报告的方式提供各种会计信息，满足不同使用者对会计信息的需求。

企业会计基本准则对财务会计报告的目标进行了明确定位，将保护投资者利益、满足投资者信息需求放在了突出位置，彰显了财务会计报告的目标在企业会计准则体系中的重要作用。企业会计基本准则规定，财务会计报告的目标是向财务会计报告使用者提供与企

业财务状况、经营成果和现金流量等有关的会计信息，反映企业管理层受托责任履行情况，有助于财务会计报告使用者做出经济决策。

财务会计报告使用者包括投资者、债权人、政府及其有关部门和社会公众等。满足投资者的信息需要是企业财务会计报告编制的首要出发点。近年来，我国企业改革不断深入，产权日益多元化，资本市场快速发展，机构投资者及其他投资者队伍日益壮大，对会计信息的要求日益提高。在这种情况下，投资者更加关心其投资的风险和报酬，他们需要会计信息来帮助其做出决策，如决定是否应当买进、持有或者卖出企业的股票或者股权，他们还需要会计信息来帮助其评估企业支付股利的能力等。因此，企业会计基本准则将投资者作为财务会计报告的首要使用者，突显了投资者的地位，体现了保护投资者利益的要求，也是市场经济发展的必然。

如果企业在财务会计报告中提供的会计信息与投资者的决策无关，那么财务会计报告就失去了其编制的意义。根据投资者决策有用目标，财务会计报告所提供的信息应当如实反映企业所拥有或者控制的经济资源、对经济资源的要求权以及经济资源及其要求权的变化情况，如实反映企业的各项收入、费用、利得和损失的金额及其变动情况，如实反映企业各项经营活动、投资活动和筹资活动等所形成的现金流入和现金流出情况等，从而有助于现在的或者潜在的投资者正确、合理地评价企业的资产质量、偿债能力、盈利能力和营运效率等；有助于投资者根据相关会计信息做出理性的投资决策；有助于投资者评估与投资有关的未来现金流量的金额、时间和风险等。

除了投资者之外，企业财务会计报告的使用者还有债权人、政府及其有关部门和社会公众等。例如，企业贷款人、供应商等债权人通常十分关心企业的偿债能力和财务风险，他们需要信息来评估企业能否如期支付贷款本金及其利息，能否如期支付所欠购货款等；政府及其有关部门作为经济监管部门，通常关心经济资源分配是否公平、合理，市场经济秩序是否公正、有序，宏观决策所依据的信息是否真实、可靠等，因此，他们需要信息来监管企业的有关活动（尤其是经济活动）、制定税收政策、进行税收征管和国民经济统计等；社会公众也关心企业的生产经营活动，包括对所在地经济做出的贡献，如增加就业、刺激消费、提供社区服务等，因此，在财务会计报告中提供有关企业发展前景及其能力、经营效率与效益等方面的信息，可以满足社会公众的信息需求。应当讲，这些使用者的许多信息需求是共同的。由于投资者是企业资本的主要提供者，通常情况下，如果财务会计报告能够满足这一群体的会计信息需求，也就可以满足其他使用者的大部分信息需求。

现代企业制度强调企业所有权和经营权相分离，企业管理层是受委托人之托经营管理企业及其各项资产，负有受托责任。即企业管理层所经营管理的企业各项资产基本上均为投资者投入的资本（或者留存收益作为再投资）或者向债权人借入的资金所形成的，企业管理层有责任妥善保管并合理、有效使用这些资产。企业投资者和债权人等也需要及时或者经常性地了解企业管理层保管、使用资产的情况，以便评价企业管理层的责任履行情况和业绩情况，并决定是否需要调整投资或者信贷政策，是否需要加强企业内部控制和其他制度建设，是否需要更换管理层；等等。因此，财务会计报告应当反映企业管理层受托责任的履行情况，以有助于外部投资者和债权人等评价企业的经营管理责任和资源使用的有效性。

二、会计基本假设

会计基本假设是企业会计确认、计量和报告的前提，是对会计核算所处时间、空间环境等所做的合理设定。会计基本假设一般包括会计主体、持续经营、会计分期和货币计量。

（一）会计主体

会计主体又称会计实体或会计个体，是指会计工作所服务的特定单位或组织。它是对会计工作的空间范围所做的限定。为了向财务会计报告使用者反映企业财务状况、经营成果和现金流量，提供对其决策有用的信息，会计核算和财务会计报告的编制应当集中反映特定主体的经济活动，并将其与其他经济实体区分开来，这样才能实现财务会计报告的目标。

在会计主体假设下，企业应当对其本身发生的交易或者事项进行会计确认、计量和报告，反映企业本身所从事的各项生产经营活动。明确界定会计主体是开展会计确认、计量和报告工作的重要前提。

首先，只有明确会计主体，才能划定会计所要处理的各项交易或者事项的范围。在会计工作中，只有那些影响企业本身经济利益的交易或者事项才能加以确认、计量和报告，那些不影响企业本身经济利益的交易或者事项则不能加以确认、计量和报告。会计工作中通常所讲的资产和负债的确认、收入的实现及费用的发生等，都是针对特定会计主体而言的。

其次，只有明确会计主体，才能将会计主体的交易或者事项与会计主体所有者的交易或者事项及其他会计主体的交易或者事项区分开来。例如，企业所有者的经济交易或者事项是属于企业所有者主体所发生的，不应纳入企业会计核算的范围，但是企业所有者投入企业的资本或者企业向所有者分配的利润，则是属于企业主体所发生的交易或者事项，应当纳入企业会计核算的范围。

会计主体不同于法律主体。一般来说，法律主体同时也是会计主体。例如，一个企业作为一个法律主体，应当建立财务会计系统，独立反映其财务状况、经营成果和现金流量。但是，会计主体不一定是法律主体。例如，就企业集团而言，母公司拥有若干子公司，母公司和各子公司都是不同的法律主体，但母子公司组成的企业集团一般不具有法人地位。为了全面反映企业集团的财务状况、经营成果和现金流量，有必要将企业集团作为一个会计主体，编制合并财务报表，在这种情况下，尽管企业集团不属于法律主体，但它是一个会计主体。再如，由企业管理的证券投资基金、企业年金基金等，尽管不属于法律主体，但属于会计主体，应当对每项基金进行会计确认、计量和报告。

(二) 持续经营

持续经营又称继续经营或继续营业,是指一个企业在可预见的将来将会按当前的规模和状态继续经营下去,不会停业,也不会大规模削减业务。在持续经营前提下,会计确认、计量和报告应当以企业持续、正常的生产经营活动为前提。企业会计准则体系是以企业持续经营为前提加以制定和规范的,涵盖了从企业成立到清算(包括破产)的整个期间的交易或者事项的会计处理。如果一个企业在不能持续经营时还假定企业能够持续经营,并仍按持续经营基本假设选择会计确认、计量和报告原则与方法,就不能客观地反映企业的财务状况、经营成果和现金流量,会误导会计信息使用者的经济决策。

(三) 会计分期

会计分期,是指将一个企业持续经营的生产经营活动划分为一个个连续的、长短相同的期间。会计分期的目的在于,通过会计期间的划分将持续经营的生产经营活动划分成连续、相等的期间,据以计算盈亏,按期编报财务会计报告,从而及时向财务会计报告使用者提供有关企业财务状况、经营成果和现金流量的信息。

根据持续经营假设,一个企业将按当前的规模和状态持续经营下去。但是,无论是企业进行生产经营决策还是投资者、债权人等进行决策都需要及时的信息,这就需要将企业持续的生产经营活动划分为一个个连续的、长短相同的期间,分期确认、计量和报告企业的财务状况、经营成果和现金流量。明确会计分期假设意义重大,由于会计分期,才产生了当期与以前期间、以后期间的差别,才使不同类型的会计主体有了记账的基准,进而出现了折旧、摊销等会计处理方法。

在会计分期假设下,企业应当划分会计期间,分期结算账目和编制财务会计报告。会计期间通常分为年度和中期。中期,是指短于一个完整的会计年度的报告期间,一般有半年度、季度和月度等。

(四) 货币计量

货币计量,是指会计主体在会计确认、计量和报告时采用货币作为统一计量单位,反映会计主体的生产经营活动。

在会计的确认、计量和报告过程中之所以选择货币作为计量单位,是由货币本身的属性决定的。货币是商品的一般等价物,是衡量一般商品价值的共同尺度,具有价值尺度、流通手段、贮藏手段和支付手段等职能。其他计量单位,如重量、长度、容积等,只能从一个侧面反映企业的生产经营情况,无法在量上进行汇总和比较,不便于会计计量和经营管理。只有选择货币尺度进行计量,才能充分反映企业的生产经营情况,所以,企业会计基本准则规定,会计确认、计量和报告选择货币作为计量单位。

在有些情况下,统一采用货币计量也有缺陷,某些影响企业财务状况和经营成果的因素,如企业经营战略、研发能力和市场竞争力等,往往难以用货币来计量,但这些信息对于使用者决策来讲也很重要,企业可以在财务会计报告中补充披露有关非财务信息来弥补上述缺陷。

三、会计基础

会计基础，是指会计确认、计量和报告的基础，具体包括权责发生制和收付实现制。

（一）权责发生制

权责发生制，是指以取得收取款项的权利或者支付款项的义务为标志来确定本期收入和费用的会计核算基础。

企业在会计确认、计量和报告中应当以权责发生制为基础。权责发生制要求，凡是当期已经实现的收入和已经发生或应当负担的费用，无论款项是否收付，都应当作为当期的收入和费用，计入利润表；凡是不属于当期的收入和费用，即使款项已经在当期收付，也不应当作为当期的收入和费用。

在实务中，企业交易或者事项的发生时间与相关货币的收付时间有时并不完全一致。例如，款项已经收到，但销售并未实现；或者款项已经支付，但并不是因本期生产经营活动而发生的。为了更加真实、公允地反映特定会计期间的财务状况和经营成果，企业会计基本准则明确规定，企业在会计确认、计量和报告中应当以权责发生制为基础。

（二）收付实现制

收付实现制，是指以现金的实际收付为标志来确定本期收入和费用的会计核算基础。

收付实现制是与权责发生制相对应的一种会计基础，它以收到或支付的现金为确认收入和费用等的依据。目前，我国的政府会计（行政事业单位会计）由预算会计和财务会计构成。其中，预算会计采用收付实现制，国务院另有规定的，依照其规定；财务会计采用权责发生制。

1992年发布的《企业会计准则》，将权责发生制作为会计核算的一般原则加以规定。经过修订后，企业会计基本准则将权责发生制作为会计基础，列入总则中而不是在会计信息质量要求中加以规定。其原因是权责发生制是相对于收付实现制的会计基础，贯穿于整个企业会计准则体系的总过程，属于财务会计的基本问题，层次较高，统御作用强。

第四节　会计信息质量要求

会计信息质量要求是对企业财务会计报告中所提供的会计信息质量的基本要求，是使财务会计报告中所提供的会计信息对投资者等使用者决策有用应具备的基本特征，根据企业会计基本准则的规定，它包括可靠性、相关性、可理解性、可比性、实质重于形式、重要性、谨慎性和及时性等。其中，可靠性、相关性、可理解性和可比性是会计信息的首要质量要求，是企业财务会计报告中所提供的会计信息应具备的基本质量特征；实质重于形式、重要性、谨慎性和及时性是会计信息的次级质量要求，是对可靠性、相关性、可理解性和可比性等首要质量要求的补充和完善，尤其是在对某些特殊交易或者事项进行处理时，需要根据这些质量要求来把握其会计处理原则，另外，及时性还是会计信息相关性和可靠性的制约因素，企业需要在相关性和可靠性之间寻求一种平衡，以确定信息及时披露的时间。

一、可靠性

可靠性要求企业应当以实际发生的交易或者事项为依据进行会计确认、计量和报告，如实反映符合确认和计量要求的各项会计要素及其他相关信息，保证会计信息真实可靠、内容完整。为了贯彻可靠性要求，企业应当做到：

（1）以实际发生的交易或者事项为依据进行确认和计量，将符合会计要素定义及其确认条件的资产、负债、所有者权益、收入、费用和利润等如实反映在财务报表中，不得根据虚构的、没有发生的或者尚未发生的交易或者事项进行会计确认、计量和报告。

（2）在符合重要性和成本效益原则的前提下，保证会计信息的完整性，其中包括编报的报表及其附注内容等应当保持完整，不能随意遗漏或者减少应予披露的信息，与使用者决策相关的有用信息都应当充分披露。

二、相关性

相关性要求企业提供的会计信息应当与投资者等财务会计报告使用者的经济决策需要相关，有助于投资者等财务会计报告使用者对企业过去、现在或者未来的情况做出评价或者预测。

会计信息是否有用，是否具有价值，关键是看其与使用者的决策需要是否相关，是否有助于决策或者提高决策水平。相关的会计信息应当有助于使用者评价企业过去的决策和证实或者修正过去的有关预测，因而具有反馈价值。相关的会计信息还应当具有预测价值，有助于使用者根据财务会计报告所提供的会计信息预测企业未来的财务状况、经营成果和现金流量。

会计信息质量的相关性要求，企业在确认、计量和报告会计信息的过程中，充分考虑使用者的决策模式和信息需要。但是，相关性是以可靠性为基础的，两者之间并不矛盾，不应将两者对立起来。也就是说，在可靠性的前提下，尽可能保证会计信息的相关性，以满足投资者等财务会计报告使用者的决策需要。

三、可理解性

可理解性要求企业提供的会计信息应当清晰明了，便于投资者等财务会计报告使用者理解和使用。

企业编制财务会计报告、提供会计信息的目的在于使用，而要让使用者有效利用会计信息，就应当让其了解会计信息的内涵，弄懂会计信息的内容，这就要求财务会计报告所提供的会计信息应当清晰明了，易于理解。只有这样，才能提高会计信息的有用性，实现财务会计报告的目标，满足向投资者等财务会计报告使用者提供决策有用信息的要求。

会计信息毕竟是一种专业性较强的信息，在强调会计信息的可理解性要求的同时，还应假定使用者具有一定的有关企业经营活动和会计方面的知识，并且愿意付出努力去研究这些信息。对于某些复杂的信息，如交易本身较为复杂或者会计处理较为复杂，但其与使用者的经济决策相关，企业就应当在财务会计报告中予以充分披露。

四、可比性

可比性要求企业提供的会计信息应当相互可比。这主要包括两层含义。

（一）同一企业不同时期可比

为了便于投资者等财务会计报告使用者了解企业财务状况、经营成果和现金流量的变化趋势，比较企业在不同时期的财务会计报告信息，全面、客观地评价过去、预测未来，从而做出决策，会计信息质量的可比性要求，同一企业不同时期发生的相同或者相似的交易或者事项，应当采用一致的会计政策，不得随意变更。但是，满足会计信息可比性要求，并非表明企业不得变更会计政策，如果按照规定或者在会计政策变更后可以提供更可靠、更相关的会计信息，可以变更会计政策。有关会计政策变更的情况，应当在财务会计报告附注中予以说明。

（二）不同企业相同会计期间可比

为了便于投资者等财务会计报告使用者评价不同企业的财务状况、经营成果和现金流量及其变动情况，会计信息质量的可比性要求，不同企业同一会计期间发生的相同或者相似的交易或者事项，应当采用规定的会计政策，确保会计信息口径一致、相互可比，以使不同企业按照一致的会计确认、计量和报告要求提供有关会计信息。

五、实质重于形式

实质重于形式要求企业应当按照交易或者事项的经济实质进行会计确认、计量和报告，不能仅仅以交易或者事项的法律形式为依据。

企业发生的交易或者事项在多数情况下其经济实质和法律形式是一致的，但在有些情况下也会出现不一致。例如，企业租入的资产（短期租赁和低值资产租赁除外），虽然从法律形式来讲企业并不拥有其所有权，但是由于租赁合同规定的租赁期相当长，往往接近于该资产的使用寿命，租赁期结束时承租企业有优先购买该资产的选择权，在租赁期内承租企业有权支配资产并从中受益等，从其经济实质来看，企业能够控制租入资产所创造的未来经济利益,在会计确认、计量和报告时就应当将租入的资产视为企业的资产,在企业的资产负债表中进行反映。

六、重要性

重要性要求企业提供的会计信息应当反映与企业财务状况、经营成果和现金流量有关的所有重要交易或者事项。

如果财务会计报告中省略或者错报的会计信息会影响投资者等使用者据此做出决策的,该信息就具有重要性。重要性的应用需要依赖职业判断,企业应当根据其所处环境和实际情况,从项目的性质和金额大小两方面加以判断。

七、谨慎性

谨慎性也称稳健性,它要求企业对交易或者事项进行会计确认、计量和报告时保持应有的谨慎,不应高估资产或者收益、低估负债或者费用。

在市场经济环境下,企业的生产经营活动面临着许多风险和不确定性,如应收款项的可收回性、固定资产的使用寿命、无形资产的使用寿命、售出存货可能发生的退货或者返修等。会计信息质量的谨慎性要求,企业在面临不确定性因素的情况下做出职业判断时,应当保持应有的谨慎,充分估计到各种风险和损失,既不高估资产或者收益,也不低估负债或者费用。例如,要求企业对售出商品所提供的产品质量保证确认一项预计负债,就体现了会计信息质量的谨慎性要求。

谨慎性的应用也不允许企业设置秘密准备,如果企业故意低估资产或者收入,或者故意高估负债或者费用,将不符合会计信息的可靠性和相关性要求,损害会计信息质量,扭曲企业实际的财务状况和经营成果,从而对使用者的决策产生误导,这是会计准则所不允许的。

八、及时性

及时性也称时效性,要求企业对于已经发生的交易或者事项,应当及时进行会计确认、计量和报告,不得提前或者延后。

会计信息的价值在于帮助所有者或者其他相关方做出经济决策,因此会计信息具有时效性。即使是可靠的、相关的会计信息,如果不及时提供,失去了时效性,其对使用者的效用也会大大降低,甚至不再具有实际意义。在会计确认、计量和报告过程中贯彻及时性,一是要求及时收集会计信息,即在交易或者事项发生后,及时收集和整理各种原始单据或者凭证;二是要求及时处理会计信息,即按照会计准则的规定,及时对交易或者事项进行确认和计量,并编制财务会计报告;三是要求及时传递会计信息,即按照国家规定的有关时限,及时地将编制的财务会计报告传递给财务会计报告使用者,便于其及时使用和做出决策。

在实务中,为了及时提供会计信息,可能需要在有关交易或者事项的信息全部获得之前即进行会计处理,这样虽然满足了会计信息的及时性要求,但可能会影响会计信息的可靠性;反之,如果企业等到与交易或者事项有关的全部信息获得之后再进行会计处理,这样的信息披露可能会由于时效性问题,对投资者等财务会计报告使用者决策的有用性大大降低。这就需要在及时性和可靠性之间做相应权衡,以最好地满足投资者等财务会计报告使用者的经济决策需要为判断标准。

第五节 会计计量和会计方法

一、会计计量

会计计量是为了将符合确认条件的会计要素登记入账并列报于财务报表而确定其金额的过程。企业应当按照规定的会计计量属性进行计量,确定相关金额。计量属性是指所计量的某一要素的特性方面,如桌子的长度、铁矿的重量、楼房的面积等。从会计角度看,计量属性反映的是会计要素金额的确定基础,主要包括历史成本、重置成本、可变现净值、现值和公允价值等。

(一)历史成本

历史成本又称实际成本,就是取得或制造某项财产物资时所实际支付的现金或其他等价物。在历史成本计量下,资产按照其购置时支付的现金或者现金等价物的金额,或者按照其购置时所付出的对价的公允价值计量。负债按照因承担现时义务而实际收到的款项或者资产的金额,或者按照承担现时义务的合同金额,或者按照日常活动中为偿还负债预期需要支付的现金或者现金等价物的金额计量。

(二)重置成本

重置成本又称现行成本,是指按照当前市场条件,重新取得同样一项资产所需支付的现金或者现金等价物的金额。在重置成本计量下,资产按照现在购买相同或者相似资产所需支付的现金或者现金等价物的金额计量。负债按照现在偿付该项债务所需支付的现金或者现金等价物的金额计量。在实务中,重置成本多应用于盘盈固定资产的计量等。

(三)可变现净值

可变现净值,是指在正常生产经营过程中,以预计售价减去进一步加工成本、预计销售费用及相关税费后的净值。在可变现净值计量下,资产按照其正常对外销售所能收到的现金或者现金等价物的金额扣减该资产至完工时估计将要发生的成本、估计的销售费用及相关税费后的金额计量。可变现净值通常应用于存货资产减值情况下的后续计量。

（四）现值

现值，是指对未来现金流量以恰当的折现率进行折现后的价值，是考虑货币时间价值的一种计量属性。在现值计量下，资产按照预计从其持续使用和最终处置中所产生的未来净现金流入量的折现金额计量。负债按照预计期限内需要偿还的未来净现金流出量的折现金额计量。现值通常用于非流动资产可收回金额和以摊余成本计量的金融资产价值的确定等。例如，在确定固定资产、无形资产等的可收回金额时，通常需要计算资产预计未来现金流量的现值；对于持有至到期投资、贷款等以摊余成本计量的金融资产，通常需要使用实际利率法将这些资产在预期存续期间或适用的更短期间内的未来现金流量折现，再通过相应的调整确定其摊余成本。

（五）公允价值

公允价值，是指市场参与者在计量日发生的有序交易中，出售一项资产所能收到或者转移一项负债所需支付的价格。

企业以公允价值计量相关资产或负债，应当考虑该资产或负债的特征。相关资产或负债的特征，是指市场参与者在计量日对该资产或负债进行定价时考虑的特征，包括资产状况及所在位置、对资产出售或者使用的限制等。企业以公允价值计量相关资产或负债，应当假定市场参与者在计量日出售资产或者转移负债的交易，是在当前市场条件下的有序交易。有序交易，是指在计量日前一段时期内相关资产或负债具有惯常市场活动的交易。清算等被迫交易不属于有序交易。

二、会计方法

会计方法是用来核算和监督会计对象、完成会计任务的手段。会计方法是从长期会计实践中总结出来的。随着会计核算和监督的内容日趋复杂及在经济管理工作中对会计不断提出新的要求，会计的方法也在不断地改进和发展，其曾经历了由简单到复杂、由不完备到完备的漫长发展过程。

会计核算是会计的基本环节，会计核算方法是会计的基本方法。会计核算方法是指对会计对象进行全面、连续、系统、综合地记录、计算和报告所采用的方法。简单地说，会计核算方法是指在进行记账、算账和报账时所采用的方法，一般包括设置账户、复式记账、填制和审核凭证、登记账簿、成本计算、财产清查及编制会计报表七种方法。

（一）设置账户

设置账户就是对会计对象的具体内容，按其不同的特点和经济管理的需要，分门别类地进行核算的一种专门方法。对会计对象具体内容所做科学分类的类别名称称为会计科目。设置账户就是根据会计科目在账簿中设置一系列账户，以便提供它们增减变动情况的资料。设置账户对正确运用填制凭证、登记账簿和编制报表等会计核算方法具有重要的意义。

（二）复式记账

复式记账是指对每一项经济业务都要以相等的金额，在两个或两个以上相互联系的账户进行登记的方法。采用这种方法记账，可使每项经济业务所涉及的两个或两个以上的账户发生对应关系，并且对应账户上所记的金额是相等的，即对应账户保持平衡关系。通过复式记账，可以检查有关经济业务的记录是否正确。由此可见，采用复式记账记录各项经济业务，可以相互联系地反映经济业务的全貌，也便于核对账簿记录是否正确。

（三）填制和审核凭证

会计凭证是记录经济业务、明确经济责任的书面证明，也是登记账簿的重要依据。对于已经发生或已经完成的经济业务，要由经办人员或有关单位填制凭证，并签名盖章。所有凭证都要经过会计部门和有关部门的审核，只有经过审核并认为正确无误的凭证，才能作为记账的依据。由此可见，填制和审核凭证可以为经济管理提供真实、可靠的数据资料，也是实行会计监督的一个重要方面。

（四）登记账簿

账簿是由具有一定格式的账页组成的、用以记录各项经济业务的簿籍，也是保存会计数据资料的重要工具。登记账簿就是把所有的经济业务按其发生的顺序，根据审核无误的会计凭证，分门别类地记入有关账簿，以便为经营管理提供完整、系统的数据资料。登记账簿必须按照规定的会计科目，在账簿中分设账户，把所有的经济业务分别记入有关账户，并定期进行结账，计算和累计各项核算指标，还要定期核对账目，使账簿记录同实际情况保持一致。账簿所提供的各种数据资料，是编制会计报表的主要依据。

（五）成本计算

成本计算就是企业将生产经营过程中发生的直接费用和间接费用按照不同的成本计算对象进行归类，从而计算不同成本计算对象的总成本和单位成本。通过成本计算所提供的资料，可以了解成本的构成情况，反映成本的高低，并据以确定企业的盈亏。做好成本计算工作，对于挖掘降低成本的潜力、提高经济效益有着重要的意义。

（六）财产清查

财产清查就是通过盘点实物、核对账目，查明各项财产物资和资金的实有数，保证账实相符的一种专门方法。通过财产清查，可以查明各项财产物资的保管和使用是否合理、有无积压呆滞，债权债务的结算是否及时、有无长期拖欠。因此，财产清查对保证会计核算资料的正确、完整，加强财产管理，挖掘物资潜力，加速资金周转都有重要作用。

（七）编制会计报表

会计报表是以货币为主要计量单位，根据日常核算资料编制的总括反映企业在一定时期内经济活动情况的报告性文件。编制会计报表，是以书面报告的形式定期并总括地反映企业财务状况和经营成果的一种专门方法。编制会计报表是提供会计信息的一种重要方式。

会计核算的各种专门方法并不是各自孤立的，而是相互联系、密切配合的，构成一个完整的会计核算方法体系。它们之间的基本关系可以归纳如下：对于日常发生的经济业务，要填制和审核凭证，按照规定的会计账户，运用复式记账法记入有关账簿；对于经营过程中发生的有关费用，应当进行成本计算；对于账簿记录，要通过财产清查加以核实，在保证账实相符的基础上，根据账簿记录，定期编制会计报表。

本 章 小 结

会计是人类社会发展到一定阶段的产物，它是适应社会生产的发展和经济管理的需要而产生的，又是随着社会生产和经济管理的发展而不断发展完善的。

关于会计的含义，中华人民共和国成立以来，我国会计学界大致有四种观点：计量技术论、管理工具论、信息系统论和管理活动论。当前比较有代表性的观点是信息系统论和管理活动论。

会计的对象即会计所核算和监督的内容。一般说来，会计的对象就是社会再生产过程中的资金运动。

会计的职能是会计在经济管理过程中所具有的功能。核算和监督是会计的基本职能。

会计假设是为了保证会计工作的正常进行和会计信息的质量而对会计核算范围、核算内容、基本程序和基本方法等做出的基本限定，也称会计核算的基本前提。会计基本假设一般包括会计主体、持续经营、会计分期和货币计量。

企业在会计确认、计量和报告中应当以权责发生制为基础。我国的行政单位会计采用收付实现制，事业单位会计除经营业务可以采用权责发生制外，其他大部分业务也采用收付实现制。

会计信息的质量要求是在会计假设前提下进行会计核算所应遵循的基本要求，也是衡量会计核算工作质量的标准。具体包括可靠性、相关性、可理解性、可比性、实质重于形式、重要性、谨慎性和及时性要求。

会计计量是为了将符合确认条件的会计要素登记入账并列报于财务报表而确定其金额的过程。我国企业会计准则规定的会计计量方法有历史成本、重置成本、可变现净值、现值和公允价值等。

会计方法是指用来核算和监督会计对象、完成会计任务的手段。会计方法包括核算方法、监督方法和分析方法等。其中，会计核算方法包括设置账户、复式记账、填制和审核凭证、登记账簿、成本计算、财产清查和编制会计报表等。

思考题

1. 简述会计产生的必然性。
2. 如何理解会计的含义？
3. 什么是会计的对象？为什么要研究会计的对象？
4. 什么是会计的目标？我国企业会计的基本目标是什么？
5. 会计的基本职能有哪些？
6. 会计基本假设有哪些？为什么要明确会计的基本假设？
7. 我国企业会计核算的基础是什么？举例说明权责发生制与收付实现制的不同。
8. 企业提供的会计信息应当符合哪些质量要求？其具体内容是什么？
9. 什么是会计计量？会计计量属性有哪些？
10. 会计核算的方法有哪些？它们是如何构成一个完整的会计核算方法体系的？

第二章 会计要素和账户

学习目的与要求

通过本章学习，了解并掌握：
1. 会计要素的含义及其具体内容；
2. 会计等式的含义和种类；
3. 会计科目及其分类；
4. 会计账户的设置。

第一节 会计要素

会计要素是为了实现会计目标，在会计核算基本前提的基础上，对会计对象进行的基本分类，是会计核算对象的具体化，是用于反映会计主体财务状况和经营成果的基本单位。

对于企业会计来说，其对象是生产经营活动及反映生产经营活动的资金运动，实质上就是企业所占有的各种经济资源的取得与运用。从静止的某一时点来说，企业的资金运动具体表现为企业范围内的各种经济资源的占有、运用和来源情况，也就是企业在某一时点的财务状况。为此，要反映和表现企业的财务状况，就需要按照一定标准对各种经济资源的占用进行分类，对各种经济资源的来源进行分类，通过分类将其反映在会计报表中。这些为表现和反映企业财务状况所进行的基本分类，就是反映和表现财务状况的会计要素。从一定期间来看，企业的资金运动表现为一定期间经济资源运用的所得与所费，表现为一定经济资源的流入和流出。所得与所费比较的结果，就是企业在一定期间内的经营成果。表现和反映企业一定期间所得与所费的基本分类，就是反映和表现经营成果的会计要素。

会计要素是用于反映企业财务状况和经营成果的基本单位，也是会计报表的基本构件。我国 2006 年发布的《企业会计准则》列示了资产、负债、所有者权益、收入、费用和利润六大会计要素。这六大会计要素划分为反映财务状况的会计要素和反映经营成果的会计要素两大类。反映财务状况的会计要素包括资产、负债和所有者权益；反映经营成果的会计要素包括收入、费用和利润。

一、资　产

(一) 资产的定义

资产是指企业过去的交易或者事项形成的、由企业拥有或者控制的、预期会给企业带来经济利益的资源。根据资产的定义，资产具有以下特征。

1. 资产应为企业拥有或者控制的资源

资产作为一项资源，应当由企业拥有或者控制，具体是指企业享有某项资源的所有权，或者虽然不享有某项资源的所有权，但该资源能被企业控制。

企业享有资产的所有权，通常表明企业能够排他性地从资产中获取经济利益。在判断资产是否存在时，所有权通常是考虑的首要因素。在有些情况下，资产虽然不为企业所拥有，即企业并不享有其所有权，但企业控制了这些资产，同样表明企业能够从资产中获取经济利益，符合会计上对资产的定义。例如，企业租入的资产（短期租赁和低值资产租赁除外），虽然从法律形式来讲企业并不拥有其所有权，但是由于租赁合同规定的租赁期相当长，往往接近于该资产的使用寿命，租赁期结束时承租企业有优先购买该资产的选择权，在租赁期内承租企业有权支配资产并从中受益等，从其经济实质来看，企业能够控制租入资产所创造的未来经济利益，在会计确认、计量和报告时就应当将租入的资产视为企业的资产，在企业的资产负债表中进行反映。

2. 资产预期会给企业带来经济利益

资产预期会给企业带来经济利益，是指资产直接或间接导致现金或者现金等价物流入企业的潜力。这种潜力可以来自企业日常的生产经营活动，也可以来自非日常活动；带来经济利益可以是现金或者现金等价物的形式，也可以是能转化为现金或者现金等价物的形式，还可以是能减少现金或者现金等价物流出的形式。

预期会给企业带来经济利益是资产的重要特征。例如，企业采购的原材料、购置的固定资产等可以用于制造商品或者提供劳务，等对外出售商品或者提供劳务后就能收回货款，货款即为企业所获得的经济利益。如果某一项目预期不能给企业带来经济利益，那么就不能将其确认为企业的资产。前期已经确认为资产的项目，如果不能再为企业带来经济利益，也不能再将其确认为企业的资产。例如，某企业在年末盘点存货时，发现存货发生毁损，该毁损的存货预期不能为企业带来经济利益，已不符合资产的定义，因此不应再在资产负债表中确认为一项资产。

3. 资产是由企业过去的交易或者事项形成的

资产应当由企业过去的交易或者事项形成，过去的交易或者事项包括购买、生产、建造行为及其他交易或者事项。换句话说，只有过去的交易或者事项才能形成资产，企业预期在未来发生的交易或者事项不形成资产。例如，企业有购买某存货的意愿或者计划，但是购买行为尚未发生，那么该项存货就不符合资产的定义，企业不能因此确认存货资产。

（二）资产的确认条件

将一项资源确认为资产，它不仅需要符合资产的定义，还应当同时满足以下两个条件。

1. 与该资源有关的经济利益很可能流入企业

从资产的定义来看，预期会带来经济利益是资产的一个本质特征，但在现实生活中，经济环境瞬息万变，与资源有关的经济利益能否流入企业或者能够流入多少实际上带有不确定性，因此，资产的确认还应当与经济利益流入的不确定性程度的判断结合起来。期末，根据所取得的证据判断，与资源有关的经济利益很可能流入企业，那么就应当将其作为资产予以确认；反之，不能确认为资产。

2. 该资源的成本或者价值能够可靠地计量

财务会计系统是一个确认、计量和报告的系统，其中计量起着枢纽作用，可计量性是所有会计要素确认的重要前提，资产的确认也是如此。只有当有关资源的成本或者价值能够可靠地计量时，资产才能予以确认。在实务中，企业取得的许多资产都是发生了实际成本的，如企业购买或者生产的存货、建造的厂房或者购置的设备等，对于这些资产，只要实际发生的购买成本或者生产成本能够可靠计量，就视为符合资产确认的可计量条件。在某些情况下，企业取得的资产没有发生实际成本或者发生的实际成本很小，如企业持有的某些衍生金融工具形成的资产，对于这些资产，尽管它们没有发生实际成本或者发生的实际成本很小，但是如果其公允价值能够可靠计量的话，也视为符合资产确认的可计量条件。

（三）资产的分类

资产按其流动性不同，分为流动资产和非流动资产两类。

（1）流动资产是指预计在一个正常营业周期内变现、出售或耗用，或者主要为交易目的而持有，或者预计在资产负债表日起一年内（含一年）变现的资产，以及自资产负债表日起一年内交换其他资产或清偿负债的能力不受限制的现金或者现金等价物。流动资产主要包括货币资金、交易性金融资产、应收账款、应收票据、预付款项、应收利息、应收股利、其他应收款、存货、合同资产、持有待售资产、一年内到期的非流动资产、其他流动资产等。

（2）非流动资产是指流动资产以外的资产，主要包括债权投资、其他债权投资、长期应收款、长期股权投资、固定资产、在建工程、工程物资、无形资产、开发支出、投资性房地产、使用权资产、商誉、长期待摊费用、其他非流动资产等。

长期股权投资是指企业持有的对其子公司、合营企业和联营企业的权益性投资及企业持有的对被投资单位不具有控制、共同控制或重大影响，并且在活跃市场中没有报价、公允价值不能可靠计量的权益性投资。

固定资产是指同时具有以下特征的有形资产：① 为生产商品、提供劳务、出租或经营管理而持有的；② 使用寿命超过一个会计年度。

无形资产是指企业拥有或者控制的没有实物形态的可辨认非货币性资产，如专利权、非专利技术、商标权、著作权、土地使用权和商誉等。

二、负 债

（一）负债的定义

负债是指企业过去的交易或者事项形成的、预期会导致经济利益流出企业的现时义务。根据负债的定义，负债具有以下特征。

1. 负债是企业承担的现时义务

负债必须是企业承担的现时义务，这是负债的一个基本特征。现时义务是指企业在现行条件下已承担的义务。未来发生的交易或者事项形成的义务，不属于现时义务，不应当确认为负债。

这里所说的现时义务可以是法定义务，也可以是推定义务。其中，法定义务是指具有约束力的合同或者法律法规规定的义务，通常必须依法执行。例如，企业购买原材料所形成的应付账款，企业向银行贷款所形成的借款，企业依法应当缴纳的各种税费等，均属于企业承担的法定义务。推定义务是指根据企业多年来的习惯做法、公开的承诺或者公开宣布的政策而导致企业将承担的责任，这些责任也使有关各方形成了企业将履行义务解脱责任的合理预期。例如，某企业多年来一直实施一项销售政策，对售出商品提供一定期限内的售后保修服务，预期将为售出商品提供的保修服务就属于推定义务，应当将其确认为一项负债。

2. 负债预期会导致经济利益流出企业

预期会导致经济利益流出企业是负债的一个本质特征。只有当企业履行义务会导致经济利益流出企业时，该项义务才符合负债的定义；如果不会导致经济利益流出企业，它就不符合负债的定义。在履行现时义务清偿负债时，导致经济利益流出企业的形式多种多样，如以现金形式偿还，以实物资产形式偿还，以提供劳务形式偿还，以部分转移资产、部分提供劳务形式偿还，将负债转为资本，等等。

3. 负债是由企业过去的交易或者事项形成的

负债应当由企业过去的交易或者事项形成。换句话说，只有过去的交易或者事项才能形成负债，企业将在未来履行的承诺、合同等交易或者事项不形成负债。

（二）负债的确认条件

将一项现时义务确认为负债，它不仅需要符合负债的定义，还应当同时满足以下两个条件。

1. 与该义务有关的经济利益很可能流出企业

从负债的定义可以看到，预期会导致经济利益流出企业是负债的一个本质特征。在实务中，履行义务流出的经济利益带有不确定性，尤其是与推定义务相关的经济利益通常依赖于大量的估计。因此，负债的确认应当与经济利益流出的不确定性程度的判断结合起来。如果有确凿证据表明，与现时义务有关的经济利益很可能流出企业，那么就应当将其作为负债予以确认；反之，虽然企业承担了现时义务，但是导致经济利益流出企业的可能性已不复存在，这时就不符合负债的确认条件，不应将其作为负债予以确认。

2. 未来流出的经济利益的金额能够可靠地计量

在确认负债时，除了要满足经济利益很可能流出企业这一条件外，未来流出的经济利益的金额还必须能够可靠计量。对于与法定义务有关的流出的经济利益的金额，通常可以根据合同或者法律法规规定的金额予以确定，考虑到流出的经济利益的金额通常在未来期间，有时未来期间较长，有关金额的计量需要考虑货币时间价值等因素的影响。对于与推定义务有关的流出的经济利益的金额，企业应当根据履行相关义务所需支出的最佳估计数进行估计，并综合考虑货币时间价值、风险等因素的影响。

（三）负债的分类

负债按其流动性不同，分为流动负债和非流动负债两类。

（1）流动负债是指预计在一个正常营业周期内清偿，或者主要为交易目的而持有，或者自资产负债表日起一年内（含一年）到期应予以清偿，或者企业无权自主地将清偿推迟至资产负债表日后一年以上的负债。流动负债主要包括短期借款、交易性金融负债、应付账款、应付票据、预收款项、合同负债、应付职工薪酬、应交税费、应付利息、应付股利、其他应付款、持有待售负债、一年内到期的非流动负债等。

（2）非流动负债是指流动负债以外的负债，主要包括长期借款、应付债券、长期应付款、租赁负债、预计负债等。

三、所有者权益

（一）所有者权益的定义

所有者权益是指企业资产扣除负债后，由所有者享有的剩余权益。股份公司的所有者权益又称股东权益。所有者权益是所有者对企业资产的剩余索取权，它是企业资产扣除债权人权益后应由所有者享有的部分，既可反映所有者投入资本的保值增值情况，又体现了保护债权人权益的理念。所有者权益具有以下特征：

（1）除非发生减资、清算或分派现金股利，企业不需要偿还所有者权益。
（2）企业清算时，只有在清偿所有的负债后，所有者权益才返还给所有者。
（3）所有者凭借所有者权益能够参与企业利润的分配。

（二）所有者权益的确认条件

所有者权益体现的是所有者在企业中的剩余权益。因此，所有者权益的确认主要依赖于其他会计要素，尤其是资产和负债的确认；所有者权益金额的确定也主要取决于资产和负债的计量。例如，企业接受投资者投入的资产，在该资产符合企业资产确认条件时，就相应地符合了所有者权益的确认条件；当该资产的价值能够可靠计量时，所有者权益的金额也就可以确定。

所有者权益反映的是企业所有者对企业资产的索取权，负债反映的是企业债权人对企业资产的索取权，两者在性质上有本质区别，因此，企业在会计确认、计量和报告中应当严格区分负债和所有者权益，以如实反映企业的财务状况，尤其是企业的偿债能力和产权比率等。在实务中，企业某些交易或者事项可能同时具有负债和所有者权益的特征，在这种情况下，企业应当将属于负债和所有者权益的部分分开核算和列报。例如，企业发行的可转换公司债券，企业应当将其中的负债部分和权益性工具部分进行拆分，分别确认负债和所有者权益。

（三）所有者权益的构成

所有者权益的来源包括所有者投入的资本、其他综合收益、留存收益等，通常由实收资本（或股本）、资本公积（含资本溢价或股本溢价、其他资本公积）、其他综合收益、盈余公积和未分配利润构成。

所有者投入的资本是指所有者投入企业的资本部分，它既包括构成企业注册资本或者股本部分的金额，也包括投入资本超过注册资本或者股本部分的金额，即资本溢价或者股本溢价，我国企业会计准则规定，这部分投入资本计入资本公积。

其他综合收益是直接计入所有者权益的利得和损失，是指不应计入当期损益、会导致所有者权益发生增减变动的、与所有者投入资本或者向所有者分配利润无关的利得或者损失。其中，利得是指由企业非日常活动所形成的、会导致所有者权益增加的、与所有者投入资本无关的经济利益的流入，利得包括直接计入所有者权益的利得和直接计入当期利润的利得。损失是指由企业非日常活动所形成的、会导致所有者权益减少的、与向所有者分配利润无关的经济利益的流出，损失包括直接计入所有者权益的损失和直接计入当期利润的损失。

留存收益是企业历年实现的净利润留存于企业的部分，主要包括累计计提的盈余公积和未分配利润。

四、收 入

（一）收入的定义

收入是指企业在日常活动中形成的、会导致所有者权益增加的、与所有者投入资本无关的经济利益的总流入。根据收入的定义，收入具有以下特征。

1. 收入是企业在日常活动中形成的

日常活动是指企业为完成其经营目标所从事的经常性活动及与之相关的活动。例如，工业企业制造并销售产品、商业企业销售商品、保险公司签发保单、咨询公司提供咨询服务、软件企业为客户开发软件、安装公司提供安装服务、商业银行对外贷款、租赁公司出租资产等,均属于企业的日常活动。明确界定日常活动是为了将收入与利得区分开,因为企业非日常活动所形成的经济利益的流入不能确认为收入,而应当计入利得。

2. 收入会导致所有者权益的增加

与收入相关的经济利益的流入应当会导致所有者权益的增加,不会导致所有者权益增加的经济利益的流入不符合收入的定义,不应确认为收入。例如,企业从银行借入款项,尽管也导致了经济利益流入企业,但该流入并没有导致所有者权益的增加,反而使企业承担了一项现时义务。企业对于因借入款项所导致的经济利益的流入,不应将其确认为收入,应当确认一项负债。

3. 收入是与所有者投入资本无关的经济利益的总流入

收入应当会导致经济利益的流入,从而导致资产的增加。例如,企业销售商品,只有在收到现金或者在未来有权收到现金时,才表明该项交易符合收入的定义。但是,经济利益的流入有时是所有者投入资本的增加所导致的,所有者投入资本的增加不应当确认为收入,而应当直接确认为所有者权益。

(二) 收入的确认条件

企业收入的来源多种多样,不同来源的收入,其特征有所不同,确认条件也往往存在差别,如销售商品、提供劳务、让渡资产使用权等。一般而言,收入只有在经济利益很可能流入从而导致企业资产增加或者负债减少、经济利益的流入额能够可靠计量时才予以确认。即收入的确认至少应当符合以下条件:一是与收入相关的经济利益很可能流入企业;二是经济利益流入企业的结果是资产的增加或者负债的减少;三是经济利益的流入额能够可靠计量。

《企业会计准则第14号——收入》(财会〔2017〕22号)规定,当企业与客户之间的合同同时满足下列条件时,企业应当在客户取得相关商品控制权时确认收入:(1)合同各方已批准该合同并承诺将履行各自义务;(2)该合同明确了合同各方与所转让商品或提供劳务(以下简称"转让商品")相关的权利和义务;(3)该合同有明确的与所转让商品相关的支付条款;(4)该合同具有商业实质,即履行该合同将改变企业未来现金流量的风险、时间分布或金额;(5)企业因向客户转让商品而有权取得的对价很可能收回。

(三) 收入的分类

收入按照重要性分类,一般可分为主营业务收入和其他业务收入两类。

(1) 主营业务收入是指企业主要经营业务所取得的收入。主营业务收入一般占企业收入的比重较大,对企业的经济效益产生较大的影响。

(2) 其他业务收入是指企业次要经营业务所取得的收入。其他业务收入一般占企业收入的比重较小,对企业的经济效益的影响较小。

五、费　用

(一) 费用的定义

费用是指企业在日常活动中发生的、会导致所有者权益减少的、与向所有者分配利润无关的经济利益的总流出。根据费用的定义，费用具有以下特征。

1. 费用是企业在日常活动中形成的

费用必须是企业在日常活动中形成的，这些日常活动的界定与收入定义中涉及的日常活动的界定相一致。因日常活动所产生的费用通常包括销售成本（营业成本）、管理费用等。将费用界定为日常活动所形成的，目的是将其与损失区分开，因为企业非日常活动所形成的经济利益的流出不能确认为费用，而应当计入损失。

2. 费用会导致所有者权益的减少

与费用相关的经济利益的流出应当会导致所有者权益的减少，不会导致所有者权益减少的经济利益的流出不符合费用的定义，不应确认为费用。

3. 费用是与向所有者分配利润无关的经济利益的总流出

费用的发生应当会导致经济利益的流出，从而导致资产的减少或者负债的增加（最终也会导致资产的减少）。其表现形式包括现金或者现金等价物的流出，存货、固定资产和无形资产等的流出或者消耗，等等。鉴于企业向所有者分配利润也会导致经济利益的流出，而该经济利益的流出显然属于所有者权益的抵减项目，不应当确认为费用，而应当将其排除在费用的定义之外。

(二) 费用的确认条件

费用的确认除了应当符合定义外，还应当满足严格的条件，即费用只有在经济利益很可能流出从而导致企业资产减少或者负债增加、经济利益的流出额能够可靠计量时才能予以确认。因此，费用的确认至少应当符合以下条件：一是与费用相关的经济利益很可能流出企业；二是经济利益流出企业的结果是资产的减少或者负债的增加；三是经济利益的流出额能够可靠计量。

(三) 费用的分类

费用按照其经济用途分类，可分为应计入产品成本、劳务成本的费用和不应计入产品成本、劳务成本的费用两大类。对于应计入产品成本、劳务成本的费用，可进一步划分为直接费用和间接费用；对于不应计入产品成本、劳务成本的费用，可简称为期间费用。

1. 直接费用

直接费用是指企业在生产商品和提供劳务过程中所发生的直接材料费用、直接人工费用。

2. 间接费用

间接费用是指应由产品成本负担的、不能直接计入各产品成本的有关费用，如企业生产车间为组织和管理生产而发生的各种制造费用。

3. 期间费用

期间费用是指企业当期发生的、必须从当期收入中得到补偿的费用。期间费用主要包括管理费用、销售费用和财务费用。

六、利　润

（一）利润的定义

利润是指企业在一定会计期间的经营成果。通常情况下，如果企业实现了利润，表明企业的所有者权益将增加，业绩得到了提升；反之，如果企业发生了亏损（即利润为负数），表明企业的所有者权益将减少，业绩下滑了。利润往往是评价企业管理层业绩的一项重要指标，也是投资者等财务会计报告使用者进行决策时的重要参考。

（二）利润的确认条件

利润反映的是收入减去费用、利得减去损失后的净额的概念，因此，利润的确认主要依赖于收入和费用及利得和损失的确认，其金额的确定也主要取决于收入、费用、利得、损失金额的计量。

（三）利润的构成

利润包括收入减去费用后的净额、直接计入当期利润的利得和损失等。其中，收入减去费用后的净额反映的是企业日常活动的经营业绩，直接计入当期利润的利得和损失反映的是企业非日常活动的业绩。直接计入当期利润的利得和损失，是指应当计入当期损益、最终会引起所有者权益发生增减变动的、与所有者投入资本或者向所有者分配利润无关的利得或者损失。企业应当严格区分收入和利得、费用和损失之间的区别，以更加全面地反映企业的经营业绩。

利润有营业利润、利润总额和净利润之分。

1. 营业利润

营业利润是营业收入减去营业成本、税金及附加、期间费用（包括销售费用、管理费用和财务费用）、研发费用、信用减值损失、资产减值损失，加上公允价值变动净收益、投资净收益、资产处置净收益、其他收益后的金额。

2. 利润总额

利润总额是指营业利润加上营业外收入，减去营业外支出后的金额。

3. 净利润

净利润是指利润总额减去所得税费用后的金额。

第二节 会计等式

一、会计基本等式

企业为了实现其经营目标，需要拥有一定数量和结构的、具有未来经济效益的经济资源，这些经济资源在会计上称为"资产"。而企业资产的来源渠道不外乎两种：一是由投资人提供；二是由债权人提供。企业的投资人和债权人既然为企业提供了全部资产，就应该对企业的资产享有要求权。这种对企业资产的要求权，在会计上称为"权益"。其中，属于债权人的部分，称为"债权人权益"，又称"负债"；属于投资人的部分，称为"投资人权益"，又称"所有者权益"。

可见，资产表明企业拥有什么经济资源和拥有多少经济资源，权益则表明是谁提供了这些经济资源，谁对这些经济资源拥有要求权。既然权益是对资产的要求权，那么资产与权益之间就是相互依存的关系。没有资产，就没有有效的权益。同样，企业所拥有的资产也不可能脱离权益而存在。没有无资产的权益，也没有无权益的资产。而且，从数量上看，有一定数额的资产，就必定有一定数额的权益；反之，有一定数额的权益，也必定有一定数额的资产。也就是说，一个企业的资产总额与权益总额必然相等，从任何一个时点来看，二者之间都必然保持数量上的平衡关系。资产与权益的这种平衡关系，可以用下面的等式来表示：

资产＝权益　　　　　　　　　　　　　　　　　①
资产＝债权人权益＋投资人权益　　　　　　　　②
资产＝负债＋所有者权益　　　　　　　　　　　③

上述等式③称为"会计基本等式"，也叫"会计恒等式"。它反映了会计基本要素之间的数量关系，是设置账户、复式记账、进行试算平衡和编制资产负债表的理论依据。

企业的经营以获取利润为主要目的。要获取利润，就必须取得收入，而在取得收入的过程中，又必然要发生一定的费用。企业在一定时期所取得的收入大于为取得收入所发生的费用，其差额即为利润；若收入小于费用，其差额即为亏损。企业所获得的利润属于企业的所有者，所发生的亏损也最终要由所有者承担，因此，利润在本质上讲是所有者权益的增加，亏损则是所有者权益的减少。根据收入、费用与利润（或亏损）之间的关系，既然收入的增加会增加利润或减少亏损，也就可以视同所有者权益的增加；既然费用的增加会减少利润或增加亏损，也就可以视同所有者权益的减少。从理论上讲，企业在经营中所取得的收入或发生的费用，完全可以直接作为所有者权益项目的增加或减少。但是，企业在一定时期内有关收入和费用的经济业务往往很多，这样处理会使所有者权益项目的内容复杂化，不便于区分所有者投资所引起的所有者权益的变化与收入、费用所引起的所有者权益的变化。更重要的是，企业在一定期间的收入、费用和利润数额，是企业内部管理层决策和企业外部有关各方决策所需的重要信息，这就要求企业必须单独核算收入和费用数额。否则，就只有根据所有者权益项目加以分析和汇总才能取得这些资料。

根据以上分析，可以得出以下结论：

（1）企业在经营开始之际（会计期初），既无收入也无费用，因而必定满足下列会计基本等式：

$$资产 = 负债 + 所有者权益 \qquad ③$$

（2）随着经营活动的进行，在会计期间内，企业一方面取得收入（可视同所有者权益的增加），并因此而增加资产或者减少负债；另一方面要发生各种各样的费用（可视同所有者权益的减少），并因此而减少资产或者增加负债。因此，在会计期中（结账之前），原来的会计基本等式即③式就转化为下面的形式：

$$资产 = 负债 + 所有者权益 + （收入 - 费用） \qquad ④$$

（3）到会计期末（一般是月末），企业将费用与收入相配比，计算出利润或亏损，④式就转化为：

$$资产 = 负债 + 所有者权益 + 利润 \qquad ⑤$$

在会计期末（通常是年终决算），企业按法定的程序对利润进行分配，结账之后，⑤式又恢复为期初的形式，即

$$资产 = 负债 + 所有者权益$$

习惯上，把③式称为静态的会计等式，④⑤式称为动态的会计等式。

二、经济业务对会计等式的影响

"资产 = 负债 + 所有者权益"这一会计基本等式表示任何企业在任何时点上会计要素之间的恒等关系，随着经济活动的不断进行，千变万化的经济业务会引起资产、负债、所有者权益的增减变动，但是无论经济业务怎样变化，都不会破坏会计基本等式的恒等关系。现举例如下：

假设顺达工厂2020年4月1日的资产、负债及所有者权益的数额如表2-1所示。

表2-1 顺达工厂会计要素4月初的余额　　　　　　　　　　单位：元

资产	金额	负债及所有者权益	金额
库存现金	2 000	短期借款	36 000
银行存款	50 000	应付票据	34 000
应收票据	60 000	应付账款	52 000
应收账款	30 000	实收资本	300 000
原材料	100 000	盈余公积	48 000
固定资产	250 000	未分配利润	22 000
资产总计	492 000	负债及所有者权益总计	492 000

表2-1表明顺达工厂在4月开始时，资产与负债及所有者权益是平衡的，总额均为

492 000 元。顺达工厂 4 月发生如下经济业务：

（1）收回应收账款 10 000 元，存入银行。

这项经济业务发生后，使一个资产类项目（应收账款）减少了 10 000 元，另一个资产类项目（银行存款）增加了 10 000 元。

（2）以 20 天后到期的商业汇票 5 000 元偿付前次购买原材料的货款。

这项经济业务发生后，使一个权益类项目（应付账款）减少 5 000 元，另一个权益类项目（应付票据）增加了 5 000 元。

（3）收到某公司投资转入设备 1 台，价值 50 000 元。

这项经济业务发生后，使一个资产类项目（固定资产）增加了 50 000 元，一个权益类项目（实收资本）增加了 50 000 元。

（4）以银行存款 20 000 元归还短期借款。

这项经济业务发生后，使一个资产类项目（银行存款）减少了 20 000 元，一个权益类项目（短期借款）减少了 20 000 元。

上述四项经济业务引起资产、负债及所有者权益的变化，在下面的经济业务增减变动表（表 2-2）中可以看到，并没有破坏会计等式的平衡关系；从整体上看，相关会计要素随着顺达工厂发生经济业务而变动后，会计等式在新的基础上达到了新的平衡。

同时，可以得到这样一个启示，在会计等式为"资产 = 权益"的情况下，无论企业有多少经济业务，归纳起来不外乎以下四种类型：

第一种类型：资产内部一个项目增加，另一个项目减少，增减金额相等；

第二种类型：权益内部一个项目增加，另一个项目减少，增减金额相等；

第三种类型：一个资产项目和一个权益项目同时增加，双方增加金额相等；

第四种类型：一个资产项目和一个权益项目同时减少，双方减少金额相等。

表 2-2　经济业务增减变动表　　　　　　　　　　　　　　　　　　　　　　单位：元

资产					负债及所有者权益				
项目	变动前金额	增加金额	减少金额	变动后金额	项目	变动前金额	增加金额	减少金额	变动后金额
库存现金	2 000			2 000	短期借款	36 000		④ 20 000	16 000
银行存款	50 000	① 10 000	④ 20 000	40 000	应付票据	34 000	② 5 000		39 000
应收票据	60 000			60 000	应付账款	52 000		② 5 000	47 000
应收账款	30 000		① 10 000	20 000	实收资本	300 000	③ 50 000		350 000
原材料	100 000			100 000	盈余公积	48 000			48 000
固定资产	250 000	③ 50 000		300 000	未分配利润	22 000			22 000
资产总计	492 000	60 000	30 000	522 000	负债及所有者权益总计	492 000	55 000	25 000	522 000

在会计等式为"资产 = 负债 + 所有者权益"的情况下，经济业务的类型可扩展为以下九种情况：

（1）资产内部一个项目增加，另一个项目减少。
（2）负债内部一个项目增加，另一个项目减少。
（3）所有者权益内部一个项目增加，另一个项目减少。
（4）一个资产项目与一个负债项目同时增加。
（5）一个资产项目与一个负债项目同时减少。
（6）一个资产项目与一个所有者权益项目同时增加。
（7）一个资产项目与一个所有者权益项目同时减少。
（8）一个负债项目增加，一个所有者权益项目减少。
（9）一个负债项目减少，一个所有者权益项目增加。

以上九种类型的经济业务可用图2-1做形象化的表示。

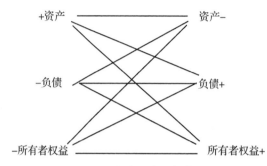

图2-1　九种经济业务类型

无论是四种类型的经济业务，还是九种类型的经济业务，每一种类型的经济业务要么使会计基本等式等号两边同时等额增加或同时等额减少，要么使会计基本等式等号一边同时等额一增一减。前者会使会计基本等式两边的总额发生等量的增加或减少，后者会使会计基本等式一边的组成内容发生一增一减的变动而两边总额保持不变。同时，根据数学原理，方程式等号两边同增一个数或同减一个数，其值必等；方程式等号一边等额一增一减一个数，其值不变，这是会计基本等式之所以能够保持平衡的数学关系。

通过以上阐述得出的结论是随着经济活动的不断进行，经济业务的发生必然会引起企业资产、负债及所有者权益的增减变动，影响会计等式，但任何时点，任何一项经济业务的发生都不会破坏会计等式的平衡关系。这种恒等关系是设置账户、复式记账、进行试算平衡和编制资产负债表的理论依据。

第三节　会计科目

一、会计科目的意义

会计科目是对会计要素按其经济内容进行分类所形成的具体项目。如前所述，经济业务的发生会引起会计要素发生增减变动，各会计要素包含着不同内容的项目。为了全面、系统、连续、分门别类地记录和反映会计要素项目的增减变动情况及其变动结果，提供对经济管理有用的会计信息，必须结合管理要求，对会计要素的具体内容进行科学的分类。这种分类就是通过设置会计科目进行的。一个企业要设置多少会计科目，以及每一科目核算什么内容，财政部已在会计制度中做了统一规定，这样便使会计科目的设置，既能结合会计要素的特点又能满足为经济管理提供信息的需要。每个企业必须按照会计制度的要求，结合自身业务的特点，合理地确定会计科目，作为企业设置账户进行日常核算的基础。

二、会计科目的分类

（一）按会计科目反映的经济内容分类

会计科目按其反映的经济内容分类与按会计要素的具体内容分类基本一致，可以分为资产类、负债类、所有者权益类、收入类、费用类和利润类六大类。

1. **资产类科目**

按照资产的流动性可分为：

（1）反映流动资产的科目，包括"库存现金""银行存款""原材料""库存商品""应收账款""应收票据""预付账款""其他应收款""应收利息"等。

（2）反映非流动资产的科目，包括"长期股权投资""固定资产""累计折旧""无形资产""累计摊销""长期待摊费用"等。

2. **负债类科目**

按照负债偿还期的长短可分为：

（1）反映流动负债的科目，包括"短期借款""应付票据""应付账款""预收账款""其他应付款""应付职工薪酬""应交税费""应付股利""应付利息"等。

（2）反映非流动负债的科目，包括"长期借款""应付债券""长期应付款"等。

3. **所有者权益类科目**

反映所有者权益的科目，包括"实收资本（或股本）""资本公积""其他综合收益"

"盈余公积"等。

4. 收入类科目

反映收入的科目,包括"主营业务收入"和"其他业务收入"等。

5. 费用类科目

按费用是否计入损益可分为:

(1) 不计入损益的费用科目,包括"生产成本"和"制造费用"。

(2) 计入损益的费用科目,包括"主营业务成本""其他业务成本""税金及附加""销售费用""管理费用""财务费用""所得税费用"等。

6. 利润类科目

反映利润的科目,包括"本年利润"和"利润分配"。

必须指出,上述把会计科目按会计要素的具体内容划分为六大类与企业会计准则中把会计科目划分为资产类、负债类、所有者权益类、共同类、成本类和损益类六大类的不同在于:

(1) 将利润类科目并入所有者权益类科目。

(2) 将不计入损益的费用科目单独设置为成本类科目。

(3) 将收入类科目和计入损益的费用科目合称损益类科目。

(4) 单独设置共同类科目。企业会计准则中列出的企业常用的会计科目如表2-3所示。

表2-3 企业常用的会计科目表(简化)

编号	名称	编号	名称
	一、资产类		长期借款
	库存现金		应付债券
	银行存款		租赁负债
	其他货币资金		预计负债
	交易性金融资产		长期应付款
	应收票据		三、共同类
	应收账款		清算资金往来
	预付账款		货币兑换
	应收股利		套期工具
	应收利息		被套期项目
	其他应收款		四、所有者权益类
	坏账准备		实收资本
	在途物资		资本公积
	原材料		其他综合收益
	库存商品		盈余公积

续表

编号	名称	编号	名称
	周转材料		本年利润
	合同资产		利润分配
	债权投资		五、成本类
	长期应收款		生产成本
	长期股权投资		制造费用
	固定资产		劳务成本
	累计折旧		合同取得成本
	在建工程		合同履约成本
	无形资产		研发支出
	累计摊销		六、损益类
	使用权资产		主营业务收入
	投资性房地产		其他业务收入
	长期待摊费用		投资收益
	商誉		公允价值变动损益
	待处理财产损溢		资产处置损益
	二、负债类		营业外收入
	短期借款		主营业务成本
	交易性金融负债		其他业务成本
	应付票据		税金及附加
	应付账款		销售费用
	预收账款		管理费用
	合同负债		财务费用
	应付职工薪酬		营业外支出
	应交税费		信用减值损失
	应付利息		资产减值损失
	应付股利		所得税费用
	其他应付款		以前年度损益调整

(二) 按会计科目反映的资料详细程度分类

会计科目按其反映的资料详细程度不同，可分为总分类科目和明细分类科目两类。

(1) 总分类科目，是对会计要素不同经济内容做总括分类反映的科目，如"固定资产""原材料""应付账款"等均为总分类科目。总分类科目是设置总分类账户的依据。

(2) 明细分类科目，是对总分类科目所含内容做进一步分类，反映详细、具体情况的科目，如应付账款科目下按具体单位分设明细分类科目，具体反映应付哪个单位的账款。

明细分类科目是设置明细分类账户的依据。

为了适应管理工作的需要,有的总分类科目下需要设置的明细分类科目太多时,也可在总分类科目与三级科目(也称细目)之间增设二级科目(也称子目)。一般来讲,会计科目分为三级,总分类科目统御下属数个三级科目,二级科目介于总分类科目(一级科目)与三级科目之间,对于总分类科目来说,二级科目、三级科目都属于明细分类科目。现以"原材料"科目为例,用表2-4表示总分类科目与明细分类科目之间的关系。

表 2-4　总分类科目与明细分类科目之间的关系

总分类科目 (一级科目)	明细分类科目	
	二级科目(子目)	三级科目(细目)
原材料	原料及主要材料	甲材料
		乙材料
	辅助材料	A 材料
		B 材料

为了便于分类排列会计科目,便于编制会计凭证、登记账簿和查阅账目,便于实行会计电算化,要对会计科目进行编号。会计科目的编号方法有多种,我国目前采用的是数字组编号法,即将某一组数字作为某一类会计科目的编号范围,给每一个会计科目一个固定编号,企业不能随意改变编号,在某些会计科目之间留有空号,供增设会计科目之用。

第四节　会计账户

一、设置账户的意义

随着经济活动的进行,错综复杂的经济业务引起资产、负债、所有者权益不断发生增减变动。前文用表2-2说明了经济业务的发生不会破坏"资产=负债+所有者权益"这一会计基本等式的平衡关系,同时表内也反映了经济业务引起的会计要素的增减变动及变动结果。但是,如果企业每发生一笔经济业务,就通过编制一张增减变动表来反映经济业务引起的会计要素的变化,在会计上既没有必要也不可能。为了连续、系统、全面地核算和监督各项经济业务引起会计要素项目增减变动及其变动结果的情况,必须借助于账户这一工具,通过设置账户的方法来完成这一任务。

会计账户是根据会计科目设置,具有一定格式和结构,用于分类核算会计要素增减变动情况及其结果的载体。账户是对会计要素的具体内容进行分类的标志,通过设置账户的方法对错综复杂的经济活动所引起的各项资产、负债和所有者权益,以及经营过程中的收入、费用等的增减变动及变动结果,及时地、分类地、连续地进行反映和监督,以提供各种动态指标和状况指标。

每个企业都必须设置既能反映某一会计要素的具体内容又能提供其增减变动情况及变动结果资料的账户。例如，企业的机器设备、房屋及其他建筑物等都是主要劳动资料，具有相同的经济内容，把它们归为一类，设置一个"固定资产"账户，当企业发生有关固定资产增减变动的业务时，及时登记到"固定资产"账户中，通过"固定资产"账户，企业可以了解和掌握固定资产增减变动情况及变动结果。又如，企业由于购买原材料所欠各供应单位的款项，是企业在结算过程中对供应单位的债务，有必要设置一个"应付账款"账户，当企业发生有关结欠和归还供应单位货款的业务时，及时登记到"应付账款"账户中，通过"应付账款"账户，企业可以了解和掌握与供应单位货款的结算情况。

会计账户一般具有以下特征：首先，账户是由会计要素每一具体项目来确定其名称，反映该具体项目的经济内容；其次，每个账户必须有一定的结构，以便连续反映该会计要素具体项目的变动情况；最后，通过设置账户的方法，可以连续、系统、完整、清晰地反映企业的经济活动。

二、账户与会计科目

会计科目是对会计要素的具体内容进行分类所形成的具体项目，在实际工作中企业根据规定的会计科目设置账户，因此，账户和会计科目都具有对会计对象的具体内容进行科学分类这一特征，会计科目所反映的经济内容也是账户所要登记的经济内容。但是，账户还具有用途和结构的特征，即账页格式，只有根据会计科目在账页中设置账户，才能具体反映和监督会计要素增减变动的日常动态，提供各种核算资料。会计科目本身不具备结构，只是设置账户的依据，是账户名称。因此，设置账户才是会计核算的专门方法。从理论上讲，账户与会计科目既有联系又有区别。需要说明的是，在实务中账户与会计科目两者往往互相混用。

三、设置账户的原则

为了更好地发挥账户的作用，企业在设置账户时应遵循以下原则：

（1）账户的设置必须结合企业经济业务特点，所设账户能如实、合理、毫不遗漏地反映全部会计对象的内容。

（2）账户的设置必须体现财务会计制度要求，所设账户提供的会计信息必须满足国家宏观经济管理需要，满足外部有关方面了解企业经营状况和企业内部经营管理的需要。

（3）账户体系既要科学严密，又要简明适用，便于记清账目。我国会计制度中的会计科目表是根据会计对象具体内容的特点对会计要素所做的科学分类，并规定了每一科目核算内容。企业只有按照确定的会计科目设置账户，才能使账户名称含义明确，账户核算内容清晰，各账户之间相互联系，构成一个科学、完整的账户体系，既能如实反映企业生产经营活动情况，又能保证核算指标的统一性和可比性，也便于会计信息的分析利用和综合汇总。在上述原则的基础上，企业也可以根据其业务特点和生产经营规模的具体情况，自行增设、减少或合并一些会计科目，灵活地设置所需要的账户。

四、账户的基本结构

每一个账户都有一个名称，用来反映这一类会计要素的具体经济内容；同时，每一个账户都被要求提供这一类会计要素变动情况的资料，因此它又必须具有一定的结构。各项经济业务引起会计要素的变动，不外乎是数量上的增加和减少两种情况及其根据增减变动计算的结余数额。因此，账户的基本结构是将账户分为两部分或划分为左右两方，其中一方登记增加额，另一方登记减少额，增加额和减少额相抵后的差额，称为账户的余额。因此，在账户中所记的金额，可分为期初余额、本期增加额、本期减少额和期末余额。

期初余额：将上一期的期末余额转入本期，即为本期期初余额。

本期增加额：一定时期（月度、季度、半年度、年度）内账户所登记的增加金额的合计，也称本期增加发生额。

本期减少额：一定时期内账户所登记的减少金额的合计，也称本期减少发生额。

期末余额：本期期初余额加上本期增加发生额减去本期减少发生额后的数额。结转到下一期即为下期期初余额。

上述四项金额的关系，可以用下列等式表示：

$$期末余额 = 期初余额 + 本期增加发生额 - 本期减少发生额$$

本期增加额和本期减少额都应分别记入对应账户的左右两方，以便分别计算增加、减少发生额和余额。如果在左方记增加额，则在右方记减少额，余额必在左方；反之，如果在右方记增加额，则在左方记减少额，余额必在右方。

在会计教学中，为了便于说明账户结构，通常使用简化的"T"形账户表示其结构，如图2-2所示。

图2-2　账户的简化格式

在会计实务中，账户的格式体现在账页上，由于所登记经济业务的不同，可以有各种各样的账页格式，但一般说来，任何一种账户格式的设计，应当包含下列基本内容：

（1）账户名称（会计科目）。

（2）日期（表明记账时间）。

（3）凭证号数（表明账户记录的来源）。

（4）摘要（概要说明经济业务的内容）。

（5）增加、减少和结余金额（在借贷记账法下为借方、贷方和余额栏）。

会计实务中使用的账户一般格式如表2-5所示。

表 2-5　会计实务中使用的账户格式

账户名称（会计科目）：

日期	凭证号数	摘要	借方金额	贷方金额	余额

账户左右两方，哪一方记增加数，哪一方记减少数，取决于所采用的记账方法和账户所记录的经济内容。关于账户的具体结构，将在下一章中详细阐述。

本 章 小 结

会计要素是对会计对象进行的基本分类，是会计核算对象的具体化，是会计报表的基本构件。企业会计要素包括资产、负债、所有者权益、收入、费用和利润六类。其中，资产、负债、所有者权益是反映企业财务状况的会计要素，也称静态会计要素；收入、费用和利润是反映企业经营成果的会计要素，也称动态会计要素。

会计等式也称会计恒等式或会计方程式，是运用数学方程的原理描述会计对象的具体内容，即会计要素之间数量关系的表达式。"资产＝负债＋所有者权益"是会计基本等式。该等式是设置账户、复式记账、进行试算平衡和编制资产负债表的理论依据。

会计科目是对会计要素按其经济内容进行分类所形成的具体项目，是设置会计账户的依据。会计科目按其反映的经济内容可分为资产类、负债类、所有者权益类、收入类、费用类和利润类六大类，按其反映的资料详细程度可分为总分类科目和明细分类科目。

会计账户是根据会计科目设置的，具有一定格式，用来分类、系统、连续地记录交易或事项，反映会计要素增减变动及变动结果的一种工具。设置会计账户是会计核算的专门方法之一。

会计账户一般可以提供四个金额指标：期初余额、本期增加发生额、本期减少发生额和期末余额。其数量关系为：期末余额＝期初余额＋本期增加发生额－本期减少发生额。

会计账户、会计对象、会计要素、会计科目、会计等式之间存在着密切的关系：会计对象是会计核算和监督的基本内容，是设置会计账户、建立会计等式的基础；会计要素是会计对象的基本组成内容，是建立会计等式的直接依据；会计等式是运用数学方程原理描述会计要素之间关系的表达式，是设置和运用会计账户的基本理论依据；会计科目是对会计要素进行分类所形成的具体项目，是设置会计账户的直接依据；会计账户则是按照会计科目设置的，是反映会计要素增减变动及变动结果的一种工具。

思考题

1. 什么是会计要素？企业会计有哪些要素？
2. 什么是资产？资产有哪些特点？
3. 什么是负债？负债有哪些特点？
4. 所有者权益包括哪些组成内容？
5. 什么是收入？收入有哪些特点？
6. 什么是费用？费用有哪些特点？
7. 什么是会计等式？为什么说任何经济业务的发生都不会破坏"资产＝负债＋所有者权益"这一等式的平衡关系？
8. 什么是会计科目？会计科目如何分类？
9. 会计账户与会计科目之间是什么关系？

第三章 复式记账

通过本章学习，了解并掌握：
1. 复式记账的含义；
2. 借贷记账法的账户结构；
3. 借贷记账法的记账规则；
4. 会计分录的编制方法；
5. 试算平衡的原理和方法；
6. 总分类账户与明细分类账户的平行登记方法。

第一节 复式记账的意义

一、记账方法的概念和种类

如前所述，发生经济业务时，会计要素的有关项目会发生增减变动。为了全面、系统地反映各会计要素有关项目的增减变动情况及变动结果，必须采用一定的记账方法，把发生的经济业务登记入账。记账方法就是指经济业务在会计账户中登记的方法。记账方法从简单到复杂，从不完善到逐步完善，经历了一个由单式记账到复式记账的漫长发展过程。

记账方法按记账方式的不同，可分为单式记账法和复式记账法两种。

二、单式记账法

单式记账法是指对发生的经济业务，通常只在账上做单方面登记，而不反映其来龙去脉的一种记账方法。这种记账方法的主要特征如下：

（1）除了有关人欠或欠人和现金收付业务，应在两个或两个以上有关账户登记外，其他经济业务只在一个账户中登记或不登记。例如，以现金购买材料物资，只记现金账户减少，不记材料账户增加；购入材料物资但尚未支付现金时，只记应付款账户增加，不记材料账户增加；用现金支付应付款时，则既登记现金减少，又登记应付款减少。在单式记账法下，即使对材料物资的增减进行记录，但这种记录与来自同一笔经济业务、理应同时记录的数据——现金减少数或应付款增加数的记录不发生联系。

（2）在记账后，所有账户之间不存在数字上的平衡关系。单式记账法下账户所记录的实际上是经济活动中的部分经济业务或经济业务中的部分数据，所以不能反映经济活动的全部情况；通过单式记账法获得的会计核算资料是不完整的，账户记录的正确性也难于检查。因此，单式记账法是一种比较简单、不够严密的记账方法，只能适应小规模生产的需要。随着商品经济的发展，生产社会化程度的不断提高，经济活动越来越复杂，客观上对经济管理提出了更高的要求，特别是会计实践经验的积累和认识水平的提高，使记账方法出现了革命，复式记账法便应运而生。

二、复式记账法

复式记账法是指对发生的每一项经济业务，都要以相等的金额，在相互关联的两个或两个以上账户中进行登记的一种记账方法。例如，用现金300元购入材料这项经济业务的发生，一方面使企业的材料增加了300元，另一方面使企业的现金减少了300元。根据复式记账法的原理，这项经济业务应以相等的金额在"原材料"和"库存现金"这两个相互联系的账户上进行登记，即一方面在"原材料"账户上登记增加300元，另一方面在"库存现金"账户上登记减少300元。

复式记账法对完整、系统、正确地反映企业（包括行政事业单位，下同）的资金运动，建立严密的核算体系，具有重要的意义。

（一）它可以如实地反映经济活动的来龙去脉，完整、系统地反映经济活动的过程和结果

企业的经济活动是由无数的经济业务组成的，每一项经济业务的发生又都要引起有关会计要素的增减变动。所有的有关会计要素的增减变动显示了资金运动的全部过程。运用复式记账法，可以通过对有关会计要素增减变动的登记，将每一项单独的经济业务与整个经济活动联系起来；同时，复式记账可以使各个账户之间产生一种彼此关联、互相沟通的关系，使全部账户都能以不同的形式连接起来，使任何一个账户都不可能脱离其他账户而独立存在，从而形成一个严密的账户体系。这样，账户中所反映的会计要素的增减变动，就可以完整地反映经济活动的来龙去脉，为经济管理提供系统的信息。

（二）它可以进行试算平衡，使账户之间保持相互对应关系，保证账户记录的正确性

由于复式记账法要求以相等的金额在两个或两个以上相互联系的账户中做双重记录，这就使账户之间在数字上产生了一种互相核对、互相平衡的关系。如果记账发生遗漏、差错，这种平衡关系就会被破坏。因此，利用复式记账法所产生的这种平衡关系，可以防止记账时数字的错漏；如有数字差错发生，也可以通过试算平衡来核对，以便及时发现和更正，从而保证账户记录的正确性。

此外，复式记账法对统一会计计量单位、建立现代会计报表体系，也有着重要的意义。复式记账法要求以相等的数量做双重记录，必然要求被记录的对象具有相同的质，不同质的记录对象在数量上是不具有可比性的，当然也说不上相等。因此，复式记账法对以货币为会计的统一计量单位提出了客观要求。同样，复式记账法的平衡关系，也为编制能全面、系统反映企业的财务状况和经营成果的会计报表，提供了理论基础。

复式记账法按照记账符号、记账规则和试算平衡方法的不同，可分为借贷记账法、增减记账法和收付记账法。目前，我国企业采用的记账方法都是借贷记账法。借贷记账法是一种产生最早、当今世界运用最广泛的复式记账法。

第二节 借贷记账法

一、借贷记账法的产生和发展

借贷记账法是按照复式记账的原理，以资产与权益的平衡关系为基础，以"借"和"贷"两字为记账符号，以"有借必有贷，借贷必相等"为记账规则的一种复式记账法。

借贷记账法起源于13世纪的意大利，开始只进行单式记账，大约到15世纪才形成了比较完善的复式记账法。

据史料记载，在13世纪意大利的一些沿海城市的商品经济已有相当程度的发展，海陆贸易比较发达。由于商品交换的需要，在这些地方出现了从事货币借贷业务和办理转账结算的钱庄，即现代银行的前身。它们对各个有银钱往来的客户，分别开设账户，账户分上下两个记账部分，上部为借方，下部为贷方。对于钱庄付出的贷款，记在借主名下，即记入借方，表示对客户的债权（应收款）；对于钱庄收进的存款，记在贷主名下，即记入贷方，表示对客户的债务（应付款）。对于两个往来客户之间要办理转账结算，就在付款人的账户上记入借方，在收款人的账户上记入贷方。这时，"借"和"贷"两字仅表示债权、债务关系，即借表示借出，贷表示贷入，还不是现代意义上作为纯粹记账符号的"借方"和"贷方"。当时的这种记账方法，虽然有了复式记账的雏形，但账簿的记录仍以文

字叙述为主,还没有明确的金额栏,更没有形成以数字平衡为基础的账户结构。这种复式记账法于13世纪初首先出现在佛罗伦萨,因此会计学者称其为"佛罗伦萨式记账法"。

随着商品经济和银行业的发展,记账方法也有了很大的发展。14世纪中叶,在意大利的热那亚出现了一种更为进步的复式记账法。这种记账方法的记账对象,除了保留原有的债权、债务外,还扩大到商品、现金,而且账户的格式已分为左右两方,分别表示借方和贷方。账簿的记录形式也不再是以文字叙述为主,而是改为以数字平衡为主;每个账户都要结出余额,并把余额分列在借贷两方,求得账户借贷双方数字上的平衡。这时,"借"和"贷"两字就逐渐转化为记账符号,变成会计上的专门术语。这种记账方法虽比佛罗伦萨式有了明显的进步,但还有不足之处,如还没有设置计算损益和反映资本的账户,账户体系不完整,全部账户的数字平衡还无法完全做到。这种记账方法以14世纪中叶在热那亚使用过的账簿为代表,因此也被称为"热那亚式记账法"。

到了15世纪,在意大利的威尼斯,形成了一种比热那亚式更为完善的记账方法,即"威尼斯式记账法"。它的重要发展在于增设了计算损益和反映资本的账户,而且还进行了全部账户余额的试算平衡。1494年,意大利数学家卢卡·帕乔利在其《算术、几何与比例概要》一书中,从实务和理论两方面对威尼斯式记账法进行了较为系统、完整的论述。从此,借贷复式记账法就基本定型了。

卢卡·帕乔利专著的出版,使借贷记账法在世界各国广为流传。五百多年来,世界各国的会计学者和会计工作者从理论和实践上对借贷记账法进行研究,使其不断发展和完善。目前,借贷记账法已成为国际通用的记账方法。

二、借贷记账法的记账符号

借贷记账法是以"借"和"贷"为记账符号,反映各会计要素增减变动情况的一种复式记账方法。在借贷记账法下,任何账户都分为借方和贷方两个基本部分,通常左方为借方,右方为贷方。在会计教学中将其简化为"T"形账户的形式,它的基本结构如图3-1所示。

图3-1 借贷记账法下账户的基本结构

在借贷记账法下,所有账户的借方和贷方都要按相反的方向记录,即一方登记增加金额,一方登记减少金额。至于哪一方登记增加金额,哪一方登记减少金额,则由各个账户所反映的经济内容决定,也就是说,要看经济业务涉及哪些账户及这些账户的性质。

三、借贷记账法的账户结构

(一) 六类账户的基本结构

如前所述,企业会计对象按其经济内容,可分为资产、负债、所有者权益、收入、费用和利润六大会计要素。对会计对象的具体内容即会计要素进一步分类核算的项目称为会计科目。会计科目是设置会计账户的依据,因此会计账户也可分为资产类账户、负债类账户、所有者权益类账户、收入类账户、费用类账户、利润类账户六大类。

1. 资产类账户的结构

资产类账户是用来核算企业各项资产增减变动及其结存情况的账户。通常情况下,在会计基本等式的左边列示资产,而账户的基本结构左方表示借方,所以习惯上资产类账户的借方登记期初余额和本期增加额,贷方登记本期减少额。一般而言,期初余额和本期增加额之和总会大于本期减少额,所以在正常情况下,资产类账户的期末余额在借方。

资产类账户的基本结构如图 3-2 所示。

借方	账户名称	贷方
期初余额		
资产增加额		资产减少额
资产增加额		资产减少额
本期发生额(增加额合计)		本期发生额(减少额合计)
期末余额		

图 3-2 资产类账户的基本结构

资产类账户的期末余额可根据以下公式计算:

借方期末余额 = 借方期初余额 + 借方本期发生额 − 贷方本期发生额

2. 负债类账户的结构

负债类账户是用来核算企业各项负债增减变动及其结存情况的账户。通常情况下,在会计基本等式的右边列示负债,而账户的基本结构右方表示贷方,所以习惯上负债类账户的贷方登记期初余额和本期增加额,借方登记本期减少额。在正常情况下,负债类账户的期末余额在贷方。

负债类账户的基本结构如图 3-3 所示。

借方	账户名称	贷方
		期初余额
负债减少额		负债增加额
负债减少额		负债增加额
本期发生额(减少额合计)		本期发生额(增加额合计)
		期末余额

图 3-3 负债类账户的基本结构

负债类账户的期末余额可根据以下公式计算：

$$贷方期末余额 = 贷方期初余额 + 贷方本期发生额 - 借方本期发生额$$

3. 所有者权益类账户的结构

所有者权益类账户是用来核算企业各项所有者权益增减变动及其结余情况的账户。在会计基本等式中，所有者权益同负债一起列在右边，因此，所有者权益类账户的基本结构与负债类账户的基本结构相同，即在所有者权益类账户中，贷方登记期初余额和本期增加额，借方登记本期减少额。在正常情况下，所有者权益类账户的期末余额在贷方。

所有者权益类账户的基本结构如图3-4所示。

借方	账户名称	贷方
		期初余额
所有者权益减少额		所有者权益增加额
所有者权益减少额		所有者权益增加额
本期发生额（减少额合计）		本期发生额（增加额合计）
		期末余额

图3-4 所有者权益类账户的基本结构

所有者权益类账户的期末余额可根据以下公式计算：

$$贷方期末余额 = 贷方期初余额 + 贷方本期发生额 - 借方本期发生额$$

4. 收入类账户的结构

收入类账户是用来核算企业各项收入取得情况的账户。收入的增加可以视同所有者权益的增加，这就决定了收入类账户的结构应与所有者权益类账户的结构保持一致。在收入类账户中，贷方登记收入的增加额，借方登记收入的减少额（或转销额）。期末时，本期收入的增加额减去本期收入的减少额后的差额，应转入利润类账户，所以收入类账户期末没有余额。

收入类账户的基本结构如图3-5所示。

借方	账户名称	贷方
收入减少额或转销额		收入增加额
收入减少额或转销额		收入增加额
本期发生额（减少额或转销额合计）		本期发生额（增加额合计）

图3-5 收入类账户的基本结构

5. 费用类账户的结构

费用类账户是用来核算企业各项费用发生情况的账户。费用的增加可以视同所有者权益的减少，这就决定了费用类账户的结构应与所有者权益类账户的结构相反。在费用类账户中，借方登记费用的增加额，贷方登记费用的减少额（或转销额）。期末时，本期费用的增加额减去本期费用的减少额后的差额，应转入利润类账户，所以费用类账户期末一般没有余额；如有余额，则为借方余额，表示期末资产余额。

费用类账户的基本结构如图 3-6 所示。

借方	账户名称	贷方
费用增加额		费用减少额或转销额
费用增加额		费用减少额或转销额
本期发生额（增加额合计）		本期发生额（减少额或转销额合计）

图 3-6　费用类账户的基本结构

6. 利润类账户的结构

利润类账户是用来核算企业利润形成情况的账户。企业在经营过程中不断地取得收入，而为了取得这些收入，又不断地发生各种费用。合理地比较一定期间的收入与费用，就可确定企业在该期间所实现的经营成果。收入大于费用的差额为利润，收入小于费用的差额则为亏损。在利润类账户中，贷方登记收入的增加额（收入类账户的收入转销额），借方登记费用的增加额（费用类账户的费用转销额）。在一般情况下（收入大于费用时），利润类账户的期末余额在贷方，表示企业实现的利润额；如出现亏损，利润类账户的期末余额就在借方，表示企业发生的亏损额。

利润类账户的基本结构如图 3-7 所示。

借方	账户名称	贷方
		期初余额（利润额）
费用转销额		收入转销额
费用转销额		收入转销额
本期发生额（费用转销额合计）		本期发生额（收入转销额合计）
		期末余额（利润额）

图 3-7　利润类账户的基本结构

注：图 3-7 展示的利润类账户的基本结构仅指实现利润情况下的结构，出现亏损时，期末余额在借方。

（二）两类账户的基本结构

为了便于掌握和使用不同的账户，在借贷记账法下，可将上述六类账户的结构综合概括为两大类账户的基本结构。

如前所述，收入类账户和费用类账户，属于暂时性的过渡账户，到了会计期末，都要结转到利润类账户中，以便计算企业的盈亏。利润的形成，表现为企业所有者权益的增加，亏损的出现，则表现为企业所有者权益的减少。因此，收入类账户和利润类账户的结构与所有者权益类账户的结构基本一致，而费用类账户的结构与所有者权益类账户的结构相反，但与资产类账户的结构基本一致。负债类账户的结构与所有者权益类账户的结构基本一致。负债与所有者权益合称"权益"。因此，可把全部六类账户综合为资产类账户（包括资产类账户和费用类账户）和权益类账户（包括负债类账户、所有者权益类账户、收入类账户和利润类账户）两大类。

资产类账户借方登记增加额,贷方登记减少额,期末如有余额在借方。

权益类账户则相反,贷方登记增加额,借方登记减少额,期末如有余额一般在贷方。

(三) 共同性账户的设置

在借贷记账法下,账户余额的方向表明账户的性质,即借方余额说明账户属于资产类,贷方余额说明账户属于权益类。如"其他应收款"账户属于资产类账户,"其他应付款"账户属于权益类账户。为了简化账户的设置,可以设置一些具有双重性质的账户。如将"其他应收款"账户和"其他应付款"账户合并设置一个共同性的"其他往来"账户。在期末,如果应收的债权大于应付的债务,此账户余额便在借方,说明其余额是属于资产类的;如果应付的债务大于应收的债权,此账户余额便在贷方,说明其余额是属于权益类的。在会计实务中,"应收账款""预收账款""应付账款""预付账款"等账户都可以成为共同性账户。

四、借贷记账法的记账规则

采用借贷记账法记录经济业务时,应该依次考虑以下三个问题:首先,根据经济业务的内容,确定该笔经济业务应记入哪些账户,这些账户是资产类账户,还是权益类账户;其次,确定记入这些账户的金额是增加额,还是减少额;最后,结合前面两条,根据借贷记账法的账户结构,确定应记入各有关账户的借方还是贷方。

在"资产=权益"这一会计等式下,可以将企业错综复杂的经济业务归纳成四种类型。下面以四种类型的经济业务为例,介绍借贷记账法的具体运用,进而说明借贷记账法的记账规律。

1. 从银行提取现金 600 元

这是一项资产内部有关项目此增彼减的经济业务,它涉及"库存现金"和"银行存款"这两个资产类账户:前者增加 600 元,后者减少 600 元。资产类账户借方表示增加,贷方表示减少,因此,增加的数额应记入"库存现金"账户的借方,减少的数额应记入"银行存款"账户的贷方。登记的结果如图 3-8 所示。

借方	库存现金	贷方	借方	银行存款	贷方
期初余额	300		期初余额	68 000	
①	600		①		600

图 3-8 资产内部有关项目此增彼减的经济业务

2. 企业开出面值 26 000 元的商业汇票,以抵付前欠供应单位的购料款

这是一项权益内部有关项目此增彼减的经济业务,它涉及"应付票据"和"应付账款"这两个权益类账户:前者增加 26 000 元,后者减少 26 000 元。权益类账户贷方表示增加,借方表示减少,因此,增加的数额应记入"应付票据"账户的贷方,减少的数额应记入"应付账款"账户的借方。登记的结果如图 3-9 所示。

借方	应付账款	贷方		借方	应付票据	贷方
	期初余额	86 000			期初余额	42 000
② 26 000					②	26 000

图 3-9　权益内部有关项目此增彼减的经济业务

3. 企业从银行借入短期借款 40 000 元，存入银行

这是一项资产和权益项目同时增加的经济业务，它涉及"银行存款"这个资产类账户和"短期借款"这个权益类账户：前者增加 40 000 元，后者也增加 40 000 元。资产类账户借方表示增加，权益类账户贷方表示增加，因此，双方增加的数额应分别记入"银行存款"账户的借方和"短期借款"账户的贷方。登记的结果如图 3-10 所示。

借方	银行存款	贷方		借方	短期借款	贷方
期初余额	68 000				期初余额	30 000
		① 600			③	40 000
③	40 000					

图 3-10　资产和权益项目同时增加的经济业务

4. 企业用银行存款 50 000 元，偿还前欠的购料款

这是一项资产和权益项目同时减少的经济业务，它涉及"银行存款"这个资产类账户和"应付账款"这个权益类账户：前者减少 50 000 元，后者也减少 50 000 元。资产类账户贷方表示减少，权益类账户借方表示减少，因此，双方减少的数额应分别记入"银行存款"账户的贷方和"应付账款"账户的借方。登记的结果如图 3-11 所示。

借方	银行存款	贷方		借方	应付账款	贷方
期初余额	68 000				期初余额	86 000
		① 600		② 26 000		
③	40 000			④ 50 000		
		④ 50 000				

图 3-11　资产和权益项目同时减少的经济业务

从以上所举各例可以看出，每一种类型的经济业务发生后，都要在两个账户中进行登记，而且都要登记在一个账户的借方和另一个账户的贷方，借贷双方登记的金额相等。

有些经济业务比较复杂，需要在两个以上账户中进行登记，即需要在一个账户的借方和几个账户的贷方进行登记，或者在几个账户的借方和一个账户的贷方进行登记。登记的结果仍然是有借有贷，借贷双方的金额也必然相等。

综上可知，借贷记账法的记账规律是"有借必有贷，借贷必相等"。对发生的每一笔经济业务都要以相等的金额、相反的借贷方向，在两个或两个以上相互联系的账户中进行登记。也就是说，在一个账户中记借方，同时在另一个或几个账户中记贷方，或者在一个账户中记贷方，同时在另一个或几个账户中记借方。记入借方的金额与记入贷方的金额必须相等。

借贷记账法的记账规律可用图 3-12 表示。

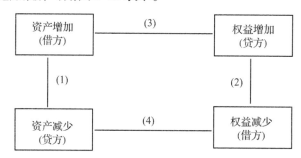

图 3-12　借贷记账法的记账规律图

五、账户对应关系和会计分录

在借贷记账法下，根据记账规律登记每项经济业务时，就会在有关账户之间形成应借、应贷的相互关系。账户之间的这种相互依存关系，称为账户对应关系。具有对应关系的账户，称为对应账户。两个互为对应账户的账户之间存在两种不同的账户对应关系。例如，将现金 500 元存入银行这项经济业务，形成了应记"银行存款"账户借方和应记"库存现金"账户贷方的对应关系。又如，从银行提取现金 300 元这项经济业务，形成了应记"库存现金"账户借方和应记"银行存款"账户贷方的对应关系。上述两种不同的账户对应关系所涉及的只是互为对应账户的"库存现金"账户和"银行存款"账户。通过账户的对应关系，不仅可以了解经济业务的具体内容，掌握资金运动的来龙去脉，也可以了解对经济业务处理的合理性和合法性。

账户之间的对应关系取决于所发生的经济业务的具体内容，不同的经济业务必然会形成不同的账户对应关系。某项经济业务发生后，必然会在有关账户之间形成一定的对应关系。为了保证记账的正确性，在按照经济业务所形成的账户对应关系，将经济业务记入账户之前，必须先将经济业务所形成的账户对应关系，以书面的形式明确下来，然后再根据对应关系的书面记录去登记入账。将经济业务所形成的账户对应关系，以书面形式明确下来的工作，就是编制会计分录。会计分录简称分录，就是指明经济业务所应记入的账户、应借应贷的方向及金额的书面记录。在实际工作中，编制会计分录是通过编制记账凭证进行的。

下面以前述四项经济业务为例，分别说明其会计分录的编制方法。

（1）借：库存现金　　　　　　　　　　　　　　600
　　　　贷：银行存款　　　　　　　　　　　　　　　600
（2）借：应付账款　　　　　　　　　　　　　26 000
　　　　贷：应付票据　　　　　　　　　　　　　　26 000

（3）借：银行存款　　　　　　　　　　　　　40 000
　　　贷：短期借款　　　　　　　　　　　　　　　40 000
（4）借：应付账款　　　　　　　　　　　　　50 000
　　　贷：银行存款　　　　　　　　　　　　　　　50 000

会计分录有简单会计分录和复合会计分录两种。简单会计分录只涉及两个账户，即以一个账户的借方与另一个账户的贷方相对应组成的会计分录。上述四笔会计分录都是简单会计分录。复合会计分录则涉及两个以上账户，就是以一个账户的借方与另几个账户的贷方，或者以几个账户的借方与另一个账户的贷方相对应组成的会计分录。

例如，企业购买一批材料，价值760元，其中，700元用银行存款支付，60元用现金支付。

此项业务的会计分录为复合会计分录，列示如下：
　　借：原材料　　　　　　　　　　　　　　　760
　　　贷：银行存款　　　　　　　　　　　　　　　700
　　　　　库存现金　　　　　　　　　　　　　　　 60

又如，企业用银行存款400元支付办公用品费，其中，270元办公用品为企业行政管理部门所使用，另外130元办公用品为车间所使用。

此项业务的会计分录也为复合会计分录，列示如下：
　　借：管理费用　　　　　　　　　　　　　　270
　　　　制造费用　　　　　　　　　　　　　　130
　　　贷：银行存款　　　　　　　　　　　　　　　400

复合会计分录实际上是由若干个简单会计分录合并组成的。上述两个复合会计分录可以分列为如下四个简单会计分录：
（1）借：原材料　　　　　　　　　　　　　　700
　　　贷：银行存款　　　　　　　　　　　　　　　700
（2）借：原材料　　　　　　　　　　　　　　 60
　　　贷：库存现金　　　　　　　　　　　　　　　 60
（3）借：管理费用　　　　　　　　　　　　　 270
　　　贷：银行存款　　　　　　　　　　　　　　　270
（4）借：制造费用　　　　　　　　　　　　　 130
　　　贷：银行存款　　　　　　　　　　　　　　　130

编制复合会计分录，可以简化记账工作，节省记账时间，也能完整地反映一项经济业务的全貌。

复合会计分录还包括多借多贷会计分录，即几个账户的借方与几个账户的贷方相对应组成的会计分录。但是，在一般情况下，不能把不同类型的经济业务合并编制多借多贷的会计分录。

六、借贷记账法的试算平衡

(一) 试算平衡的原理

运用借贷记账法的记账规律,在账户中记录经济业务时,可能发生这样或那样的人为错误。为了检查和验证账户记录是否正确,以便找出错误及其原因,及时予以更正,必须进行试算平衡。所谓试算平衡,就是指在结算出一定时期全部账户发生额和余额的基础上,根据资产总额等于权益总额的平衡关系和记账规律来检查和验证账户记录是否正确的一种专门方法。

由于借贷记账法以资产等于权益这一会计等式为依据,以"有借必有贷,借贷必相等"为记账规律,这就保证了为每一项经济业务所编制的会计分录的借贷双方发生额必然相等;在一定时期内,所有账户的借方发生额合计与贷方发生额合计也必然相等;所有账户的借方期末余额合计数与贷方期末余额合计数,是以一定的累计发生额为基础计算的结果,它们也必然是相等的。这就形成了账户之间的一系列平衡关系。这种平衡关系主要包括以下三个方面:

(1) 全部账户的借方期初余额合计数等于全部账户的贷方期初余额合计数。
(2) 全部账户的借方本期发生额合计数等于全部账户的贷方本期发生额合计数。
(3) 全部账户的借方期末余额合计数等于全部账户的贷方期末余额合计数。

上述三方面的平衡关系,可以用来检查账户记录的正确性。如果借贷不平衡,则表明记账有错误,必须及时找出错误的原因,并加以更正。在借贷记账法下,就是根据上述借贷必然相等的规律进行试算平衡,以检查每一笔经济业务的会计分录是否正确,检查所有账户的本期发生额和期末余额是否正确。

(二) 试算平衡的方法

根据试算平衡原理,可以对账户记录进行试算平衡。试算平衡的具体方法,通常是通过编制"试算平衡表"进行的。

正确进行试算平衡必须掌握以下步骤:

首先,将发生的经济业务所编制的会计分录全部登记入账;

其次,将所有账户的借方发生额和贷方发生额分别进行合计,计算出各账户借方本期发生额和贷方本期发生额;

再次,将各账户的借方本期发生额与贷方本期发生额进行比较,并根据各账户的期初余额,分别计算出各账户的借方期末余额或贷方期末余额;

最后,根据所有账户的本期发生额及余额,编制总分类账户本期发生额及余额试算平衡表。

现以某企业的经济业务为例,说明试算平衡表的编制。

某企业 1 月份的账户记录如图 3-13 所示。

借方	库存现金		贷方		借方	固定资产		贷方
期初余额	800				期初余额	324 800		
③	2 000	⑦	900		⑥	200 000		
本期发生额	2 000	本期发生额	900		本期发生额	200 000	本期发生额	0
期末余额	1 900				期末余额	524 800		

借方	银行存款		贷方		借方	原材料		贷方
期初余额	64 500				期初余额	70 340		
①	200 000	③	2 000		④	30 000		
②	100 000	④	30 000		⑤	50 000		
⑧	30 000	⑥	200 000		⑦	900		
		⑨	30 440					
本期发生额	330 000	本期发生额	262 440		本期发生额	80 900	本期发生额	0
期末余额	132 060				期末余额	151 240		

借方	短期借款		贷方		借方	应付账款		贷方
		期初余额	20 000				期初余额	40 440
		⑧	30 000		⑨	30 440	⑤	50 000
本期发生额	0	本期发生额	30 000		本期发生额	30 440	本期发生额	50 000
		期末余额	50 000				期末余额	60 000

借方	长期借款		贷方		借方	实收资本		贷方
		期初余额	100 000				期初余额	300 000
		②	100 000				①	200 000
本期发生额	0	本期发生额	100 000		本期发生额	0	本期发生额	200 000
		期末余额	200 000				期末余额	500 000

图 3-13　某企业 1 月份的账户记录

根据该企业 1 月份的账户记录，编制总分类账户本期发生额及余额试算平衡表，其格式如表3-1 所示。

表 3-1　总分类账户本期发生额及余额试算平衡表

××年 1 月 31 日　　　　　　　　　　　　　　　　　　　　　　　单位：元

账户名称	期初余额		本期发生额		期末余额	
	借方	贷方	借方	贷方	借方	贷方
库存现金	800		2 000	900	1 900	

续表

账户名称	期初余额		本期发生额		期末余额	
	借方	贷方	借方	贷方	借方	贷方
银行存款	64 500		330 000	262 440	132 060	
原材料	70 340		80 900		151 240	
固定资产	324 800		200 000		524 800	
短期借款		20 000		30 000		50 000
应付账款		40 440	30 440	50 000		60 000
长期借款		100 000		100 000		200 000
实收资本		300 000		200 000		500 000
合计	460 440	460 440	643 340	643 340	810 000	810 000

在试算平衡表中，如果借贷双方金额合计相等，说明账户记录和计算基本正确；如果借贷双方金额合计不相等，可以肯定账户记录或计算有错误，应及时查明原因，进行更正。

在借贷双方金额合计不相等的情况下，必须采用一定的方法，按照下列步骤寻找错误。

1. 检查试算平衡表的编制是否有误

主要检查抄列账户有无遗漏，抄列方向和金额有无错误及试算平衡表借贷方金额合计计算有无错误等。

2. 检查账户记录是否有误

主要检查各账户的期末余额计算有无错误，借贷方本期发生额合计有无错误，记账时一方金额和一方方向有无记错、一方金额有无重记或漏记等。

3. 检查会计分录是否有误

主要检查会计分录中借贷方向是否对应、借贷双方的金额是否相等。

在一般情况下，按上述三大步骤检查到会计分录，错误应能发现。显然，随着检查逐层推进，检查越加费时费力，这就要求会计人员在会计工作中务必细心并加强复核，以便提高会计工作效率。

（三）试算平衡的局限性

如前所述，试算平衡表中借贷双方金额合计不相等，可以肯定账户记录或计算有错误；而借贷双方金额合计相等，也只能说明账户记录和计算基本正确，并不能证明账户记录或计算肯定没有错误。因为，如果存在以下错误是不会影响借贷平衡关系的：

（1）一笔经济业务全部遗漏记账。

（2）一笔经济业务全部重复记账。

（3）一笔经济业务的借贷方向颠倒。

（4）账户名称记错。

（5）借贷双方发生同金额的错误。

（6）借贷某一方发生相互抵销的错误等。

对于不影响借贷平衡关系的错误，不易发现，寻找起来更加费时费力，这就更加要求会计人员在进行会计处理时要尽量避免这类错误的发生。

第三节　总分类账户和明细分类账户

一、总分类账户与明细分类账户的关系

账户按其所提供指标的详细程度可分为总分类账户和明细分类账户。总分类账户是总括地反映会计要素具体项目增减变动及变动结果的账户，它根据一级会计科目设置，只用货币作为计量单位。明细分类账户是详细地反映会计要素具体项目的细项的增减变动及变动结果的账户，它根据明细会计科目设置，除了以货币为计量单位外，有时也要用实物量作为计量单位。例如，"应收账款"账户是一个总分类账户，它只能总括地反映企业全部应收账款的增减变动及结余情况，但不能详细地反映企业与各购货单位之间的上述情况。为了详细地掌握企业与各购货单位之间应收账款的增减变动及结余的具体情况，必须在"应收账款"总分类账户下，按各购货单位分别设置明细分类账户。

明细分类账户有时可分为二级账户和三级账户两级。二级账户是介于总分类账户与明细账户之间的一种账户，能提供比总分类账户更为详细、比明细账户更为概括的核算资料。它是对总分类账户核算内容做进一步的划分，如在"原材料"总分类账户下设置"原料及主要材料""辅助材料"等二级账户。

三级账户又称明细账户，是对二级账户核算内容做进一步的划分，如在"原材料"总分类账户所属的"原料及主要材料"二级账户下按材料的品种、规格设置明细账户。

总分类账户也称一级账户，可控制二级账户，再由二级账户来控制三级账户，这种逐级控制便于资料的相互核对。总分类账户与明细分类账户的核算内容是相同的，所不同的只是两类账户提供的核算资料详细程度有差别。总分类账户与明细分类账户的关系是，总分类账户提供的总括核算资料对明细分类账户起到统御的作用，每一个总分类账户对其所属的明细分类账户进行综合和控制。设有明细分类账户的总分类账户，称为统御账户。总分类账户下所设的明细分类账户，称为辅助账户。明细分类账户提供的详细核算资料对总分类账户起到补充说明的作用，每一个明细分类账户就是对统御账户核算内容的必要补充。

二、总分类账户与明细分类账户的平行登记

由于总分类账户和明细分类账户的上述关系,在会计核算工作中,就有必要应用平行登记的方法来登记总分类账户和明细分类账户。所谓平行登记,就是对发生的每项经济业务根据会计凭证一方面要在总分类账户中进行总括地登记,另一方面还要在所属的明细分类账户中进行明细登记。登记总分类账户和明细分类账户的原始依据必须相同,记账方向必须一致,金额必须相等。

总分类账户与明细分类账户平行登记的要点如下。

1. 记账内容要一致

对于每一项经济业务,既要记入有关的总分类账户,又要记入各总分类账户所属的明细分类账户。如果一项经济业务涉及某一个总分类账户所属的几个明细分类账户,则应分别记入有关的几个明细分类账户。登记总分类账户和明细分类账户的依据必须一致。

2. 记账方向要相同

对于每一项经济业务,在登记总分类账户和其所属的明细分类账户时,记账方向(借方或贷方)必须相同。即如果总分类账户的金额记入借方,其所属明细分类账户的金额也必须记入借方;如果总分类账户的金额记入贷方,其所属明细分类账户的金额也必须记入贷方。

3. 记账金额要相等

对于每一项经济业务,记入总分类账户的金额必须与记入其所属明细分类账户的金额之和相等。

下面以"应收账款"账户为例,说明总分类账户与明细分类账户平行登记的方法。

东吴工厂 2021 年 1 月初"应收账款"账户的借方余额为 8 000 元,其中,应收甲厂 3 000 元,应收乙厂 5 000 元。

东吴工厂 2021 年 1 月发生了下列经济业务:

(1) 1 月 15 日,销售给甲厂产品,售价 6 000 元,货已发出,货款尚未收到。

(2) 1 月 28 日,收到甲厂交来货款 5 000 元,乙厂交来货款 3 000 元。

根据上述资料,采用平行登记的方法,将经济业务记入"应收账款"总分类账户及其所属明细分类账户,具体做法如下:

(1) 将月初余额分别记入"应收账款"总分类账户及其所属明细分类账户(在会计实务中,账户的月初余额即为上月月末余额,不需要另行记入,这里仅说明平行登记方法的步骤)。

(2) 根据上述经济业务编制以下会计分录:

① 借:应收账款——甲厂　　　　　　　　　6 000
　　　贷:主营业务收入　　　　　　　　　　　　　6 000
② 借:银行存款　　　　　　　　　　　　　8 000

	贷：应收账款	8 000
	——甲厂	5 000
	——乙厂	3 000

（3）根据上述会计分录平行登记"应收账款"总分类账户及其所属明细分类账户，并分别计算各账户的本期发生额和期末余额。登记结果如表3-2、表3-3和表3-4所示。

表3-2　总分类账

总分类账户名称：应收账款　　　　　　　　　　　　　　　　　　　　　　　　　单位：元

2021年		凭证号数	摘要	借方	贷方	借或贷	余额
月	日						
1	1		期初余额			借	8 000
1	15		销售产品	6 000		借	14 000
1	28		收回货款		8 000	借	6 000
1	31		本期发生额及期末余额	6 000	8 000	借	6 000

表3-3　明细分类账（甲厂）

明细分类账户名称：甲厂　　　　　　　　　　　　　　　　　　　　　　　　　　单位：元

2021年		凭证号数	摘要	借方	贷方	借或贷	余额
月	日						
1	1		期初余额			借	3 000
1	15		销售产品	6 000		借	9 000
1	28		收回货款		5 000	借	4 000
1	31		本期发生额及期末余额	6 000	5 000	借	4 000

表3-4　明细分类账（乙厂）

明细分类账户名称：乙厂　　　　　　　　　　　　　　　　　　　　　　　　　　单位：元

2021年		凭证号数	摘要	借方	贷方	借或贷	余额
月	日						
1	1		期初余额			借	5 000
1	28		收回货款		3 000	借	2 000
1	31		本期发生额及期末余额		3 000	借	2 000

三、总分类账户与明细分类账户的试算平衡

由于总分类账户和明细分类账户是平行登记的，其登记结果必然是某个总分类账户的本期发生额应等于其所属各明细分类账户本期发生额合计数；某个总分类账户的期末余额应等于其所属各明细分类账户期末余额之和。在会计核算工作中，通常利用这种相等关系，通过编制"明细分类账户本期发生额及余额试算平衡表"来检查总分类账户及其所属

明细分类账户的记录是否正确。

明细分类账户本期发生额及余额试算平衡表是根据明细分类账户编制的。一般有两种形式：一种是既有实物数量反映，也有货币反映，如"原材料""库存商品"明细分类账户本期发生额及余额试算平衡表；另一种是只有货币反映，如"应收账款""应付账款"等明细分类账户本期发生额及余额试算平衡表。

下面以前述东吴工厂2021年1月应收账款明细分类账户的记录为例，编制"应收账款明细分类账户本期发生额及余额试算平衡表"，其格式如表3-5所示。

表3-5 应收账款明细分类账户本期发生额及余额试算平衡表

2021年1月　　　　　　　　　　　　　　　　　　　　　　　　单位：元

明细分类账户名称	期初余额		本期发生额		期末余额	
	借方	贷方	借方	贷方	借方	贷方
甲厂	3 000		6 000	5 000	4 000	
乙厂	5 000			3 000	2 000	
合计	8 000		6 000	8 000	6 000	

明细分类账户本期发生额及余额试算平衡表中各栏的合计数，都必须与总分类账户本期发生额及余额试算平衡表中"应收账款"账户各栏金额相核对。如果各栏金额核对一致，则说明总分类账户及其所属的明细分类账户记录基本正确；如果某栏金额核对不一致，则说明总分类账户及其所属的明细分类账户一方或者双方记录或计算有误，应及时寻找错误，加以更正。

本章小结

记账方法就是指经济业务在会计账户中登记的方法。记账方法按记账方式的不同，可分为单式记账法和复式记账法两种。

复式记账法是指对发生的每一项经济业务，都要以相等的金额，在相互关联的两个或两个以上账户中进行登记的一种记账方法。复式记账法可以如实地反映经济活动的来龙去脉，完整、系统地反映经济活动的过程和结果；可以进行试算平衡，使账户之间保持相互对应关系，从而保证账户记录的正确性。

借贷记账法是按照复式记账的原理，以资产与权益的平衡关系为基础，以"借"和"贷"两字为记账符号，以"有借必有贷，借贷必相等"为记账规则的一种复式记账法。

借贷记账法的账户结构可分为资产类账户、负债类账户、所有者权益类账户、收入类账户、费用类账户、利润类账户六类。

借贷记账法的记账规律是"有借必有贷，借贷必相等"；对发生的每一笔经济业务都要以相等的金额、相反的借贷方向，在两个或两个以上相互联系的账户中进行登记。

　　账户之间的对应关系取决于所发生的经济业务的具体内容，不同的经济业务必然会形成不同的账户对应关系。将经济业务所形成的账户对应关系，以书面形式明确下来的工作，就是编制会计分录。会计分录就是指明经济业务所应记入的账户、应借应贷的方向及金额的书面记录。会计分录有简单会计分录和复合会计分录两种。

　　试算平衡就是指在结算出一定时期全部账户发生额和余额的基础上，根据资产总额等于权益总额的平衡关系和记账规律来检查和验证账户记录是否正确的一种专门方法。

　　在试算平衡表中，如果借贷双方金额合计相等，说明账户记录和计算基本正确；如果借贷双方金额合计不相等，可以肯定账户记录或计算有错误。

　　账户按其所提供指标的详细程度可分为总分类账户和明细分类账户。总分类账户与明细分类账户的核算内容是相同的，所不同的只是两类账户提供的核算资料详细程度有差别。

　　平行登记就是对发生的每项经济业务根据会计凭证一方面要在总分类账户中进行总括地登记，另一方面还要在其所属的明细分类账户中进行明细登记。登记总分类账户和明细分类账户的原始依据必须相同，记账方向必须一致，金额必须相等。

思考题

1. 复式记账法较单式记账法有什么优点？
2. 什么是借贷记账法？为什么说它是一种科学、严密的记账方法？
3. 什么是账户对应关系？为什么要编制会计分录？
4. 有了总分类账户，为什么还要设置明细分类账户？它们之间有什么联系与区别？
5. 什么是总分类账户与明细分类账户的平行登记？
6. 借贷记账法下有哪六类账户？它们的基本结构怎样？
7. 为什么要进行试算平衡？如何进行试算平衡？
8. 试算平衡有什么局限性？为什么？

第四章 基本经济业务的核算

 学习目的与要求

通过本章学习，了解并掌握：
1. 资金投入业务的确认、账户设置和账务处理；
2. 供应业务的确认、账户设置和账务处理；
3. 生产业务的确认、账户设置和账务处理；
4. 销售业务的确认、账户设置和账务处理；
5. 财务成果业务的确认、账户设置和账务处理；
6. 资金退出业务的确认、账户设置和账务处理。

在第二、三章中，我们初步说明了账户和复式记账的基本原理。为了让读者全面、完整地理解账户和复式记账的基本原理，本章将进一步说明账户和复式记账的具体运用。

设置账户和运用复式记账的方法，目的是要全面、连续、系统、综合地反映和监督企业会计要素的增减变动情况。如何设置账户，包括应该设置哪些账户，每个账户核算什么内容，各个账户之间存在什么样的相互关系等，都要根据各个会计要素增减变动的特点来确定，而各个会计要素的增减变动总是在企业的生产经营过程中发生的。因此，本章将通过对企业的生产经营过程的核算来说明账户和复式记账的具体运用。

各类企业由于工作任务和经济活动性质并不相同，经营过程又各有特点，账户的设置也不可能完全一致。从总体来说，在各类企业中，工业企业生产经营过程的经济活动比较典型，其基本经济业务可概括为下列六个方面：资金投入业务、供应业务、生产业务、销售业务、财务成果业务和资金退出业务。本章将通过这六类基本经济业务的核算来说明账户和复式记账的具体运用。

第一节 资金投入业务的核算

一、资金投入业务的确认

任何企业要进行生产经营活动,都必须拥有一定的资产。企业资产的来源渠道不外乎两种:一是由企业的所有者提供;二是由企业的债权人提供。企业的所有者和债权人向企业投入资金,按资金投入企业的时间先后,可分为企业创立时投入和创立后投入两种。

企业创立时投入的资金,是设立企业所必需的资本金,即开办企业的本钱。资本金是指企业在工商行政管理部门登记的注册资金。资本金按照投资主体划分,可分为国家资本金、法人资本金、个人资本金和外商资本金四类。企业所有者可以用库存现金、银行存款等以货币形式向企业投入资金,也可以用原材料、固定资产等以实物形式向企业投入资金,还可以用专利、商标等以无形资产形式向企业投入资金。本节将简要介绍以银行存款形式投入资金的会计处理。

企业创立时所有者投入企业的资本金,是企业进行生产经营活动的启动资金。企业拥有了由所有者初始投入的启动资金所形成的各种资产,就可以开展各项生产经营活动。在生产经营过程中,企业业务发展和规模扩大,所有者初始投入的资金不敷运用,这时可以由所有者追加资本金,也可以向债权人负债,即由债权人向企业投入资金,以满足企业不断发展的需要。债权人向企业投入资金,是企业拥有资产的一条重要渠道。债权人可以以贷款、提供赊销物资等方式向企业投入资金。本节将简要介绍企业向银行取得长期借款和短期借款的会计处理。

二、资金投入业务的账户设置

为了记录资金投入业务,企业应设置"银行存款""实收资本""资本公积""长期借款""短期借款""财务费用""应付利息"等账户。

(一)"银行存款"账户

1. 账户性质

"银行存款"账户属于资产类账户。

2. 账户用途

该账户用于核算企业存入银行或其他金融机构的各种存款的增减变动情况。但银行本票存款、银行汇票存款、信用证保证金存款、信用卡存款、外埠存款、存出投资款等,不在本账户中核算,在"其他货币资金"账户中核算。

3. 账户结构

该账户的借方登记银行存款的增加数，贷方登记银行存款的减少数，期末余额在借方，表示期末银行存款的结存数。"银行存款"账户的结构如图 4-1 所示。

借方	银行存款	贷方
期初余额：银行存款的结存数		
银行存款增加数		银行存款减少数
期末余额：银行存款的结存数		

图 4-1 "银行存款"账户的结构

4. 明细账户设置

该账户应按开户银行和其他金融机构、存款种类等分别设置银行存款日记账，进行明细分类核算。

5. 对应账户

企业发生经济业务，借记"银行存款"账户时，一般应贷记"实收资本""长期借款""短期借款""应收账款""主营业务收入""库存现金"等对应账户；贷记"银行存款"账户时，一般应借记"固定资产""无形资产""原材料""应付账款""管理费用""制造费用""销售费用""应交税费""库存现金"等对应账户。

（二）"实收资本"账户

1. 账户性质

"实收资本"账户属于所有者权益类账户。如果企业是股份有限公司，则将该账户改为"股本"账户。

2. 账户用途

该账户用于核算企业实际收到投资者投入的资本的增减变动情况。

3. 账户结构

该账户的贷方登记所有者投资的增加额，借方登记所有者投资的减少额，期末余额在贷方，表示期末所有者投资的实有数额。"实收资本"账户的结构如图 4-2 所示。

借方	实收资本	贷方
		期初余额：所有者投资的实有数额
所有者投资的减少额		所有者投资的增加额
		期末余额：所有者投资的实有数额

图 4-2 "实收资本"账户的结构

4. 明细账户设置

为了详细地反映各投资者的投资情况，该账户还应按投资者设置明细分类账户，进行明细分类核算。

5. 对应账户

企业发生经济业务，贷记"实收资本"账户时，一般应借记"银行存款""库存现金""固定资产""无形资产""原材料"等对应账户；借记"实收资本"账户时，一般应贷记"银行存款""库存现金"等对应账户。

(三)"资本公积"账户

1. 账户性质

"资本公积"账户属于所有者权益类账户。

2. 账户用途

该账户用于核算企业实际收到投资者出资额超出其在注册资本或股本中所占份额的部分（资本溢价或股本溢价）的增减变动情况，直接计入所有者权益的利得或损失的增减变动情况也通过本账户核算。

3. 账户结构

该账户的贷方登记资本公积的增加额，借方登记资本公积的减少额，期末余额在贷方，表示期末资本公积的实有数额。"资本公积"账户的结构如图 4-3 所示。

借方	资本公积	贷方
资本公积的减少额	期初余额：资本公积的实有数额	
	资本公积的增加额	
	期末余额：资本公积的实有数额	

图 4-3　"资本公积"账户的结构

4. 明细账户设置

为了详细地反映资本公积的增减变动情况，该账户还应按"资本溢价（股本溢价）""其他资本公积"设置明细分类账户，进行明细分类核算。

5. 对应账户

企业发生经济业务，贷记"资本公积"账户时，一般应借记"银行存款""库存现金""固定资产""无形资产""原材料"等对应账户；借记"资本公积"账户时，一般应贷记"实收资本"等对应账户。

(四)"长期借款"账户

1. 账户性质

"长期借款"账户属于负债类账户。

2. 账户用途

该账户用于核算企业从银行或其他金融机构借入的期限在一年以上（不含一年）或者超过一年的一个营业周期以上的各种借款的增减变动情况。

3. 账户结构

该账户的贷方登记取得的各种长期借款的本金额及应付而未付的利息额，借方登记到期偿还的各种长期借款的本息额，期末余额在贷方，表示期末尚未偿还的长期借款的本息额。"长期借款"账户的结构如图 4-4 所示。

借方	长期借款	贷方
偿还的长期借款的本息额	期初余额：尚未偿还的长期借款的本息额 取得的长期借款的本金额 应付而未付的利息额	
	期末余额：尚未偿还的长期借款的本息额	

图 4-4 "长期借款"账户的结构

4. 明细账户设置

为了详细地反映长期借款增减变动的具体情况，该账户应按长期借款的种类设置明细分类账户，进行明细分类核算。

5. 对应账户

企业发生经济业务，贷记"长期借款"账户时，一般应借记"银行存款""在建工程""财务费用"等对应账户；借记"长期借款"账户时，一般应贷记"银行存款"等对应账户。

（五）"短期借款"账户

1. 账户性质

"短期借款"账户属于负债类账户。

2. 账户用途

该账户用于核算企业从银行或其他金融机构借入的期限在一年内（含一年）或者超过一年的一个营业周期内的各种借款的增减变动情况。

3. 账户结构

该账户的贷方登记取得的各种短期借款的本金额，借方登记到期偿还的各种短期借款的本金额，期末余额在贷方，表示期末尚未偿还的短期借款的本金额。"短期借款"账户的结构如图 4-5 所示。

借方	短期借款	贷方
偿还的短期借款的本金额	期初余额：尚未偿还的短期借款的本金额 取得的短期借款的本金额	
	期末余额：尚未偿还的短期借款的本金额	

图 4-5 "短期借款"账户的结构

4. 明细账户设置

为了详细地反映短期借款增减变动的具体情况，该账户应按短期借款的种类设置明细分类账户，进行明细分类核算。

5. 对应账户

企业发生经济业务，贷记"短期借款"账户时，一般应借记"银行存款"等对应账户；借记"短期借款"账户时，一般应贷记"银行存款"等对应账户。

（六）"财务费用"账户

1. 账户性质

"财务费用"账户属于损益类账户。

2. 账户用途

该账户用于核算企业为筹集生产经营所需资金等而发生的各项费用的增减变动情况。

3. 账户结构

该账户的借方登记企业发生的各项财务费用，贷方登记期末转入"本年利润"账户的财务费用，期末结转后该账户无余额。"财务费用"账户的结构如图 4-6 所示。

借方	财务费用	贷方
企业发生的各项财务费用		期末转入"本年利润"账户的财务费用

图 4-6　"财务费用"账户的结构

4. 明细账户设置

为了详细地反映财务费用的具体情况，该账户应按费用项目设置专栏，进行明细分类核算。

5. 对应账户

企业发生经济业务，借记"财务费用"账户时，一般应贷记"应付利息""银行存款"等对应账户；贷记"财务费用"账户时，一般应借记"本年利润""银行存款"等对应账户。

（七）"应付利息"账户

1. 账户性质

"应付利息"账户属于负债类账户。

2. 账户用途

该账户用于核算企业筹集生产经营资金所形成的应付利息的增减变动情况。

3. 账户结构

该账户的贷方登记取得的各种借款所发生的应付而未付的利息额，借方登记实际支付的利息额，期末余额在贷方，表示期末应付而未付的利息额。"应付利息"账户的结构如图 4-7 所示。

借方	应付利息	贷方
实际支付的利息额		期初余额：应付而未付的利息额
		发生的应付而未付的利息额
		期末余额：应付而未付的利息额

图 4-7　"应付利息"账户的结构

4. 明细账户设置

为了详细地反映应付利息增减变动的具体情况，该账户应按借款的种类设置明细分类账户，进行明细分类核算。

5. 对应账户

企业发生经济业务，贷记"应付利息"账户时，一般应借记"财务费用"等对应账户；借记"应付利息"账户时，一般应贷记"银行存款"等对应账户。

三、资金投入业务的账务处理

下面举例说明企业资金投入业务的账务处理。

东吴工厂 2020 年发生的有关业务如下。

（1）1 月 2 日，东吴工厂收到国家投入资金 800 000 元，资金已存入银行。

这项经济业务的发生，一方面表明企业银行存款增加了 800 000 元，另一方面表示国家投入资本增加了 800 000 元。因此，这项经济业务涉及"银行存款"和"实收资本"两个账户。银行存款的增加应记入"银行存款"账户的借方，国家投入资本的增加应记入"实收资本"账户的贷方。其会计分录如下：

　　借：银行存款　　　　　　　　　　　800 000
　　　　贷：实收资本——国家　　　　　　　　800 000

（2）2 月 8 日，东吴工厂收到甲企业投入资金 600 000 元，其中，500 000 元作为实收资本，100 000 元作为资本公积，资金已存入银行。

这项经济业务的发生，一方面使企业银行存款增加了 600 000 元，另一方面使企业投入资本增加了 500 000 元，资本公积增加了 100 000 元。因此，这项经济业务涉及"银行存款""实收资本""资本公积"三个账户。银行存款的增加应记入"银行存款"账户的借方，投入资本的增加应记入"实收资本"账户的贷方，资本公积的增加应记入"资本公积"账户的贷方。其会计分录如下：

　　借：银行存款　　　　　　　　　　　600 000
　　　　贷：实收资本——甲企业　　　　　　　500 000
　　　　　　资本公积——资本溢价　　　　　　100 000

（3）3 月 1 日，东吴工厂向开户银行借入 3 年期的银行借款 1 000 000 元，年利率为 12%，到期一次还本付息，款项已存入银行。

这项经济业务的发生，一方面使企业银行存款增加了 1 000 000 元，另一方面使企业的长期借款增加了 1 000 000 元。因此，这项经济业务涉及"银行存款"和"长期借款"两个账户。银行存款的增加应记入"银行存款"账户的借方，长期借款的增加应记入"长期借款"账户的贷方。其会计分录如下：

　　借：银行存款　　　　　　　　　　　1 000 000
　　　　贷：长期借款　　　　　　　　　　　1 000 000

(4) 4月1日，东吴工厂向开户银行借入6个月期的银行借款500 000元，年利率为6%，每季付息一次，到期还本，款项已存入银行。

这项经济业务的发生，一方面使企业银行存款增加了500 000元，另一方面使企业的短期借款增加了500 000元。因此，这项经济业务涉及"银行存款"和"短期借款"两个账户。银行存款的增加应记入"银行存款"账户的借方，短期借款的增加应记入"短期借款"账户的贷方。其会计分录如下：

  借：银行存款   500 000
    贷：短期借款   500 000

(5) 4月30日，东吴工厂预提本月短期借款利息2 500（500 000×6%÷12）元。

企业从银行取得短期借款而产生的利息，按规定是按季结付的，根据权责发生制核算基础的要求，企业应按月预提利息费用，并计入当月损益。因此，这项经济业务的发生，一方面使应付利息增加了2 500元，另一方面使应由本月损益负担的利息费用增加了2 500元。所以，这项经济业务涉及"财务费用"和"应付利息"两个账户。财务费用的增加应记入"财务费用"账户的借方，应付利息的增加应记入"应付利息"账户的贷方。其会计分录如下：

  借：财务费用   2 500
    贷：应付利息   2 500

5月31日和6月30日企业应分别预提5月和6月的短期借款利息2 500元，其会计分录与4月的会计分录相同。

(6) 6月30日，东吴工厂以银行存款7 500元，支付本年度第二季度短期借款的利息。

这项经济业务的发生，一方面使企业银行存款减少了7 500元，另一方面使企业第二季度各月预提的利息费用也减少了7 500元。因此，这项经济业务涉及"应付利息"和"银行存款"两个账户。应付利息的减少应记入"应付利息"账户的借方，银行存款的减少应记入"银行存款"账户的贷方。其会计分录如下：

  借：应付利息   7 500
    贷：银行存款   7 500

企业7月、8月和9月三个月应同4月、5月和6月三个月一样按月预提当月的短期借款利息，并支付当季短期借款的利息。

(7) 10月1日，东吴工厂以银行存款500 000元，偿还已到期的短期借款本金。

这项经济业务的发生，一方面使企业银行存款减少了500 000元，另一方面使企业的短期借款减少了500 000元。因此，这项经济业务涉及"银行存款"和"短期借款"两个账户。短期借款的减少应记入"短期借款"账户的借方，银行存款的减少应记入"银行存款"账户的贷方。其会计分录如下：

  借：短期借款   500 000
    贷：银行存款   500 000

(8) 12月31日，东吴工厂预提年度长期借款利息 100 000（1 000 000×12%÷12×10）元。

根据权责发生制核算基础的要求，企业从银行取得长期借款而产生的利息，应按年预提利息费用，并按借款合同的规定按时结付。因此，这项经济业务的发生，一方面使应由本年负担的利息费用增加了 100 000 元，另一方面使应付利息增加了 100 000 元。所以，这项经济业务涉及"财务费用"（或"在建工程"）和"长期借款"两个账户。利息费用的增加应记入"财务费用"（或"在建工程"）账户的借方，应付利息的增加应记入"长期借款"账户的贷方。其会计分录如下：

　　借：财务费用（在建工程）　　　　　　100 000
　　　　贷：长期借款　　　　　　　　　　　　　100 000

第二节　供应业务的核算

一、供应业务的确认

工业企业的经营过程一般可划分为供应过程、生产过程和销售过程三个阶段。供应过程就是为生产产品做准备的过程。为了生产产品，企业必须购建厂房和机器设备等固定资产，必须取得专利和商标等无形资产，必须采购各种原材料。

固定资产是指同时具有下列特征的有形资产：为生产商品、提供劳务、出租或经营管理而持有的；使用寿命超过一个会计年度。使用寿命是指企业使用固定资产的预计期间，或者该固定资产所能生产产品或提供劳务的数量。固定资产是企业经营过程中使用的长期资产，包括房屋及其他建筑物、机器设备、车辆、工具器具等。企业可以通过外购、自行建造、接受投资等方式取得固定资产。本节将简要介绍以外购方式取得固定资产的会计处理。

无形资产是指企业拥有或者控制的没有实物形态的可辨认非货币性资产。无形资产是企业经营过程中使用的长期资产，包括专利权、非专利技术、商标权、著作权、土地使用权等。企业可以通过外购、自创、接受投资等方式取得无形资产。本节将简要介绍以外购方式取得无形资产的会计处理。

在原材料的采购供应过程中，企业一方面要根据供应计划和采购合同的规定，及时采购材料物资，验收入库，保证生产的需要；另一方面也要与供应单位办理货币结算，支付货款和各种采购费用。材料物资是否购入，主要不是由材料是否验收入库，或贷款是否支付来确定，而是由材料物资的所有权是否转移，即材料物资的所有权是否从供应单位转移到购买单位来确定。因此，材料供应业务的具体内容，从材料物资是否验收入库角度来看，有购入材料物资尚在运输途中还未验收入库和购入材料物资已经验收入库之分；从货款结算角度来看，有预付货款但材料尚未购入、材料已经购入且货款已经支付和材料已经购入但货款尚未支付之分。企业采购的原材料，可以采用实际成本核算，也可以采用计划成本核算。本节将简要介绍按实际成本方式采购原材料的会计处理。

二、供应业务的账户设置

为了记录供应业务，企业应设置"固定资产""无形资产""原材料""在途物资""应付账款""应付票据""预付账款""应交税费——应交增值税"等账户。

（一）"固定资产"账户

1. 账户性质

"固定资产"账户属于资产类账户。

2. 账户用途

该账户用于核算企业固定资产原始价值的增减变动情况。

3. 账户结构

该账户的借方登记固定资产原始价值的增加数，贷方登记固定资产原始价值的减少数，期末余额在借方，表示期末结存固定资产原始价值数。"固定资产"账户的结构如图4-8所示。

借方	固定资产	贷方
期初余额：结存固定资产原始价值数		
固定资产原始价值的增加数		固定资产原始价值的减少数
期末余额：结存固定资产原始价值数		

图4-8 "固定资产"账户的结构

4. 明细账户设置

为了详细地反映固定资产增减变动的具体情况，该账户应按固定资产的种类等设置明细分类账户，进行明细分类核算。

5. 对应账户

企业发生经济业务，借记"固定资产"账户时，一般应贷记"实收资本""银行存款""在建工程"等对应账户；贷记"固定资产"账户时，一般应借记"固定资产清理""累计折旧"等对应账户。

（二）"无形资产"账户

1. 账户性质

"无形资产"账户属于资产类账户。

2. 账户用途

该账户用于核算企业无形资产价值的增减变动情况。

3. 账户结构

该账户的借方登记无形资产原始价值的增加数,贷方登记无形资产原始价值的减少数,期末余额在借方,表示期末结存无形资产原始价值数。"无形资产"账户的结构如图4-9所示。

借方	无形资产	贷方
期初余额:结存无形资产原始价值数		
无形资产原始价值的增加数	无形资产原始价值的减少数	
期末余额:结存无形资产原始价值数		

图4-9 "无形资产"账户的结构

4. 明细账户设置

为了详细地反映无形资产增减变动的具体情况,该账户应按无形资产的种类等设置明细分类账户,进行明细分类核算。

5. 对应账户

企业发生经济业务,借记"无形资产"账户时,一般应贷记"实收资本""银行存款"等对应账户;贷记"无形资产"账户时,一般应借记"累计摊销"等对应账户。

(三)"原材料"账户

1. 账户性质

"原材料"账户属于资产类账户。

2. 账户用途

该账户用于核算企业库存的各种原材料的增减变动情况。

3. 账户结构

该账户的借方登记验收入库材料的实际成本,贷方登记发出材料的实际成本,期末余额在借方,表示期末库存材料的实际成本。"原材料"账户的结构如图4-10所示。

借方	原材料	贷方
期初余额:库存材料的实际成本		
验收入库材料的实际成本	发出材料的实际成本	
期末余额:库存材料的实际成本		

图4-10 "原材料"账户的结构

4. 明细账户设置

为了详细地反映各种材料增减变动的具体情况,该账户应按材料的类别、品种等设置明细分类账户,进行明细分类核算。

5. 对应账户

企业发生经济业务,借记"原材料"账户时,一般应贷记"实收资本""银行存款""库存现金""应付账款""应付票据""预付账款""在途物资"等对应账户;贷记"原材料"账户时，一般应借记"生产成本""制造费用""管理费用"等对应账户。

（四）"在途物资"账户

1. 账户性质

"在途物资"账户属于资产类账户。

2. 账户用途

该账户用于核算企业已购入但尚未验收入库物资的增减变动情况。

3. 账户结构

该账户的借方登记已购入但尚未验收入库物资的实际成本数，贷方登记物资运达验收入库的实际成本数，期末余额在借方，表示期末已购入但尚未验收入库的各种在途物资的实际成本数。"在途物资"账户的结构如图 4-11 所示。

借方	在途物资	贷方
期初余额：在途物资的实际成本数		
已购入但尚未验收入库物资的实际成本数	验收入库物资的实际成本数	
期末余额：在途物资的实际成本数		

图 4-11　"在途物资"账户的结构

4. 明细账户设置

为了详细地反映各种在途物资增减变动的具体情况，该账户应按在途物资的类别、品种等设置明细分类账户，进行明细分类核算。

5. 对应账户

企业发生经济业务，借记"在途物资"账户时，一般应贷记"银行存款""库存现金""应付账款""应付票据""预付账款"等对应账户；贷记"在途物资"账户时，一般应借记"原材料"账户。

（五）"应付账款"账户

1. 账户性质

"应付账款"账户属于负债类账户。

2. 账户用途

该账户用于核算企业因购买材料物资和接受劳务等而应付给供应单位的款项的增减变动情况。

3. 账户结构

该账户的贷方登记应付供应单位款项的增加额，借方登记应付供应单位款项的减少额，期末余额一般在贷方，表示期末企业应付供应单位的款项额。"应付账款"账户的结构如图 4-12 所示。

借方	应付账款	贷方
应付供应单位款项的减少额	期初余额：应付供应单位的款项额	
	应付供应单位款项的增加额	
	期末余额：应付供应单位的款项额	

图 4-12 "应付账款"账户的结构

4. 明细账户设置

为了详细地反映应付账款增减变动的具体情况，该账户应按供应单位设置明细分类账户，进行明细分类核算。

5. 对应账户

企业发生经济业务，贷记"应付账款"账户时，一般应借记"原材料""在途物资""固定资产""应交税费——应交增值税"等对应账户；借记"应付账款"账户时，一般应贷记"银行存款""库存现金"等对应账户。

（六）"应付票据"账户

1. 账户性质

"应付票据"账户属于负债类账户。

2. 账户用途

该账户用于核算企业对外发生债务时所开出、承兑的商业汇票的增减变动情况。

3. 账户结构

该账户的贷方登记企业开出、承兑的商业汇票额，借方登记商业汇票到期支付的款项，期末余额在贷方，表示尚未支付的商业汇票款。"应付票据"账户的结构如图 4-13 所示。

借方	应付票据	贷方
商业汇票到期支付的款项	期初余额：尚未支付的商业汇票款	
	企业开出、承兑的商业汇票额	
	期末余额：尚未支付的商业汇票款	

图 4-13 "应付票据"账户的结构

4. 明细账户设置

为了加强应付票据的管理，企业应设置"应付票据备查簿"，详细登记每一张应付票据的种类、号数、签发日期、到期日、票面金额、收款单位名称、付款日期和金额等资料。

5. 对应账户

企业发生经济业务，贷记"应付票据"账户时，一般应借记"原材料""在途物资""固定资产""应交税费——应交增值税"等对应账户；借记"应付票据"账户时，一般应贷记"银行存款"等对应账户。

（七）"预付账款"账户

1. 账户性质

"预付账款"账户属于资产类账户。

2. 账户用途

该账户用于核算企业按照购货合同规定预付给供应单位的货款的增减变动情况。

3. 账户结构

该账户的借方登记预付给供应单位货款的增加额，贷方登记预付给供应单位货款的减少额，期末余额一般在借方，表示期末企业预付给供应单位货款的实有数。"预付账款"账户的结构如图4-14所示。

借方	预付账款	贷方
期初余额：预付给供应单位货款的实有数		
预付给供应单位货款的增加额		预付给供应单位货款的减少额
期末余额：预付给供应单位货款的实有数		

图4-14 "预付账款"账户的结构

4. 明细账户设置

为了详细地反映企业预付账款增减变动的具体情况，该账户应按供应单位名称设置明细分类账户，进行明细分类核算。

5. 对应账户

企业发生经济业务，借记"预付账款"账户时，一般应贷记"银行存款""库存现金"等对应账户；贷记"预付账款"账户时，一般应借记"原材料""在途物资""应交税费——应交增值税"等对应账户。

预付款项不多的企业，也可以将预付的款项直接记入"应付账款"账户，而不设置"预付账款"账户。

（八）"应交税费"账户

1. 账户性质

"应交税费"账户属于负债类账户。

2. 账户用途

该账户用于核算企业应交的各种税费的增减变动情况。

3. 账户结构

该账户的贷方登记企业按规定计算应交的各种税费，借方登记企业实际缴纳的各种税费，期末余额在贷方，表示期末企业尚未缴纳的各种税费。"应交税费"账户的结构如图4-15所示。

借方	应交税费	贷方
	期初余额：尚未缴纳的各种税费	
实际缴纳的各种税费	应交的各种税费	
	期末余额：尚未缴纳的各种税费	

图 4-15 "应交税费"账户的结构

4. 明细账户设置

为了详细反映企业应交的各种税费增减变动的具体情况，该账户一般按应交的税费项目设置明细分类账户，如"应交税费——应交增值税""应交税费——应交消费税""应交税费——应交城市维护建设税""应交税费——应交教育费附加""应交税费——应交所得税"等明细分类账户，进行明细分类核算。

增值税是以商品（含应税劳务、应税行为）在流转过程中实现的增值额为计税依据而征收的一种流转税。按照我国现行增值税制度的规定，在我国境内销售货物、服务、无形资产、不动产和金融商品的单位和个人及进口货物的收货人为增值税的纳税人。其中，"服务"是指交通运输服务、建筑服务、邮政服务、电信服务、金融服务、现代服务和生活服务。增值税的纳税人分为一般纳税人和小规模纳税人。本书此处介绍的"应交税费——应交增值税"账户的结构，是针对一般纳税人而言的。

"应交税费——应交增值税"账户，核算一般纳税人进项税额、销项税额抵减、已交税金、转出未交增值税、减免税款、出口抵减内销产品应纳税额、销项税额、出口退税、进项税额转出、转出多交增值税等情况。该账户的结构为：贷方登记企业销售货物或提供应税劳务的销项税额、出口退税和进项税额转出等的数额，借方登记企业购进货物或接受应税劳务的进项税额和已交税金等的数额。期末余额如在贷方，表示企业期末尚未缴纳的增值税额；期末余额如在借方，表示企业期末多交或尚未抵扣的增值税额。（实际工作中，期末应将未交增值税从"应交税费——应交增值税"账户的"转出未交增值税"的专栏中转入"应交税费——未交增值税"账户，或者应将多交增值税从"应交税费——应交增值税"账户的"转出多交增值税"的专栏中转入"应交税费——未交增值税"账户，这样，"应交税费——应交增值税"账户就没有余额了。）

进项税额，是指纳税人购进与应税交易相关的货物、服务、无形资产、不动产和金融商品，支付或者负担的增值税额。销项税额，是指纳税人销售与应税交易相关的货物、服务、无形资产、不动产和金融商品，按照销售额乘以相应的增值税税率计算并收取的增值税额。

一般纳税人的增值税税率有13%、9%、6%和零税率四种。

一般纳税人销售货物，销售加工修理修配、有形动产租赁服务或者进口货物，税率为13%。

一般纳税人销售或者进口农产品、食用植物油、食用盐、自来水、暖气、冷气、热水、煤气、石油液化气、天然气、二甲醚、沼气、居民用煤炭制品、图书、报纸、杂志、音像制品、电子出版物、饲料、化肥、农药、农机、农膜以及国务院及其有关部门规定的其他货物,税率为9%;销售交通运输、邮政、基础电信、建筑、不动产租赁服务,销售不动产,转让土地使用权,税率为9%;其他应税行为,税率为6%。

一般纳税人出口货物,税率为零;国务院另有规定的除外。境内单位和个人跨境销售国务院规定范围内的服务、无形资产,税率为零。

"应交税费——应交增值税"账户的结构如图4-16所示。

借方	应交税费——应交增值税	贷方
① 进项税额 ② 已交税金		① 销项税额 ② 出口退税 ③ 进项税额转出
期末余额:多交或尚未抵扣的增值税额		期末余额:尚未缴纳的增值税额

图4-16 "应交税费——应交增值税"账户的结构

5. 对应账户

企业发生经济业务,贷记"应交税费"账户时,一般应借记"银行存款""应收账款""应收票据""预收账款""税金及附加""所得税费用"等对应账户;借记"应交税费"账户时,一般应贷记"银行存款""应付账款""应付票据""预付账款"等对应账户。

三、供应业务的账务处理

下面举例说明企业供应业务的账务处理。

东吴工厂2020年8月发生的有关业务如下。

(1) 8月2日,东吴工厂购入一台不需要安装的设备,设备价款为500 000元,税率为13%,增值税进项税额为65 000元,用银行存款支付全部款项,设备当即投入使用。

这项经济业务的发生,一方面使企业固定资产增加了500 000元,增值税进项税额增加了65 000元,另一方面使企业银行存款减少了565 000元。因此,这项经济业务涉及"固定资产""应交税费——应交增值税""银行存款"三个账户。固定资产的增加应记入"固定资产"账户的借方,增值税进项税额的增加(属应交增值税的减少),应记入"应交税费——应交增值税"账户的借方,银行存款的减少应记入"银行存款"账户的贷方。其会计分录如下:

```
借:固定资产                      500 000
    应交税费——应交增值税(进项税额)  65 000
  贷:银行存款                      565 000
```

(2) 8月5日,东吴工厂购入专利权一项,专利价款为3 000 000元,税率为6%,增值税进项税额为180 000元,用银行存款支付全部款项,专利当即投入使用。

这项经济业务的发生,一方面使企业无形资产增加了3 000 000元,增值税进项税额增加了180 000元，另一方面使企业银行存款减少了3 180 000元。因此，这项经济业务涉及"无形资产""应交税费——应交增值税""银行存款"三个账户。无形资产的增加应记入"无形资产"账户的借方，增值税进项税额的增加（属应交增值税的减少），应记入"应交税费——应交增值税"账户的借方，银行存款的减少应记入"银行存款"账户的贷方。其会计分录如下：

  借：无形资产   3 000 000
    应交税费——应交增值税（进项税额） 180 000
   贷：银行存款   3 180 000

（3）8月7日，东吴工厂向红星工厂购入甲材料一批，材料价款为100 000元，税率为13%，增值税进项税额为13 000元，材料已验收入库，用银行存款支付全部款项。

这项经济业务的发生，一方面使企业库存原材料增加了100 000元，增值税进项税额增加了13 000元，另一方面使企业银行存款减少了113 000元。因此，这项经济业务涉及"原材料""应交税费——应交增值税""银行存款"三个账户。原材料的增加应记入"原材料"账户的借方，增值税进项税额的增加（属应交增值税的减少），应记入"应交税费——应交增值税"账户的借方，银行存款的减少应记入"银行存款"账户的贷方。其会计分录如下：

  借：原材料——甲材料   100 000
    应交税费——应交增值税（进项税额） 13 000
   贷：银行存款   113 000

（4）8月8日，东吴工厂向天龙工厂购入乙材料一批，材料价款为30 000元，税率为13%，增值税进项税额为3 900元，材料尚未验收入库，货款尚未支付。

这项经济业务的发生，一方面使企业在途物资增加了30 000元，增值税进项税额增加了3 900元，另一方面使企业应付账款增加了33 900元。因此，这项经济业务涉及"在途物资""应交税费——应交增值税""应付账款"三个账户。在途物资的增加应记入"在途物资"账户的借方，增值税进项税额的增加（属应交增值税的减少），应记入"应交税费——应交增值税"账户的借方，应付账款的增加应记入"应付账款"账户的贷方。其会计分录如下：

  借：在途物资——乙材料   30 000
    应交税费——应交增值税（进项税额） 3 900
   贷：应付账款——天龙工厂   33 900

（5）8月10日，上述乙材料运达东吴工厂后，经验收入库。

这项经济业务的发生，一方面使企业库存原材料增加了30 000元，另一方面使企业在途物资减少了30 000元。因此，这项经济业务涉及"原材料"和"在途物资"两个账户。原材料的增加应记入"原材料"账户的借方，在途物资的减少应记入"在途物资"账户的贷方。其会计分录如下：

借：原材料——乙材料　　　　　　　　　　　　30 000
　　贷：在途物资——乙材料　　　　　　　　　　　　30 000

（6）8月11日，东吴工厂用银行存款33 900元，支付前欠天龙工厂的货款。

这项经济业务的发生，一方面使企业应付账款减少了33 900元，另一方面使企业银行存款减少了33 900元。因此，这项经济业务涉及"应付账款"和"银行存款"两个账户。应付账款的减少应记入"应付账款"账户的借方，银行存款的减少应记入"银行存款"账户的贷方。其会计分录如下：

借：应付账款——天龙工厂　　　　　　　　　　33 900
　　贷：银行存款　　　　　　　　　　　　　　　　33 900

（7）8月12日，东吴工厂用银行存款向东华工厂预付购料款90 000元。

这项经济业务的发生，一方面使企业预付账款增加了90 000元，另一方面使企业银行存款减少了90 000元。因此，这项经济业务涉及"预付账款"和"银行存款"两个账户。预付账款的增加应记入"预付账款"账户的借方，银行存款的减少应记入"银行存款"账户的贷方。其会计分录如下：

借：预付账款——东华工厂　　　　　　　　　　90 000
　　贷：银行存款　　　　　　　　　　　　　　　　90 000

（8）8月18日，东吴工厂从东华工厂购入甲材料一批，材料价款为70 000元，税率为13%，增值税进项税额为9 100元，材料已验收入库，货款前已预付。

这项经济业务的发生，一方面使企业库存原材料增加了70 000元，增值税进项税额增加了9 100元，另一方面使企业预付账款减少了79 100元。因此，这项经济业务涉及"原材料""应交税费——应交增值税""预付账款"三个账户。原材料的增加应记入"原材料"账户的借方，增值税进项税额的增加（属应交增值税的减少），应记入"应交税费——应交增值税"账户的借方，预付账款的减少应记入"预付账款"账户的贷方。其会计分录如下：

借：原材料——甲材料　　　　　　　　　　　　70 000
　　应交税费——应交增值税（进项税额）　　　　9 100
　　贷：预付账款——东华工厂　　　　　　　　　　79 100

（9）8月25日，东吴工厂从宏伟公司购进乙材料一批，材料价款为60 000元，税率为13%，增值税进项税额为7 800元，材料已验收入库，开出为期3个月、票面金额为67 800元的商业汇票一张。

这项经济业务的发生，一方面使企业库存原材料增加了60 000元，增值税进项税额增加了7 800元，另一方面使企业应付票据增加了67 800元。因此，这项经济业务涉及"原材料""应交税费——应交增值税""应付票据"三个账户。原材料的增加应记入"原材料"账户的借方，增值税进项税额的增加（属应交增值税的减少），应记入"应交税费——应交增值税"账户的借方，应付票据的增加应记入"应付票据"账户的贷方。其会计分录如下：

借：原材料——乙材料　　　　　　　　　　　60 000
　　应交税费——应交增值税（进项税额）　　7 800
　　贷：应付票据　　　　　　　　　　　　　67 800

第三节　生产业务的核算

一、生产业务的确认

工业企业的基本经济活动是不断地生产和销售产品。产品的生产加工过程也是生产的耗费过程。在生产加工过程中，劳动者利用厂房、机器设备等劳动资料，对原辅材料等劳动对象进行加工，生产出符合社会需要的产品；企业要耗费各种材料，要发生厂房、机器设备的折旧，要发生无形资产的摊销，要支付职工的薪酬，还要发生其他各项生产费用。

企业在生产经营过程中发生的费用，可分为直接费用、间接费用和期间费用。

直接费用是指企业为生产产品所发生的各项直接支出，包括直接材料费用、直接人工费用。直接材料费用是指企业在生产过程中直接用于产品生产、构成产品实体的原材料、辅助材料、外购半成品、包装物等的费用。直接人工费用是指支付给产品生产人员的各种薪酬，包括职工工资、奖金、津贴和补贴，职工福利费，社会保险费，住房公积金等费用。

间接费用也称制造费用，是指企业生产车间为生产产品所发生的各项间接支出，包括间接材料费用、间接工资、折旧费和其他间接支出。

直接费用和间接费用构成产品的生产成本，也称产品的制造成本。

期间费用是指企业日常活动发生的不能计入特定核算对象的成本，而应计入发生当期损益的费用，包括管理费用、财务费用和销售费用。

管理费用是指企业行政管理部门为组织和管理生产经营活动而发生的各项费用，包括行政管理部门人员的工资、奖金等职工薪酬，行政管理部门固定资产折旧费、修理费、保险费、办公费、水电费、咨询费、诉讼费、业务招待费，专利摊销费等费用。

财务费用是指企业为筹集生产经营所需资金等而发生的各项费用，包括利息支出（减利息收入）、汇兑净损失及相关的手续费、企业发生的现金折扣或收到的现金折扣等费用。

销售费用是指企业在销售商品和材料、提供服务的过程中发生的各种费用，包括企业在销售商品过程中发生的保险费、包装费、展览费、广告费、商品维修费、预计产品质量保证损失、运输费、装卸费等及为销售本企业商品而专设的销售机构的职工薪酬、办公费、折旧费等经营费用。

二、生产业务的账户设置

为了记录生产业务,反映费用发生、归集和分配情况,企业应设置"生产成本""制造费用""管理费用""其他应收款""应付职工薪酬""累计折旧""累计摊销""库存商品""库存现金"等账户。

(一)"生产成本"账户

1. 账户性质

"生产成本"账户属于成本类账户。

2. 账户用途

该账户用于核算企业为生产产品而发生的各项生产费用。

3. 账户结构

该账户的借方登记进行产品生产而发生的各项费用(包括直接费用和间接费用),贷方登记企业已经生产完工并已验收入库的产成品成本,期末余额一般在借方,表示期末尚未加工完成的在产品成本。"生产成本"账户的结构如图 4-17 所示。

借方	生产成本	贷方
期初余额:尚未加工完成的在产品成本		
直接费用		
间接费用	生产完工并已验收入库的产成品成本	
期末余额:尚未加工完成的在产品成本		

图 4-17 "生产成本"账户的结构

4. 明细账户设置

为了详细地反映各种产品生产成本形成的具体情况,该账户应按产品品种等设置明细分类账户,进行明细分类核算。

5. 对应账户

企业发生经济业务,借记"生产成本"账户时,一般应贷记"原材料""应付职工薪酬""制造费用"等对应账户;贷记"生产成本"账户时,一般应借记"库存商品"账户。

(二)"制造费用"账户

1. 账户性质

"制造费用"账户属于成本类账户。

2. 账户用途

该账户用于核算企业为生产产品而发生的各项间接费用。

3. 账户结构

该账户的借方登记企业发生的各项间接费用,贷方登记分配计入有关成本计算对象的间接费用数,期末一般无余额。"制造费用"账户的结构如图 4-18 所示。

图 4-18 "制造费用"账户的结构

4. 明细账户设置

为了详细地反映间接费用的发生和分配的具体情况,该账户应按不同的车间、部门设置明细分类账户,并按制造费用的项目内容设置专栏,进行明细分类核算。

5. 对应账户

企业发生经济业务,借记"制造费用"账户时,一般应贷记"原材料""应付职工薪酬""累计折旧""银行存款""库存现金"等对应账户;贷记"制造费用"账户时,一般应借记"生产成本"账户。

(三)"管理费用"账户

1. 账户性质

"管理费用"账户属于损益类账户。

2. 账户用途

该账户用于核算企业行政管理部门为组织和管理生产经营活动而发生的各项管理费用。

3. 账户结构

该账户的借方登记企业发生的各项管理费用,贷方登记期末转入"本年利润"账户的管理费用,期末结转后该账户无余额。"管理费用"账户的结构如图 4-19 所示。

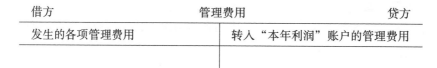

图 4-19 "管理费用"账户的结构

4. 明细账户设置

为了详细地反映管理费用的具体情况,该账户应按费用项目设置专栏,进行明细分类核算。

5. 对应账户

企业发生经济业务,借记"管理费用"账户时,一般应贷记"原材料""应付职工薪酬""累计折旧""累计摊销""银行存款""库存现金"等对应账户;贷记"管理费用"账户时,一般应借记"本年利润"账户。

(四)"其他应收款"账户

1. 账户性质

"其他应收款"账户属于资产类账户。

2. **账户用途**

该账户用于核算企业除应收账款、应收票据、预付账款、应收利息、应收股利等以外的其他各种应收及暂付款项的增减变动情况。

3. **账户结构**

该账户的借方登记企业发生的各项其他应收款项，贷方登记企业收回的各项其他应收款项，期末余额一般在借方，表示企业期末尚未收回的各项其他应收款项。"其他应收款"账户的结构如图4-20所示。

借方	其他应收款	贷方
期初余额：尚未收回的各项其他应收款项		
发生的各项其他应收款项	收回的各项其他应收款项	
期末余额：尚未收回的各项其他应收款项		

图 4-20 "其他应收款"账户的结构

4. **明细账户设置**

为了详细地反映其他应收款的具体情况，该账户应按对方单位或个人设置明细分类账户，进行明细分类核算。

5. **对应账户**

企业发生经济业务，借记"其他应收款"账户时，一般应贷记"银行存款""库存现金"等对应账户；贷记"其他应收款"账户时，一般应借记"管理费用""制造费用""银行存款""库存现金"等对应账户。

（五）"应付职工薪酬"账户

1. **账户性质**

"应付职工薪酬"账户属于负债类账户。

2. **账户用途**

该账户用于核算企业根据有关规定应付给职工的各种薪酬的增减变动情况。

职工薪酬，是指企业为获得职工提供的服务或解除劳动关系而给予的各种形式的报酬或补偿。职工薪酬包括短期薪酬、离职后福利、辞退福利和其他长期职工福利。

短期薪酬，是指企业在职工提供相关服务的年度报告期间结束后十二个月内需要全部予以支付的职工薪酬，因解除与职工的劳动关系给予的补偿除外。短期薪酬具体包括：职工工资、奖金、津贴和补贴，职工福利费，医疗保险费、工伤保险费和生育保险费等社会保险费，住房公积金，工会经费和职工教育经费，短期带薪缺勤，短期利润分享计划，非货币性福利及其他短期薪酬。

离职后福利，是指企业为获得职工提供的服务而在职工退休或与企业解除劳动关系后，提供的各种形式的报酬和福利，短期薪酬和辞退福利除外。

辞退福利，是指企业在职工劳动合同到期之前解除与职工的劳动关系，或者为鼓励职工自愿接受裁减而给予职工的补偿。

其他长期职工福利，是指除短期薪酬、离职后福利、辞退福利之外所有的职工薪酬，包括长期带薪缺勤、长期残疾福利、长期利润分享计划等。

3. 账户结构

该账户的贷方登记企业应付给职工的各种薪酬数，借方登记企业实际支付给职工的各种薪酬数，期末余额在贷方，反映企业应付而未付的职工薪酬数。"应付职工薪酬"账户的结构如图4-21所示。

借方	应付职工薪酬	贷方
实际支付给职工的各种薪酬数	期初余额：应付而未付的职工薪酬数	
	应付给职工的各种薪酬数	
	期末余额：应付而未付的职工薪酬数	

图4-21 "应付职工薪酬"账户的结构

4. 明细账户设置

为了详细地反映职工薪酬的支付和分配的具体情况，该账户应按职工类别、薪酬组成内容等设置明细分类账户，进行明细分类核算。

5. 对应账户

企业发生经济业务，贷记"应付职工薪酬"账户时，一般应借记"生产成本""制造费用""管理费用"等对应账户；借记"应付职工薪酬"账户时，一般应贷记"银行存款""库存现金"等对应账户。

（六）"累计折旧"账户

1. 账户性质

"累计折旧"账户属于资产类账户，它是"固定资产"账户的备抵调整账户。

2. 账户用途

该账户用于核算企业固定资产的累计损耗价值的增减变动情况。

3. 账户结构

该账户的贷方登记企业按月计提的固定资产折旧额，借方登记企业减少固定资产时已提折旧的注销额，期末余额在贷方，表示企业固定资产的累计折旧额。"累计折旧"账户的结构如图4-22所示。

借方	累计折旧	贷方
已提折旧的注销额	期初余额：固定资产的累计折旧额	
	计提的固定资产折旧额	
	期末余额：固定资产的累计折旧额	

图4-22 "累计折旧"账户的结构

4. 明细账户设置

为了详细地反映累计折旧的具体情况，该账户应按固定资产的类别或项目设置明细分类账户,进行明细分类核算。

5. **对应账户**

企业发生经济业务,贷记"累计折旧"账户时,一般应借记"制造费用""管理费用"等对应账户;借记"累计折旧"账户时,一般应贷记"固定资产"等对应账户。

(七)"累计摊销"账户

1. **账户性质**

"累计摊销"账户属于资产类账户,它是"无形资产"账户的备抵调整账户。

2. **账户用途**

该账户用于核算企业无形资产的累计摊销价值的增减变动情况。

3. **账户结构**

该账户的贷方登记企业按月计提的无形资产摊销额,借方登记企业减少无形资产时已提摊销的注销额,期末余额在贷方,表示企业无形资产的累计摊销额。"累计摊销"账户的结构如图4-23所示。

借方	累计摊销	贷方
	期初余额:无形资产的累计摊销额	
已提摊销的注销额	计提的无形资产摊销额	
	期末余额:无形资产的累计摊销额	

图4-23 "累计摊销"账户的结构

4. **明细账户设置**

为了详细地反映累计摊销的具体情况,该账户应按无形资产的项目设置明细分类账户,进行明细分类核算。

5. **对应账户**

企业发生经济业务,贷记"累计摊销"账户时,一般应借记"管理费用"等对应账户;借记"累计摊销"账户时,一般应贷记"无形资产"等对应账户。

(八)"库存商品"账户

1. **账户性质**

"库存商品"账户属于资产类账户。

2. **账户用途**

该账户用于核算企业库存的各种库存商品的实际成本的增减变动情况。

3. **账户结构**

该账户的借方登记企业验收入库的库存商品的实际成本,贷方登记企业发出的库存商品的实际成本,期末余额在借方,表示期末库存商品的实际成本。"库存商品"账户的结构如图4-24所示。

借方	库存商品	贷方
期初余额：库存商品的实际成本		
验收入库的库存商品的实际成本	发出的库存商品的实际成本	
期末余额：库存商品的实际成本		

图 4-24　"库存商品"账户的结构

4. 明细账户设置

为了详细地反映各种库存商品增减变动的具体情况，该账户应按库存商品的品种等设置明细分类账户，进行明细分类核算。

5. 对应账户

企业发生经济业务，借记"库存商品"账户时，一般应贷记"生产成本"等对应账户；贷记"库存商品"账户时，一般应借记"主营业务成本"等对应账户。

（九）"库存现金"账户

1. 账户性质

"库存现金"账户属于资产类账户。

2. 账户用途

该账户用于核算企业库存现金的增减变动情况。

3. 账户结构

该账户的借方登记企业库存现金的增加数，贷方登记企业库存现金的减少数，期末余额在借方，表示期末库存现金的实有数。"库存现金"账户的结构如图 4-25 所示。

借方	库存现金	贷方
期初余额：库存现金的实有数		
库存现金的增加数	库存现金的减少数	
期末余额：库存现金的实有数		

图 4-25　"库存现金"账户的结构

4. 明细账户设置

为了详细地反映各种库存现金增减变动的具体情况，该账户应按库存现金的币种等设置库存现金日记账，进行明细分类核算。

5. 对应账户

企业发生经济业务，借记"库存现金"账户时，一般应贷记"银行存款""其他应收款""其他应付款""主营业务收入""其他业务收入"等对应账户；贷记"库存现金"账户时，一般应借记"银行存款""制造费用""管理费用""其他应收款""应付职工薪酬"等对应账户。

三、生产业务的账务处理

下面举例说明企业生产业务的账务处理。

东吴工厂 2020 年 6 月发生的有关业务如下。

（1）6 月 3 日，东吴工厂为生产 A 产品领用甲材料 86 000 元，为生产 B 产品领用甲材料 32 000 元，车间一般性消耗领用乙材料 3 200 元，企业行政管理部门一般性消耗领用乙材料 2 000 元。

这项经济业务的发生，一方面使企业库存材料减少了 123 200 元，另一方面使生产成本增加了 118 000 元，制造费用增加了 3 200 元，管理费用增加了 2 000 元。因此，这项经济业务涉及"原材料""生产成本""制造费用""管理费用"四个账户。生产成本的增加应记入"生产成本"账户的借方，制造费用的增加应记入"制造费用"账户的借方，管理费用的增加应记入"管理费用"账户的借方，库存材料的减少应记入"原材料"账户的贷方。其会计分录如下：

```
借：生产成本——A 产品           86 000
         ——B 产品           32 000
    制造费用                   3 200
    管理费用                   2 000
  贷：原材料——甲材料          118 000
         ——乙材料            5 200
```

（2）6 月 6 日，东吴工厂以库存现金预付企业供应科采购员张强差旅费 800 元。

预付差旅费属于暂付款项。因此，这项经济业务的发生，一方面使企业其他应收款项增加了 800 元，另一方面使企业库存现金减少了 800 元。因此，这项经济业务涉及"其他应收款"和"库存现金"两个账户。其他应收款项的增加应记入"其他应收款"账户的借方，库存现金的减少应记入"库存现金"账户的贷方。其会计分录如下：

```
借：其他应收款——张强           800
  贷：库存现金                  800
```

（3）6 月 9 日，采购员张强出差归来，报销差旅费 650 元，交回现金 150 元。

这项经济业务的发生，一方面使企业管理费用增加了 650 元，库存现金增加了 150 元，另一方面使企业其他应收款项减少了 800 元。因此，这项经济业务涉及"管理费用""库存现金""其他应收款"三个账户。管理费用和库存现金的增加应分别记入"管理费用"和"库存现金"账户的借方，其他应收款项的减少应记入"其他应收款"账户的贷方。其会计分录如下：

```
借：管理费用                   650
    库存现金                   150
  贷：其他应收款——张强          800
```

（4）6 月 10 日，东吴工厂从银行提取现金 68 000 元，以备发放本月的职工薪酬。

这项经济业务的发生，一方面使企业库存现金增加了 68 000 元，另一方面使企业银行存款减少了 68 000 元。因此，这项经济业务涉及"库存现金"和"银行存款"两个账户。

库存现金的增加应记入"库存现金"账户的借方,银行存款的减少应记入"银行存款"账户的贷方。其会计分录如下:

借:库存现金　　　　　　　　　　　　　　68 000
　　贷:银行存款　　　　　　　　　　　　　　68 000

(5) 6月10日,东吴工厂用库存现金发放本月职工薪酬68 000元。

这项经济业务的发生,一方面使企业库存现金减少了68 000元,另一方面使企业应付职工薪酬也相应地减少了68 000元。因此,这项经济业务涉及"库存现金"和"应付职工薪酬"两个账户。应付职工薪酬的减少应记入"应付职工薪酬"账户的借方,库存现金的减少应记入"库存现金"账户的贷方。其会计分录如下:

借:应付职工薪酬　　　　　　　　　　　　68 000
　　贷:库存现金　　　　　　　　　　　　　　68 000

(6) 6月15日,东吴工厂以银行存款支付本月的办公用品费1 100元,其中,企业行政管理部门800元,基本生产车间300元。

这项经济业务的发生,一方面使企业管理费用增加了800元,制造费用增加了300元,另一方面使企业银行存款减少了1 100元。因此,这项经济业务涉及"管理费用""制造费用""银行存款"三个账户。管理费用的增加应记入"管理费用"账户的借方,制造费用的增加应记入"制造费用"账户的借方,银行存款的减少应记入"银行存款"账户的贷方。其会计分录如下:

借:管理费用　　　　　　　　　　　　　　　800
　　制造费用　　　　　　　　　　　　　　　300
　　贷:银行存款　　　　　　　　　　　　　1 100

(7) 6月30日,东吴工厂分配本月应付职工薪酬68 000元,其中,A产品生产人员薪酬30 000元,B产品生产人员薪酬20 000元,车间管理人员薪酬8 000元,企业行政管理部门人员薪酬10 000元。

这项经济业务的发生,一方面使生产成本中的直接工资费用增加了50 000元,制造费用增加了8 000元,管理费用增加了10 000元;另一方面表明企业本月发生了应付给职工的薪酬费用68 000元,即企业应付职工薪酬增加了68 000元。因此,这项经济业务涉及"生产成本""制造费用""管理费用""应付职工薪酬"四个账户。生产人员薪酬属于直接费用,应记入"生产成本"账户的借方;车间管理人员薪酬属于间接费用,应记入"制造费用"账户的借方;企业行政管理部门人员薪酬属于期间费用,应记入"管理费用"账户的借方;应付职工薪酬的增加,应记入"应付职工薪酬"账户的贷方。其会计分录如下:

借:生产成本——A产品　　　　　　　　　30 000
　　　　　　——B产品　　　　　　　　　20 000
　　制造费用　　　　　　　　　　　　　　8 000

　　　　管理费用　　　　　　　　　　　　　　　　10 000
　　　贷：应付职工薪酬　　　　　　　　　　　　　68 000

（8）6月30日，东吴工厂按规定计提本月固定资产折旧费9 000元，其中，生产车间6 000元，企业行政管理部门3 000元。

在工业企业的生产经营活动中，固定资产是用来改变或影响劳动对象的主要劳动资料。在生产经营过程中，由于使用和技术进步等原因而逐渐损耗的固定资产价值，叫作固定资产折旧。固定资产折旧费是企业在生产经营过程中发生的费用，将随着产品的销售和收入的实现而逐渐得到补偿。计提固定资产折旧，一方面表明费用的增加，另一方面表明固定资产价值因损耗而减少。固定资产价值的减少（属资产的减少），本应记入"固定资产"账户的贷方，但为了满足经营管理上的需要，使"固定资产"账户能经常按原始价值反映固定资产的增减变动和结存情况，专门设置了一个"累计折旧"账户，将固定资产的损耗价值反映在"累计折旧"账户的贷方。因此，这项经济业务涉及"制造费用""管理费用""累计折旧"三个账户。折旧费用的增加应分别记入"制造费用"和"管理费用"账户的借方，固定资产因计提折旧而表明的价值损耗应记入"累计折旧"账户的贷方。其会计分录如下：

　　　借：制造费用　　　　　　　　　　　　　　 6 000
　　　　管理费用　　　　　　　　　　　　　　　　3 000
　　　贷：累计折旧　　　　　　　　　　　　　　　9 000

（9）6月30日，东吴工厂按规定计提本月无形资产摊销费1 600元。

计提无形资产摊销，一方面表明费用的增加，另一方面表明无形资产价值因摊销而减少。无形资产价值的减少（属资产的减少），本应记入"无形资产"账户的贷方，但为了满足经营管理上的需要，使"无形资产"账户能经常按原始价值反映无形资产的增减变动和结存情况，专门设置了一个"累计摊销"账户，将无形资产的摊销价值反映在"累计摊销"账户的贷方。因此，这项经济业务涉及"管理费用"和"累计摊销"两个账户。摊销费用的增加应记入"管理费用"账户的借方，无形资产因计提摊销而表明的价值损耗应记入"累计摊销"账户的贷方。其会计分录如下：

　　　借：管理费用　　　　　　　　　　　　　　 1 600
　　　贷：累计摊销　　　　　　　　　　　　　　　1 600

（10）6月30日，东吴工厂结转本月制造费用17 500元，其中，A产品分配60%，B产品分配40%。

制造费用是产品生产成本的一个组成部分，平时发生的制造费用应在"制造费用"账户借方进行归集，月末应将当月内归集的各种制造费用转入"生产成本"账户。因此，这项经济业务涉及"生产成本"和"制造费用"两个账户。生产成本的增加应记入"生产成本"账户的借方，制造费用的减少应记入"制造费用"账户的贷方。其会计分录如下：

　　　借：生产成本——A产品　　　　　　　　　　10 500

　　　　——B 产品　　　　　　　　　　　7 000
　　　贷：制造费用　　　　　　　　　　　17 500

（11）6月30日，东吴工厂结转本月完工入库产品的生产成本 150 000 元，其中，A 产品 100 000 元，B 产品 50 000 元。

　　这项经济业务的发生，一方面使企业库存商品增加了 150 000 元，另一方面使企业生产成本减少了 150 000 元。因此，这项经济业务涉及"库存商品"和"生产成本"两个账户。库存商品的增加应记入"库存商品"账户的借方，生产成本的减少应记入"生产成本"账户的贷方。其会计分录如下：

　　　借：库存商品——A 产品　　　　　　100 000
　　　　　　　　——B 产品　　　　　　　 50 000
　　　贷：生产成本——A 产品　　　　　　100 000
　　　　　　　　——B 产品　　　　　　　 50 000

第四节　销售业务的核算

一、销售业务的确认

　　工业企业生产的产品，只有进入流通过程，才能使企业的生产耗费得到补偿并实现积累。在产品的销售过程中，企业按照销售价格向购买单位出售产品，通过货款结算收回货币资金，实现产品销售收入（主营业务收入）；同时，企业必须提供相应数量的产品，因此，企业在确认产品销售收入的同时，还应结转产品销售成本（主营业务成本）。

　　另外，为了销售产品，也必然要发生包装、运输、广告等销售费用；当然，还要按照国家税收相关法律法规的规定，计算缴纳消费税、城市维护建设税、教育费附加等相关销售税费。

　　工业企业除了产品销售业务外，还有一些其他销售业务，如材料销售和包装物出租等业务。发生这些业务所取得的收入，称为其他业务收入；所发生的成本，称为其他业务成本。

二、销售业务的账户设置

　　为了记录销售业务，反映销售收入的实现和销售成本、销售费用、销售税费的发生情况，企业应设置"主营业务收入""主营业务成本""销售费用""税金及附加""其他业务收入""其他业务成本""应收账款""应收票据""预收账款"等账户。

（一）"主营业务收入"账户

1. 账户性质

"主营业务收入"账户属于损益类账户。

2. 账户用途

该账户用于核算企业销售商品、提供劳务等所实现的收入的增减变动情况。

3. 账户结构

该账户的贷方登记已实现的主营业务收入，借方登记期末转入"本年利润"账户的主营业务收入，期末结转后该账户无余额。"主营业务收入"账户的结构如图4-26所示。

借方	主营业务收入	贷方
转入"本年利润"账户的主营业务收入		实现的主营业务收入

图4-26 "主营业务收入"账户的结构

4. 明细账户设置

为了详细地反映企业各种主营业务收入的实现情况，该账户应按商品、劳务类别等设置明细分类账户，进行明细分类核算。

5. 对应账户

企业发生经济业务，贷记"主营业务收入"账户时，一般应借记"银行存款""库存现金""应收账款""应收票据""预收账款"等对应账户；借记"主营业务收入"账户时，一般应贷记"本年利润"等对应账户。

（二）"其他业务收入"账户

1. 账户性质

"其他业务收入"账户属于损益类账户。

2. 账户用途

该账户用于核算企业确认的除主营业务活动以外的其他经营活动实现的收入的增减变动情况。其他业务收入主要包括出租固定资产、出租无形资产、出租包装物和销售材料等实现的收入。

3. 账户结构

该账户的贷方登记已实现的其他业务收入，借方登记期末转入"本年利润"账户的其他业务收入，期末结转后该账户无余额。"其他业务收入"账户的结构如图4-27所示。

借方	其他业务收入	贷方
转入"本年利润"账户的其他业务收入		实现的其他业务收入

图4-27 "其他业务收入"账户的结构

4. 明细账户设置

为了详细地反映各种其他业务收入的实现情况，该账户应按其他业务的种类设置明细分类账户，进行明细分类核算。

5. **对应账户**

企业发生经济业务，贷记"其他业务收入"账户时，一般应借记"银行存款""库存现金""应收账款""应收票据""预收账款"等对应账户；借记"其他业务收入"账户时，一般应贷记"本年利润"等对应账户。

（三）"主营业务成本"账户

1. **账户性质**

"主营业务成本"账户属于损益类账户。

2. **账户用途**

该账户用于核算企业销售商品、提供劳务等所发生的实际成本的增减变动情况。

3. **账户结构**

该账户的借方登记所发生的主营业务成本，贷方登记期末转入"本年利润"账户的主营业务成本，期末结转后该账户无余额。"主营业务成本"账户的结构如图4-28所示。

图4-28　"主营业务成本"账户的结构

4. **明细账户设置**

为了详细地反映企业各种主营业务成本的发生情况，该账户应按商品、劳务类别等设置明细分类账户，进行明细分类核算。

5. **对应账户**

企业发生经济业务，借记"主营业务成本"账户时，一般应贷记"库存商品"等对应账户；贷记"主营业务成本"账户时，一般应借记"本年利润"等对应账户。

（四）"其他业务成本"账户

1. **账户性质**

"其他业务成本"账户属于损益类账户。

2. **账户用途**

该账户用于核算企业确认的除主营业务活动以外的其他经营活动所发生的成本的增减变动情况。其他业务成本主要包括销售材料的成本、出租固定资产的折旧额、出租无形资产的摊销额、出租包装物的成本或摊销额等。

3. **账户结构**

该账户的借方登记所发生的其他业务成本，贷方登记期末转入"本年利润"账户的其他业务成本，期末结转后该账户无余额。"其他业务成本"账户的结构如图4-29所示。

图 4-29　"其他业务成本"账户的结构

4. 明细账户设置

为了详细地反映各种其他业务成本的发生情况，该账户应按其他业务的种类设置明细分类账户，进行明细分类核算。

5. 对应账户

企业发生经济业务，借记"其他业务成本"账户时，一般应贷记"原材料""累计折旧""累计摊销"等对应账户；贷记"其他业务成本"账户时，一般应借记"本年利润"等对应账户。

（五）"税金及附加"账户

1. 账户性质

"税金及附加"账户属于损益类账户。

2. 账户用途

该账户用于核算企业经营活动发生的消费税、城市维护建设税和教育费附加等相关税费的增减变动情况。

3. 账户结构

该账户的借方登记企业按照规定计算应由本期负担的税金及附加，贷方登记期末转入"本年利润"账户的税金及附加，期末结转后该账户无余额。"税金及附加"账户的结构如图 4-30 所示。

图 4-30　"税金及附加"账户的结构

4. 明细账户设置

为了详细地反映各种税金及附加的发生情况，该账户应按商品、劳务类别设置明细分类账户，进行明细分类核算。

5. 对应账户

企业发生经济业务，借记"税金及附加"账户时，一般应贷记"应交税费——应交消费税""应交税费——应交城市维护建设税""应交税费——应交教育费附加"等对应账户；贷记"税金及附加"账户时，一般应借记"本年利润"等对应账户。

（六）"销售费用"账户

1. 账户性质

"销售费用"账户属于损益类账户。

2. 账户用途

该账户用于核算企业销售商品和材料、提供劳务的过程中发生的各种销售费用的增减变动情况。

3. 账户结构

该账户的借方登记所发生的销售费用，贷方登记期末转入"本年利润"账户的销售费用，期末结转后该账户无余额。"销售费用"账户的结构如图4-31所示。

借方	销售费用	贷方
发生的销售费用		转入"本年利润"账户的销售费用

图 4-31　"销售费用"账户的结构

4. 明细账户设置

为了详细地反映各项销售费用的发生情况，该账户应按销售费用的项目设置专栏，进行明细分类核算。

5. 对应账户

企业发生经济业务，借记"销售费用"账户时，一般应贷记"银行存款""库存现金""累计折旧""应付职工薪酬"等对应账户；贷记"销售费用"账户时，一般应借记"本年利润"等对应账户。

（七）"应收账款"账户

1. 账户性质

"应收账款"账户属于资产类账户。

2. 账户用途

该账户用于核算企业因销售商品、材料等业务应向购货单位收取的款项的增减变动情况。

3. 账户结构

该账户的借方登记应收账款的发生额，贷方登记应收账款的收回额，期末余额在借方，表示期末尚未收回的应收账款额。"应收账款"账户的结构如图4-32所示。

借方	应收账款	贷方
期初余额：尚未收回的应收账款额		
应收账款的发生额		应收账款的收回额
期末余额：尚未收回的应收账款额		

图 4-32　"应收账款"账户的结构

4. 明细账户设置

为了详细地反映每笔应收账款的发生和收回的具体情况，该账户应按购货单位设置明细分类账户，进行明细分类核算。

5. 对应账户

企业发生经济业务，借记"应收账款"账户时，一般应贷记"主营业务收入""其他业务收入""应交税费——应交增值税"等对应账户；贷记"应收账款"账户时，一般应借记"银行存款""库存现金"等对应账户。

（八）"应收票据"账户

1. 账户性质

"应收票据"账户属于资产类账户。

2. 账户用途

该账户用于核算企业因销售商品、提供劳务等而收到的商业汇票款项的增减变动情况。

3. 账户结构

该账户的借方登记企业收到的商业汇票额，贷方登记商业汇票到期收回的款项或未到期向银行贴现的款项，期末余额在借方，表示尚未到期的商业汇票款。"应收票据"账户的结构如图 4-33 所示。

借方	应收票据	贷方
期初余额：尚未到期的商业汇票款 收到的商业汇票额		商业汇票到期收回的款项 商业汇票未到期向银行贴现的款项
期末余额：尚未到期的商业汇票款		

图 4-33 "应收票据"账户的结构

4. 明细账户设置

为了详细地反映各张应收票据的取得、收回或贴现的具体情况，该账户应设置"应收票据备查簿"，逐笔登记每一张应收票据。

5. 对应账户

企业发生经济业务，借记"应收票据"账户时，一般应贷记"主营业务收入""其他业务收入""应交税费——应交增值税"等对应账户；贷记"应收票据"账户时，一般应借记"银行存款""财务费用"等对应账户。

（九）"预收账款"账户

1. 账户性质

"预收账款"账户属于负债类账户。

2. 账户用途

该账户用于核算企业按照合同规定向购货单位预收的款项的增减变动情况。

3. 账户结构

该账户的贷方登记企业收到的预收款项，借方登记企业销售实现时预收款项的减少额，期末余额一般在贷方，表示期末企业向购货单位预收的款项数。"预收账款"账户的结构如图 4-34 所示。

借方	预收账款	贷方
预收款项的减少额		期初余额：向购货单位预收的款项数 收到的预收款项
		期末余额：向购货单位预收的款项数

图 4-34 "预收账款"账户的结构

4. 明细账户设置

为了详细地反映预收账款增减变动的具体情况，该账户应按购货单位设置明细分类账户，进行明细分类核算。

5. 对应账户

企业发生经济业务，贷记"预收账款"账户时，一般应借记"银行存款""库存现金"等对应账户；借记"预收账款"账户时，一般应贷记"主营业务收入""其他业务收入""应交税费——应交增值税"等对应账户。

预收款项不多的企业，也可以将预收的款项直接记入"应收账款"账户，而不设置"预收账款"账户。

三、销售业务的账务处理

下面举例说明企业销售业务的账务处理。

东吴工厂 2020 年 12 月发生的有关业务如下。

（1）12 月 9 日，东吴工厂销售给甲企业 A 产品一批，销售价款为 200 000 元，税率为 13%，增值税销项税额为 26 000 元，价税全部收到，存入银行。

这项经济业务的发生，一方面使企业银行存款增加了 226 000 元，另一方面使企业主营业务收入增加了 200 000 元，增值税销项税额增加了 26 000 元。因此，这项经济业务涉及"银行存款""主营业务收入""应交税费——应交增值税"三个账户。银行存款的增加应记入"银行存款"账户的借方，主营业务收入的增加应记入"主营业务收入"账户的贷方，增值税销项税额的增加应记入"应交税费——应交增值税"账户的贷方。其会计分录如下：

```
借：银行存款                          226 000
    贷：主营业务收入——A 产品              200 000
        应交税费——应交增值税（销项税额）    26 000
```

（2）12 月 12 日，东吴工厂销售给乙企业 A 产品一批，销售价款为 150 000 元，税率为 13%，增值税销项税额为 19 500 元，价税均未收到。

这项经济业务的发生，一方面使企业应收账款增加了 169 500 元，另一方面使企业主营业务收入增加了 150 000 元，增值税销项税额增加了 19 500 元。因此，这项经济业务涉及"应收账款""主营业务收入""应交税费——应交增值税"三个账户。应收账款的增加应记入"应收账款"账户的借方,主营业务收入和增值税销项税额的增加应分别记入"主营业务收入"账户和"应交税费——应交增值税"账户的贷方。其会计分录如下:

  借:应收账款——乙企业   169 500
   贷:主营业务收入——A 产品   150 000
     应交税费——应交增值税(销项税额) 19 500

(3) 12 月 15 日,东吴工厂销售给丙企业 B 产品一批,销售价款为 100 000 元,税率为 13%,增值税销项税额为 13 000 元,收到为期 3 个月的商业汇票一张。

这项经济业务的发生,一方面使企业应收票据增加了 113 000 元,另一方面使企业主营业务收入增加了 100 000 元,增值税销项税额增加了 13 000 元。因此,这项经济业务涉及"应收票据""主营业务收入""应交税费——应交增值税"三个账户。应收票据的增加应记入"应收票据"账户的借方,主营业务收入和增值税销项税额的增加应分别记入"主营业务收入"账户和"应交税费——应交增值税"账户的贷方。其会计分录如下:

  借:应收票据   113 000
   贷:主营业务收入——B 产品   100 000
     应交税费——应交增值税(销项税额) 13 000

(4) 12 月 16 日,东吴工厂按照合同规定,预收丁企业购买 B 产品的货款 120 000 元,已存入银行。

这项经济业务的发生,一方面使企业银行存款增加了 120 000 元,另一方面使企业预收账款增加了 120 000 元。因此,这项经济业务涉及"银行存款"和"预收账款"两个账户。银行存款的增加应记入"银行存款"账户的借方,预收账款的增加应记入"预收账款"账户的贷方。其会计分录如下:

  借:银行存款   120 000
   贷:预收账款——丁企业   120 000

(5) 12 月 18 日,东吴工厂销售给丁企业 B 产品一批,销售价款为 100 000 元,税率为 13%,增值税销项税额为 13 000 元,货款前已预收。

这项经济业务的发生,一方面使企业预收账款减少了 113 000 元,另一方面使企业主营业务收入增加了 100 000 元,增值税销项税额增加了 13 000 元。因此,这项经济业务涉及"预收账款""主营业务收入""应交税费——应交增值税"三个账户。预收账款的减少应记入"预收账款"账户的借方,主营业务收入和增值税销项税额的增加应分别记入"主营业务收入"账户和"应交税费——应交增值税"账户的贷方。其会计分录如下:

  借:预收账款——丁企业   113 000
   贷:主营业务收入——B 产品   100 000
     应交税费——应交增值税(销项税额) 13 000

(6) 12 月 20 日,东吴工厂以银行存款支付广告费 6 000 元。

这项经济业务的发生，一方面使企业销售费用增加了 6 000 元，另一方面使企业银行存款减少了 6 000 元。因此，这项经济业务涉及"销售费用"和"银行存款"两个账户。销售费用的增加应记入"销售费用"账户的借方，银行存款的减少应记入"银行存款"账户的贷方。其会计分录如下：

  借：销售费用   6 000
    贷：银行存款   6 000

（7）12 月 22 日，东吴工厂销售甲材料一批，销售价款为 5 000 元，税率为 13%，增值税销项税额为 650 元，价税均已收到，存入银行。

这项经济业务的发生，一方面使企业银行存款增加了 5 650 元，另一方面使企业其他业务收入增加了 5 000 元，增值税销项税额增加了 650 元。因此，这项经济业务涉及"银行存款""其他业务收入""应交税费——应交增值税"三个账户。银行存款的增加应记入"银行存款"账户的借方，其他业务收入的增加应记入"其他业务收入"账户的贷方，增值税销项税额的增加应记入"应交税费——应交增值税"账户的贷方。其会计分录如下：

  借：银行存款   5 650
    贷：其他业务收入——甲材料   5 000
      应交税费——应交增值税（销项税额） 650

（8）12 月 31 日，东吴工厂结转本月已销产品成本 320 000 元，其中，A 产品成本 200 000 元，B 产品成本 120 000 元。

这项经济业务的发生，一方面使企业库存商品减少了 320 000 元，另一方面使企业主营业务成本增加了 320 000 元。因此，这项经济业务涉及"主营业务成本"和"库存商品"两个账户。主营业务成本的增加应记入"主营业务成本"的借方，库存商品的减少应记入"库存商品"账户的贷方。其会计分录如下：

  借：主营业务成本——A 产品   200 000
        ——B 产品   120 000
    贷：库存商品——A 产品   200 000
       ——B 产品   120 000

（9）12 月 31 日，东吴工厂结转本月销售甲材料成本 4 500 元。

这项经济业务的发生，一方面使企业原材料减少了 4 500 元，另一方面使企业其他业务成本增加了 4 500 元。因此，这项经济业务涉及"其他业务成本"和"原材料"两个账户。其他业务成本的增加应记入"其他业务成本"账户的借方，原材料的减少应记入"原材料"账户的贷方。其会计分录如下：

  借：其他业务成本——甲材料   4 500
    贷：原材料   4 500

（10）12 月 31 日，东吴工厂按规定计算应由本月已销产品负担的消费税，A 产品消费税税率为10%，B产品消费税税率为15%，A产品应负担消费税35 000元，B产品应负担消费税30 000元。

这项经济业务的发生，一方面使企业销售税金增加了65 000元，另一方面使企业应交消费税增加了65 000元。因此，这项经济业务涉及"税金及附加"和"应交税费——应交消费税"两个账户。销售税金的增加应记入"税金及附加"账户的借方，应交消费税的增加应记入"应交税费——应交消费税"账户的贷方。其会计分录如下：

  借：税金及附加   65 000
    贷：应交税费——应交消费税   65 000

第五节　财务成果业务的核算

一、财务成果业务的确认

财务成果是企业在一定时期内全部经营活动反映在财务上的最终成果，它是企业生产经营活动的经济效益的一种综合反映。企业的财务成果，在会计上称为净利润。财务成果业务就是指企业净利润的形成和分配两方面的经济业务。

（一）净利润的形成

企业的净利润，一般通过以下三个方面实现。

1. 营业利润

营业利润是指企业在一定经营期间生产经营活动实现的利润。营业利润是营业收入、其他收益、投资净收益、公允价值变动净收益、资产处置净收益之和扣除营业成本、税金及附加、销售费用、管理费用、财务费用、研发费用、信用减值损失、资产减值损失后的净额。

营业利润可以用以下计算公式表示：

营业利润＝营业收入－营业成本－税金及附加－销售费用－管理费用－研发费用－
     财务费用＋其他收益＋投资净收益＋公允价值变动净收益－
     资产减值损失－信用减值损失＋资产处置净收益

其中：

营业收入是指企业经营业务所实现的收入总额，包括主营业务收入和其他业务收入。

营业成本是指企业经营业务所发生的实际成本总额，包括主营业务成本和其他业务成本。

研发费用是指企业进行研究与开发过程中发生的费用化支出。

其他收益主要是指与企业日常活动相关，除冲减相关成本费用以外的政府补助。

投资净收益是指投资收益扣除投资损失后的数额。

公允价值变动净收益是指企业交易性金融资产等公允价值变动收益扣除公允价值变动损失后的数额。

信用减值损失是指企业计提各项金融工具信用减值准备所确认的损失。

资产减值损失是指企业计提有关资产减值准备所确认的损失。

资产处置损益是指企业出售划分为持有待售的非流动资产（金融工具、长期股权投资和投资性房地产除外）或处置组（子公司和业务除外）时确认的处置利得或损失，以及处置未划分为持有待售的固定资产、在建工程、生产性生物资产及无形资产而产生的处置利得或损失，还包括非货币性资产交换中换出非流动资产产生的利得或损失。资产处置净收益是指资产处置收益扣除资产处置损失后的数额。

2. 利润总额

利润总额是指企业在一定经营期间的营业利润和营业外收支净额的合计数额。

利润总额可以用以下计算公式表示：

$$利润总额 = 营业利润 + 营业外收支净额$$

$$营业外收支净额 = 营业外收入 - 营业外支出$$

营业外收支净额是指营业外收入与营业外支出之间的差额。

营业外收入是指企业发生的与其日常活动无直接关系的各项利得。营业外收入主要包括非流动资产毁损报废收益、与企业日常活动无关的政府补助、盘盈利得、捐赠利得等。

其中：

非流动资产毁损报废收益是指企业因自然灾害等发生毁损、已丧失使用功能而报废非流动资产所产生的清理收益。

与企业日常活动无关的政府补助是指企业从政府无偿取得的货币性资产或非货币性资产，且与企业日常活动无关的利得。

盘盈利得是指企业对现金等资产清查盘点时发生盘盈，报经批准后计入营业外收入的金额。

捐赠利得是指企业接受捐赠所产生的利得。

营业外支出是指企业发生的与其日常活动无直接关系的各项损失。营业外支出主要包括非流动资产毁损报废损失、捐赠支出、盘亏损失、非常损失、罚款支出等。

其中：

非流动资产毁损报废损失是指企业因自然灾害等发生毁损、已丧失使用功能而报废非流动资产所产生的清理损失。

捐赠支出是指企业对外捐赠所发生的支出。

盘亏损失是指企业对于财产清查盘点中盘亏的资产，报经批准后计入营业外支出的金额。

非常损失是指企业对于因自然灾害等造成的损失，扣除保险公司赔偿后计入营业外支出的净损失。

罚款支出是指企业支付的行政罚款、税务罚款，以及其他违反法律法规、合同协议等而支付的罚款、违约金、赔偿金等支出。

3. 净利润

净利润是指企业在一定经营期间的利润总额扣除所得税费用后的净额。所得税费用是指按照税法规定计算的应由本期负担的应纳所得税额。（企业所得税费用包括当期所得税和递延所得税两个部分。当期所得税是指当期应交所得税。递延所得税包括递延所得税资产和递延所得税负债。本书只介绍当期所得税，递延所得税将在"中级财务会计"课程中介绍。）

净利润可以用以下计算公式表示：

$$净利润 = 利润总额 - 所得税费用$$

$$所得税费用 = 应纳税所得额 \times 所得税税率$$

$$应纳税所得额 = 利润总额 + 纳税调整增加额 - 纳税调整减少额$$

纳税调整增加额主要包括企业所得税法规定允许扣除项目中，企业已计入当期费用但超过企业所得税法规定扣除标准的金额（如超过企业所得税法规定标准的职工福利费、工会经费、职工教育经费、业务招待费、公益性捐赠支出、广告费和业务宣传费等），以及企业已计入当期损失但企业所得税法规定不允许扣除项目的金额（如税收滞纳金、罚金、罚款等）。

纳税调整减少额主要包括按企业所得税法规定允许弥补的亏损和准予免税的项目，如前5年内未弥补亏损、国债利息收入等。

（二）净利润的分配

企业通过自身的生产经营活动所获得的净利润，应按规定进行利润分配。企业的净利润应按下列顺序进行分配：首先是弥补以前年度的亏损，其次是提取盈余公积，最后是向投资者分配利润。企业的净利润经过上述分配后仍有余额，即为未分配利润。

未计入当期利润的利得和损失扣除所得税影响后的净额计入其他综合收益项目。净利润与其他综合收益的合计金额为综合收益总额。

二、财务成果业务的账户设置

为了记录财务成果的形成和分配情况，企业应设置"本年利润""利润分配""所得税费用""投资收益""公允价值变动损益""资产处置损益""营业外收入""信用减值损失""资产减值损失""营业外支出""盈余公积""应付股利"等账户。

（一）"本年利润"账户

1. 账户性质

"本年利润"账户属于所有者权益类账户。

2. 账户用途

该账户用于核算企业在本年度实现的利润（或亏损）总额及净利润（或净亏损）的增减变动情况。

3. 账户结构

该账户的贷方登记期末从各损益类账户转来的收入额和对外投资净收益额，借方登记期末从各损益类账户转来的成本、费用、支出额和对外投资净损失额。在没有结转所得税费用之前，该账户的贷方余额表示截至本期累计实现的利润总额，借方余额表示截至本期累计形成的亏损总额；在结转所得税费用后，该账户的贷方余额则表示企业实现的净利润，借方余额表示企业发生的净亏损。年度终了，企业应将本年度实现的净利润或发生的净亏损转入"利润分配"账户，结转后该账户无余额。

"本年利润"账户（盈利）的结构如图4-35所示。

借方　　　　　　　　　　本年利润　　　　　　　　　　贷方
② 期末转入的各项费用、损失额 ｜ ① 期末转入的各项收入、收益额
｜ ③ 余额：当期实现的利润总额
④ 期末转入的所得税费用 ｜
｜ ⑤ 余额：当期实现的净利润
⑥ 年终转入"利润分配"的净利润 ｜

图 4-35　"本年利润"账户（盈利）的结构

"本年利润"账户（亏损）的结构如图4-36所示。

借方　　　　　　　　　　本年利润　　　　　　　　　　贷方
② 期末转入的各项费用、损失额 ｜ ① 期末转入的各项收入、收益额
③ 余额：当期实现的亏损总额 ｜
④ 期末转入的所得税费用 ｜
⑤ 余额：当期实现的净亏损 ｜
｜ ⑥ 年终转入"利润分配"的净亏损

图 4-36　"本年利润"账户（亏损）的结构

4. 明细账户设置

为了详细地反映企业实现利润或发生亏损的具体情况，该账户应按利润形成的具体项目设置明细分类账户，进行明细分类核算。

5. 对应账户

企业发生经济业务，借记"本年利润"账户时，一般应贷记"主营业务成本""其他业务成本""税金及附加""销售费用""管理费用""财务费用""信用减值损失""资产减值损失""营业外支出""所得税费用""利润分配"等对应账户；贷记"本年利润"

账户时，一般应借记"主营业务收入""其他业务收入""投资收益""公允价值变动损益""资产处置损益""营业外收入""利润分配"等对应账户。

（二）"利润分配"账户

1. 账户性质

"利润分配"账户属于所有者权益类账户，它是"本年利润"账户的一个调整账户。

2. 账户用途

该账户用于核算企业利润的分配或亏损的弥补的增减变动情况。

3. 账户结构

该账户的借方登记企业净利润的分配数或从"本年利润"账户转来的净亏损数，贷方登记年度终了企业从"本年利润"账户转来的可供分配的净利润数或已弥补的净亏损数。年终，该账户的贷方余额表示年末可供分配而尚未分配的净利润数，借方余额则表示年末尚未弥补的净亏损数。"利润分配"账户的结构如图4-37所示。

借方	利润分配	贷方
年初余额：累计未弥补的亏损		年初余额：累计尚未分配的利润
净利润的分配数		从"本年利润"账户转来的净利润数
从"本年利润"账户转来的净亏损数		已弥补的净亏损数
年末余额：年末尚未弥补的净亏损数		年末余额：年末尚未分配的净利润数

图4-37　"利润分配"账户的结构

4. 明细账户设置

为了详细地反映企业净利润分配的具体情况，该账户应按利润分配的去向设置明细分类账户，进行明细分类核算。

5. 对应账户

企业发生经济业务，借记"利润分配"账户时，一般应贷记"盈余公积""应付股利""本年利润"等对应账户；贷记"利润分配"账户时，一般应借记"本年利润""银行存款"等对应账户。

（三）"所得税费用"账户

1. 账户性质

"所得税费用"账户属于损益类账户。

2. 账户用途

该账户用于核算企业按规定从当期损益中扣除的所得税费用的增减变动情况。

3. 账户结构

该账户的借方登记按规定应由当期损益负担的所得税费用，贷方登记期末转入"本年利润"账户的所得税费用，期末结转后该账户无余额。"所得税费用"账户的结构如图4-38所示。

借方	所得税费用	贷方
应由当期损益负担的所得税费用		期末转入"本年利润"账户的所得税费用

图 4-38　"所得税费用"账户的结构

4. 明细账户设置

为了详细地反映企业所得税费用的具体情况，该账户应按"当期所得税费用"和"递延所得税费用"设置明细分类账户，进行明细分类核算。

5. 对应账户

企业发生经济业务，借记"所得税费用"账户时，一般应贷记"应交税费——应交所得税"等对应账户；贷记"所得税费用"账户时，一般应借记"本年利润"等对应账户。

（四）"长期股权投资"账户

1. 账户性质

"长期股权投资"账户属于资产类账户。

2. 账户用途

该账户用于核算企业对外长期股权投资的增减变动情况。

3. 账户结构

该账户的借方登记企业对外长期股权投资的增加额，贷方登记企业对外长期股权投资的减少额，期末余额在借方，表示期末企业对外长期股权投资的结余额。"长期股权投资"账户的结构如图 4-39 所示。

借方	长期股权投资	贷方
期初余额：长期股权投资的结余额		
长期股权投资的增加额		长期股权投资的减少额
期末余额：长期股权投资的结余额		

图 4-39　"长期股权投资"账户的结构

4. 明细账户设置

为了详细地反映企业对外长期股权投资的具体情况，该账户应按投资项目设置明细分类账户，进行明细分类核算。

5. 对应账户

企业发生经济业务，借记"长期股权投资"账户时，一般应贷记"银行存款""投资收益"等对应账户；贷记"长期股权投资"账户时，一般应借记"银行存款""投资收益"等对应账户。

（五）"债权投资"账户

1. 账户性质

"债权投资"账户属于资产类账户。

2. 账户用途

该账户用于核算企业对外长期债权投资的增减变动情况。

3. 账户结构

该账户的借方登记企业对外长期债权投资的增加额，贷方登记企业对外长期债权投资的减少额，期末余额在借方，表示期末企业对外长期债权投资的结余额。"债权投资"账户的结构如图 4-40 所示。

借方	债权投资	贷方
期初余额：长期债权投资的结余额		
长期债权投资的增加额	长期债权投资的减少额	
期末余额：长期债权投资的结余额		

图 4-40　"债权投资"账户的结构

4. 明细账户设置

为了详细地反映企业对外长期债权投资的具体情况，该账户应按投资项目设置明细分类账户，进行明细分类核算。

5. 对应账户

企业发生经济业务，借记"债权投资"账户时，一般应贷记"银行存款""投资收益"等对应账户；贷记"债权投资"账户时，一般应借记"银行存款"等对应账户。

（六）"投资收益"账户

1. 账户性质

"投资收益"账户属于损益类账户。

2. 账户用途

该账户用于核算企业对外投资取得的收益或发生的损失的增减变动情况。

3. 账户结构

该账户的贷方登记企业取得的对外投资收益，借方登记企业发生的对外投资损失，期末将投资净收益或投资净损失转入"本年利润"账户后应无余额。"投资收益"账户的结构如图 4-41 所示。

借方	投资收益	贷方
发生的对外投资损失	取得的对外投资收益	
期末转入"本年利润"账户的净收益	期末转入"本年利润"账户的净损失	

图 4-41　"投资收益"账户的结构

4. 明细账户设置

为了详细地反映企业对外投资收益的具体情况，该账户应按投资项目设置明细分类账户，进行明细分类核算。

5. 对应账户

企业发生经济业务，借记"投资收益"账户时，一般应贷记"长期股权投资""本年利润"等对应账户；贷记"投资收益"账户时，一般应借记"银行存款""长期股权投资""应收利息""本年利润"等对应账户。

（七）"应收利息"账户

1. 账户性质

"应收利息"账户属于资产类账户。

2. 账户用途

该账户用于核算企业根据合同或协议规定向债务人收取的利息的增减变动情况。

3. 账户结构

该账户的借方登记应收利息的发生额，贷方登记应收利息的收回额，期末余额在借方，表示期末尚未收回的应收利息额。"应收利息"账户的结构如图 4-42 所示。

借方	应收利息	贷方
期初余额：尚未收回的应收利息额		
应收利息的发生额		应收利息的收回额
期末余额：尚未收回的应收利息额		

图 4-42　"应收利息"账户的结构

4. 明细账户设置

为了详细地反映每笔应收利息的发生和收回的具体情况，该账户应按投资项目设置明细分类账户，进行明细分类核算。

5. 对应账户

企业发生经济业务，借记"应收利息"账户时，一般应贷记"投资收益"等对应账户；贷记"应收利息"账户时，一般应借记"银行存款""库存现金"等对应账户。

（八）"信用减值损失"账户

1. 账户性质

"信用减值损失"账户属于损益类账户。

2. 账户用途

该账户用于核算企业计提各项金融工具信用减值准备所形成的信用损失的增减变动情况。

3. 账户结构

该账户的借方登记企业计提的各项金融工具信用减值损失，贷方登记期末转入"本年利润"账户的信用减值损失，期末结转后该账户无余额。"信用减值损失"账户的结构如图 4-43 所示。

借方	信用减值损失	贷方
计提的各项信用减值损失		转入"本年利润"账户的信用减值损失

图 4-43 "信用减值损失"账户的结构

4. 明细账户设置

为了详细地反映各项金融工具减值损失的发生情况,该账户应按信用减值损失的项目设置明细分类账户,进行明细分类核算。

5. 对应账户

企业发生经济业务,借记"信用减值损失"账户时,一般应贷记"坏账准备""债权投资减值准备""贷款损失准备""合同资产减值准备""租赁应收款减值准备"等对应账户;贷记"信用减值损失"账户时,一般应借记"本年利润"等对应账户。

(九)"坏账准备"账户

1. 账户性质

"坏账准备"账户属于资产类账户,它是"应收账款""应收票据""其他应收款"等账户的备抵调整账户。

2. 账户用途

该账户用于核算企业应收款项计提的坏账准备的增减变动情况。

3. 账户结构

该账户的贷方登记企业计提的坏账准备数,借方登记已确认为坏账损失而予以转销的坏账准备数,期末余额在贷方,表示企业已计提但尚未转销的坏账准备数。"坏账准备"账户的结构如图 4-44 所示。

借方	坏账准备	贷方
转销的坏账准备数		期初余额:已计提但尚未转销的坏账准备数 计提的坏账准备数 期末余额:已计提但尚未转销的坏账准备数

图 4-44 "坏账准备"账户的结构

4. 明细账户设置

为了详细地反映坏账准备的具体情况,该账户应按应收款项的项目设置明细分类账户,进行明细分类核算。

5. 对应账户

企业发生经济业务,贷记"坏账准备"账户时,一般应借记"信用减值损失"等对应账户;借记"坏账准备"账户时,一般应贷记"应收账款""应收票据""其他应收款"等对应账户。

(十)"资产减值损失"账户

1. 账户性质

"资产减值损失"账户属于损益类账户。

2. 账户用途

该账户用于核算企业计提各项有关资产减值准备所形成的资产减值损失的增减变动情况。

3. 账户结构

该账户的借方登记企业计提的各项有关资产减值损失,贷方登记期末转入"本年利润"账户的资产减值损失,期末结转后该账户无余额。"资产减值损失"账户的结构如图4-45所示。

借方	资产减值损失	贷方
计提的各项资产减值损失	转入"本年利润"账户的资产减值损失	

图4-45 "资产减值损失"账户的结构

4. 明细账户设置

为了详细地反映各项资产减值损失的发生情况,该账户应按资产减值损失的项目设置明细分类账户,进行明细分类核算。

5. 对应账户

企业发生经济业务,借记"资产减值损失"账户时,一般应贷记"固定资产减值准备""存货跌价准备""长期股权投资减值准备""投资性房地产减值准备""无形资产减值准备"等对应账户;贷记"资产减值损失"账户时,一般应借记"本年利润"等对应账户。

(十一)"固定资产减值准备"账户

1. 账户性质

"固定资产减值准备"账户属于资产类账户,它是"固定资产"账户的备抵调整账户。

2. 账户用途

该账户用于核算企业固定资产计提减值准备的增减变动情况。

3. 账户结构

该账户的贷方登记企业计提的固定资产减值准备数,借方登记转销的固定资产减值准备数,期末余额在贷方,表示企业已计提但尚未转销的固定资产减值准备数。"固定资产减值准备"账户的结构如图4-46所示。

借方	固定资产减值准备		贷方
转销的固定资产减值准备数	期初余额：已计提但尚未转销的固定资产减值准备数		
	计提的固定资产减值准备数		
	期末余额：已计提但尚未转销的固定资产减值准备数		

图 4-46 "固定资产减值准备"账户的结构

4. 明细账户设置

为了详细地反映固定资产减值准备的具体情况，该账户应按固定资产的项目设置明细分类账户，进行明细分类核算。

5. 对应账户

企业发生经济业务，贷记"固定资产减值准备"账户时，一般应借记"资产减值损失"账户；借记"固定资产减值准备"账户时，一般应贷记"固定资产"账户。

（十二）"营业外收入"账户

1. 账户性质

"营业外收入"账户属于损益类账户。

2. 账户用途

该账户用于核算企业发生的各项营业外收入的增减变动情况。

3. 账户结构

该账户的贷方登记企业已实现的营业外收入，借方登记期末转入"本年利润"账户的营业外收入，期末结转后该账户无余额。"营业外收入"账户的结构如图 4-47 所示。

借方	营业外收入	贷方
转入"本年利润"账户的营业外收入		实现的营业外收入

图 4-47 "营业外收入"账户的结构

4. 明细账户设置

为了详细地反映企业取得的各项营业外收入的具体情况，该账户应按收入项目设置明细分类账户，进行明细分类核算。

5. 对应账户

企业发生经济业务，贷记"主营业务收入"账户时，一般应借记"银行存款""库存现金""固定资产清理"等对应账户；借记"主营业务收入"账户时，一般应贷记"本年利润"等对应账户。

（十三）"营业外支出"账户

1. 账户性质

"营业外支出"账户属于损益类账户。

2. 账户用途

该账户用于核算企业发生的各项营业外支出的增减变动情况。

3. **账户结构**

该账户的借方登记企业实际发生的各项营业外支出，贷方登记期末转入"本年利润"账户的营业外支出，结转后该账户无余额。"营业外支出"账户的结构如图 4-48 所示。

借方	营业外支出	贷方
发生的营业外支出	转入"本年利润"账户的营业外支出	

图 4-48 "营业外支出"账户的结构

4. **明细账户设置**

为了详细地反映企业发生的各项营业外支出的具体情况，该账户应按支出项目设置明细分类账户，进行明细分类核算。

5. **对应账户**

企业发生经济业务，借记"营业外支出"账户时，一般应贷记"银行存款""库存现金""固定资产清理"等对应账户；贷记"营业外支出"账户时，一般应借记"本年利润"等对应账户。

（十四）"盈余公积"账户

1. **账户性质**

"盈余公积"账户属于所有者权益类账户。

2. **账户用途**

该账户用于核算企业盈余公积的形成及其使用的增减变动情况。

3. **账户结构**

该账户的贷方登记企业按规定从净利润中提取的盈余公积数，借方登记企业盈余公积的使用数，期末余额在贷方，表示期末企业盈余公积的结余数。"盈余公积"账户的结构如图 4-49 所示。

借方	盈余公积	贷方
	期初余额：盈余公积的结余数	
盈余公积的使用数	提取的盈余公积数	
	期末余额：盈余公积的结余数	

图 4-49 "盈余公积"账户的结构

4. **明细账户设置**

为了详细地反映盈余公积形成及使用的具体情况，该账户应按盈余公积的种类设置明细分类账户，进行明细分类核算。

5. **对应账户**

企业发生经济业务，贷记"盈余公积"账户时，一般应借记"利润分配"等对应账户；借记"盈余公积"账户时，一般应贷记"实收资本"等对应账户。

（十五）"应付股利"账户

1. 账户性质

"应付股利"账户属于负债类账户。

2. 账户用途

该账户用于核算企业应付给投资者利润的形成及其支付的增减变动情况。

3. 账户结构

该账户的贷方登记应支付给投资者的利润数，借方登记实际支付给投资者的利润数，期末贷方余额表示应付而尚未支付的利润数。"应付股利"账户的结构如图 4-50 所示。

借方	应付股利	贷方
实际支付给投资者的利润数	期初余额：应付但尚未支付的利润数	
	应支付给投资者的利润数	
	期末余额：应付但尚未支付的利润数	

图 4-50　"应付股利"账户的结构

4. 明细账户设置

为了详细地反映应付股利增减变动的具体情况，该账户应按投资者设置明细分类账户，进行明细分类核算。

5. 对应账户

企业发生经济业务，贷记"应付股利"账户时，一般应借记"利润分配"等对应账户；借记"应付股利"账户时，一般应贷记"银行存款""库存现金"等对应账户。

三、财务成果业务的账务处理

下面举例说明企业财务成果业务的账务处理。

东吴工厂 2020 年发生的有关业务如下。

（1）1 月 1 日，东吴工厂以银行存款 1 000 000 元，购买南方公司发行的 3 年期，年利率为 8%，每年年末付息一次到期还本的公司债券。

这项经济业务的发生，一方面使企业债权投资增加了 1 000 000 元，另一方面使企业银行存款减少了 1 000 000 元。因此，这项经济业务涉及"债权投资"和"银行存款"两个账户。债权投资的增加应记入"债权投资"账户的借方，银行存款的减少应记入"银行存款"账户的贷方。其会计分录如下：

　　借：债权投资——南方公司　　　　　　　1 000 000
　　　　贷：银行存款　　　　　　　　　　　　　　1 000 000

（2）12 月 31 日，东吴工厂按规定计算当年实现的公司债券利息 80 000 元，利息尚未收到。

这项经济业务的发生，一方面使企业应收利息增加了 80 000 元，另一方面使企业投资收益增加了 80 000 元。因此，这项经济业务涉及"应收利息"和"投资收益"两个账户。应收利息的增加应记入"应收利息"账户的借方，投资收益的增加应记入"投资收益"账户的贷方。其会计分录如下：

  借：应收利息   80 000
    贷：投资收益   80 000

（3）1月2日，东吴工厂以银行存款 4 000 000 元，向北方公司进行长期股权投资，投资额占北方公司资本总额的 40%。

这项经济业务的发生，一方面使企业长期股权投资增加了 4 000 000 元，另一方面使企业银行存款减少了 4 000 000 元。因此，这项经济业务涉及"长期股权投资"和"银行存款"两个账户。长期股权投资的增加应记入"长期股权投资"账户的借方，银行存款的减少应记入"银行存款"账户的贷方。其会计分录如下：

  借：长期股权投资——北方公司   4 000 000
    贷：银行存款   4 000 000

（4）12月31日，北方公司当年发生亏损 150 000 元，东吴工厂按规定计算当年应承担的投资损失 60 000 元。

这项经济业务的发生，一方面使企业长期股权投资减少了 60 000 元，另一方面使企业投资损失增加了 60 000 元。因此，这项经济业务涉及"长期股权投资"和"投资收益"两个账户。投资损失的增加应记入"投资收益"账户的借方，长期股权投资的减少应记入"长期股权投资"账户的贷方。其会计分录如下：

  借：投资收益   60 000
    贷：长期股权投资——北方公司   60 000

（5）12月10日，东吴工厂以银行存款 4 000 元进行公益性捐赠。

这项经济业务的发生，一方面使企业营业外支出增加了 4 000 元，另一方面使企业银行存款减少了 4 000 元。因此，这项经济业务涉及"营业外支出"和"银行存款"两个账户。营业外支出的增加应记入"营业外支出"账户的借方，银行存款的减少应记入"银行存款"账户的贷方。其会计分录如下：

  借：营业外支出   4 000
    贷：银行存款   4 000

（6）12月20日，东吴工厂收到罚款收入 2 000 元存入银行。

这项经济业务的发生，一方面使企业银行存款增加了 2 000 元，另一方面使企业营业外收入增加了 2 000 元。因此，这项经济业务涉及"银行存款"和"营业外收入"两个账户。银行存款的增加应记入"银行存款"账户的借方，营业外收入的增加应记入"营业外收入"账户的贷方。其会计分录如下：

  借：银行存款   2 000
    贷：营业外收入   2 000

(7) 12月31日，东吴工厂应收账款余额为1 400 000元，预计按5%计提坏账准备。

这项经济业务的发生，一方面使企业信用减值损失增加了70 000元，另一方面使企业坏账准备增加了70 000元。因此，这项经济业务涉及"信用减值损失"和"坏账准备"两个账户。信用减值损失的增加应记入"信用减值损失"账户的借方，坏账准备的增加应记入"坏账准备"账户的贷方。其会计分录如下：

借：信用减值损失　　　　　　　　　　　　　　70 000
　　贷：坏账准备　　　　　　　　　　　　　　　　70 000

(8) 12月31日，东吴工厂按规定计提固定资产减值准备150 000元。

这项经济业务的发生，一方面使企业资产减值损失增加了150 000元，另一方面使企业固定资产减值准备增加了150 000元。因此，这项经济业务涉及"资产减值损失"和"固定资产减值准备"两个账户。资产减值损失的增加应记入"资产减值损失"账户的借方，固定资产减值准备的增加应记入"固定资产减值准备"账户的贷方。其会计分录如下：

借：资产减值损失　　　　　　　　　　　　　　150 000
　　贷：固定资产减值准备　　　　　　　　　　　　150 000

(9) 12月31日，东吴工厂结转本月主营业务收入6 200 000元、其他业务收入93 000元、投资收益20 000元、营业外收入2 000元。

按规定，企业应于期末将有关损益类账户的收入数额，转入"本年利润"账户，以便企业计算利润总额。其会计分录如下：

借：主营业务收入　　　　　　　　　　　　　6 200 000
　　其他业务收入　　　　　　　　　　　　　　93 000
　　营业外收入　　　　　　　　　　　　　　　2 000
　　投资收益　　　　　　　　　　　　　　　　20 000
　　贷：本年利润　　　　　　　　　　　　　　6 315 000

(10) 12月31日，东吴工厂结转本月管理费用30 000元、财务费用16 000元、主营业务成本4 800 000元、销售费用75 000元、税金及附加90 000元、其他业务成本80 000元、营业外支出4 000元、信用减值损失70 000元、资产减值损失150 000元。

按规定，企业应于期末将有关损益类账户的成本、费用和支出数额，转入"本年利润"账户，以便企业计算利润总额。其会计分录如下：

借：本年利润　　　　　　　　　　　　　　　5 315 000
　　贷：主营业务成本　　　　　　　　　　　　4 800 000
　　　　税金及附加　　　　　　　　　　　　　90 000
　　　　其他业务成本　　　　　　　　　　　　80 000
　　　　销售费用　　　　　　　　　　　　　　75 000
　　　　管理费用　　　　　　　　　　　　　　30 000
　　　　财务费用　　　　　　　　　　　　　　16 000

营业外支出	4 000
信用减值损失	70 000
资产减值损失	150 000

（11）12月31日，东吴工厂按25%的税率计算本月应交所得税。本月利润总额为1 000 000（6 315 000 − 5 315 000）元，本月应交所得税为250 000（1 000 000×25%）元。

这项经济业务的发生，一方面使企业所得税费用增加了250 000元，另一方面使企业应交税费增加了250 000元。因此，这项经济业务涉及"所得税费用"和"应交税费"两个账户。所得税费用的增加应记入"所得税费用"账户的借方，应交税费的增加应记入"应交税费"账户的贷方。其会计分录如下：

　　借：所得税费用　　　　　　　　　　　　250 000
　　　　贷：应交税费——应交所得税　　　　　　250 000

（12）12月31日，东吴工厂结转本月所得税费用250 000元。

按规定，企业应于期末将所得税费用转入"本年利润"账户，以便企业计算净利润。其会计分录如下：

　　借：本年利润　　　　　　　　　　　　　250 000
　　　　贷：所得税费用　　　　　　　　　　　　250 000

（13）12月31日，东吴工厂结转全年实现的净利润8 000 000元。

年度终了，企业应将全年实现的净利润转入"利润分配"账户，以供进行利润分配。其会计分录如下：

　　借：本年利润　　　　　　　　　　　　　8 000 000
　　　　贷：利润分配　　　　　　　　　　　　　8 000 000

（14）12月31日，东吴工厂按规定从净利润中提取盈余公积金1 200 000元。

这项经济业务的发生，一方面使企业利润分配增加了1 200 000元，另一方面使企业盈余公积金增加了1 200 000元。因此，这项经济业务涉及"利润分配"和"盈余公积"两个账户。利润分配的增加应记入"利润分配"账户的借方，盈余公积金的增加应记入"盈余公积"账户的贷方。其会计分录如下：

　　借：利润分配　　　　　　　　　　　　　1 200 000
　　　　贷：盈余公积　　　　　　　　　　　　　1 200 000

（15）12月31日，东吴工厂按净利润的60%计算出应付投资者的利润4 800 000元。

这项经济业务的发生，一方面使企业利润分配增加了4 800 000元，另一方面使企业应付利润增加了4 800 000元。因此，这项经济业务涉及"利润分配"和"应付股利"两个账户。利润分配的增加应记入"利润分配"账户的借方，应付利润的增加应记入"应付股利"账户的贷方。其会计分录如下：

　　借：利润分配　　　　　　　　　　　　　4 800 000
　　　　贷：应付股利　　　　　　　　　　　　　4 800 000

第六节 资金退出业务的核算

一、资金退出业务的确认

在生产经营期间,企业所拥有的资金会部分退出企业的生产经营活动。资金退出企业的业务,主要是企业偿付各种负债,包括偿还各种银行借款,缴纳税金,支付应付投资者利润,偿付各种应付账款、应付票据、其他应付款,等等。企业所有者投入企业的资本金,除法律另有规定外,一般不得以任何方式抽走。

二、资金退出业务的账户设置

为了记录资金退出业务,企业应设置"长期借款""短期借款""应付账款""应付票据""应交税费""应付股利""银行存款""库存现金"等账户。上述各有关账户的结构、用途在前面各节中均已介绍,此处不再赘述。

三、资金退出业务的账务处理

下面举例说明企业资金退出业务的账务处理。

东吴工厂 2021 年 1 月发生有关业务如下。

(1) 1 月 8 日,东吴工厂用银行存款缴纳应交税费 250 000 元。

这项经济业务的发生,一方面使企业银行存款减少了 250 000 元,另一方面使企业应交税费减少了 250 000 元。因此,这项经济业务涉及"应交税费"和"银行存款"两个账户。应交税费的减少应记入"应交税费"账户的借方,银行存款的减少应记入"银行存款"账户的贷方。其会计分录如下:

  借:应交税费——应交所得税   250 000
    贷:银行存款   250 000

(2) 1 月 10 日,东吴工厂用银行存款向投资者支付分配的利润 4 800 000 元。

这项经济业务的发生,一方面使企业银行存款减少了 4 800 000 元,另一方面使企业应付利润减少了 4 800 000 元。因此,这项经济业务涉及"应付股利"和"银行存款"两个账户。应付利润的减少应记入"应付股利"账户的借方,银行存款的减少应记入"银行存款"账户的贷方。其会计分录如下:

  借:应付股利   4 800 000
    贷:银行存款   4 800 000

(3) 1月15日,东吴工厂以库存现金归还收取购货单位借用包装物的押金100元。

这项经济业务的发生,一方面使企业库存现金减少了100元,另一方面使企业其他应付款减少了100元。因此,这项经济业务涉及"库存现金"和"其他应付款"两个账户。其他应付款的减少应记入"其他应付款"账户的借方,库存现金的减少应记入"库存现金"账户的贷方。其会计分录如下:

  借:其他应付款   100
    贷:库存现金   100

(4) 1月20日,东吴工厂用银行存款归还银行长期借款100 000元,短期借款50 000元。

这项经济业务的发生,一方面使企业银行存款减少了150 000元,另一方面使企业长期借款减少了100 000元,短期借款减少了50 000元。因此,这项经济业务涉及"长期借款""短期借款""银行存款"三个账户。长期借款和短期借款的减少应分别记入"长期借款"账户和"短期借款"账户的借方,银行存款的减少应记入"银行存款"账户的贷方。其会计分录如下:

  借:长期借款   100 000
    短期借款   50 000
    贷:银行存款   150 000

(5) 1月25日,东吴工厂用银行存款偿还前欠甲企业的应付账款8 000元。

这项经济业务的发生,一方面使企业银行存款减少了8 000元,另一方面使企业应付账款减少了8 000元。因此,这项经济业务涉及"应付账款"和"银行存款"两个账户。应付账款的减少应记入"应付账款"账户的借方,银行存款的减少应记入"银行存款"账户的贷方。其会计分录如下:

  借:应付账款——甲企业   8 000
    贷:银行存款   8 000

本 章 小 结

工业企业生产经营过程的基本经济业务可概括为资金投入业务、供应业务、生产业务、销售业务、财务成果业务和资金退出业务六个方面。通过这六类基本经济业务的核算能说明账户和复式记账的具体运用。

企业资产的来源渠道不外乎两种:一是由企业的所有者提供;二是由企业的债权人提供。企业所有者可以用库存现金、银行存款等以货币形式向企业投入资金,也可以用原材料、固定资产等以实物形式向企业投入资金,还可以用专利、商标等以无形资产形式向企业投入资金。债权人可以以贷款、提供赊销物资等方式向企业投入资金。为了记录资金投入业务，企业应设置"银行存款""实收资本""资本公积""长期借款""短期借款""财务费用""应付利息"等账户。

供应过程就是为生产产品做准备的过程。为了生产产品，企业必须购建厂房和机器设备等固定资产，必须取得专利和商标等无形资产，必须采购各种原材料。企业可以通过外购、自行建造、接受投资等方式取得固定资产，也可以通过外购、自创、接受投资等方式取得无形资产。材料供应业务的具体内容，从材料物资是否验收入库角度来看，有购入材料物资尚在运输途中还未验收入库和购入材料物资已经验收入库之分；从货款结算角度来看，有预付货款但材料尚未购入、材料已经购入且货款已经支付和材料已经购入但货款尚未支付之分。为了记录供应业务，企业应设置"固定资产""无形资产""原材料""在途物资""应付账款""应付票据""预付账款""应交税费——应交增值税"等账户。

产品的生产加工过程也是生产的耗费过程。企业在生产经营过程中发生的费用，可分为直接费用、间接费用和期间费用。直接费用是指企业为生产产品所发生的各项直接支出，包括直接材料费用、直接人工费用。间接费用也称制造费用，是指企业生产车间为生产产品所发生的各项间接支出，包括间接材料费用、间接工资、折旧费和其他间接支出。直接费用和间接费用构成产品的生产成本，也称产品的制造成本。期间费用是指企业在生产经营过程中发生的各种费用，包括管理费用、财务费用和销售费用。为了记录生产业务，反映费用发生、归集和分配情况，企业应设置"生产成本""制造费用""管理费用""其他应收款""应付职工薪酬""累计折旧""累计摊销""库存商品""库存现金"等账户。

在产品的销售过程中，企业按照销售价格向购买单位出售产品，会实现产品销售收入（主营业务收入），同时还应结转产品销售成本（主营业务成本）。另外，为了销售产品，也必然要发生包装、运输、广告等销售费用；此外，还要按照国家税收相关法律法规的规定，计算缴纳消费税、城市维护建设税、教育费附加等相关销售税费。除了产品销售业务外，还有一些其他销售业务，如材料销售和包装物出租等业务。发生这些业务所取得的收入，称为其他业务收入；所发生的成本，称为其他业务成本。为了记录销售业务，反映销售收入的实现和销售成本、销售费用、销售税费的发生情况，企业应设置"主营业务收入""主营业务成本""销售费用""税金及附加""其他业务收入""其他业务成本""应收账款""应收票据""预收账款"等账户。

财务成果业务就是指企业净利润的形成和分配两方面的经济业务。企业的净利润，一般通过以下三个方面实现：营业利润、利润总额和净利润。营业利润是指企业在一定经营期间生产经营活动实现的利润。利润总额是指企业在一定经营期间的营业利润和营业外收支净额的合计数额。净利润是指企业在一定经营期间的利润总额扣除所得税费用后的净额。企业的净利润应按下列顺序进行分配：首先是弥补以前年度的亏损，其次是提取盈余公积，最后是向投资者分配利润。企业的净利润经过上述分配后仍有余额，即为未分配利润。为了记录财务成果的形成和分配情况，企业应设置"本年利润""利润分配""所得税费用""投资收益""营业外收入""营业外支出""盈余公积""应付股利"等账户。

资金退出业务，主要是企业偿付各种负债，包括偿还各种银行借款，缴纳税金，支付应付投资者利润，偿付各种应付账款、应付票据、其他应付款，等等。为了记录资金退出业务，企业应设置"长期借款""短期借款""应付账款""应付票据""应交税费""应付股利""银行存款""库存现金"等账户。

思考题

1. 资金投入业务主要有哪些？
2. 供应业务核算主要应设置哪些账户？
3. 供应业务主要有哪些？
4. "应交税费——应交增值税"账户的结构是怎样的？
5. 生产业务核算主要应设置哪些账户？
6. 生产经营过程主要发生哪些费用？
7. 销售业务核算主要应设置哪些账户？
8. 什么是企业的财务成果？财务成果的构成内容是怎样的？
9. 财务成果业务核算主要应设置哪些账户？
10. "本年利润"账户的结构是怎样的？

第五章 成本计算

通过本章学习，了解并掌握：
1. 成本计算的基本原理；
2. 成本计算的基本程序；
3. 成本计算的基本方法。

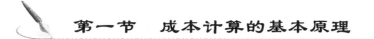

第一节 成本计算的基本原理

一、成本计算的意义

工业企业的生产经营过程，既是产品价值的创造过程，同时也是资金的耗费过程。企业在生产经营活动中必然要发生各种人力、物力和财力的耗费，这些耗费的货币表现称为费用。费用是指企业为销售商品、提供劳务等日常活动所发生的经济利益的流出。费用按照一定对象（如材料、产品等）进行归集和分配，即构成该对象的成本。费用和成本是两个并行使用的概念，两者之间既有联系也有区别。成本是按一定对象所归集的费用，是对象化了的费用。费用是资产的耗费，它与一定的会计期间相联系，但与生产哪一种产品无关；成本与一定种类和数量的产品相联系，但与发生在哪一个会计期间无关。工业企业的生产经营过程一般可分为三个阶段，即供应过程、生产过程和销售过程。在供应过程中所支付的材料买价和采购费用按各种材料进行归集，即构成各种材料的采购成本。在生产过程中所发生的与产品有关的直接费用和间接费用，按各种产品进行归集和分配，即构成各种产品的生产成本（或称制造成本）。在销售过程中，产品销售出去后，这部分已销产品的生产成本，就形成了产品的销售成本。由此可见，成本计算作为会计核算的一种专门方法，主要是指按照一定的对象，采用一定的标准来归集和分配生产经营过程各阶段发生的有关费用，以确定各对象的总成本和单位成本。

成本是反映企业生产经营过程中的实际耗费的指标，它为企业维持简单再生产提出了资金补偿的标准。按照这个标准补偿生产中耗费的资金，就能正常地维持企业简单再生产的顺利进行；倘若不能按照这个标准足额地补偿生产中耗费的资金，必然不能使企业在原有规模上进行再生产。另外，成本也是反映企业在生产、技术、经营管理等方面工作质量的一个综合性指标。

成本计算的意义在于：通过成本计算提供各种实际成本资料，不仅可以正确计算企业盈亏，还可以将实际成本与计划成本或上期实际成本进行比较，了解和分析它们的差异及其原因，以便采取措施和降低成本；通过成本计算，也可以及时地反映生产经营过程中各项费用支出，为制订费用预算和成本计划、进行成本预测和决策等提供可靠依据；通过成本计算确定的产品实际成本，还是制定产品价格的重要依据。因此，成本计算是成本会计的中心内容，它对于企业节约生产费用、降低产品成本、提高经济效益，以及全面开展成本管理工作、提高经营管理水平等具有重要意义。

二、成本计算的一般要求

成本计算是会计核算的一种专门方法，也是现代成本会计学的核心内容。"成本会计学"课程对成本计算有深入、详细的介绍，因此本教材主要侧重阐述成本计算最基本的原理和方法。为正确计算各种成本和充分发挥成本计算的作用，在成本计算工作中应贯彻以下要求。

（一）建立和健全各项原始记录

成本计算的主要依据是企业生产经营活动中形成的原始凭证，如果凭证记录不全或不正确，都会影响成本计算的正确性。因此，企业对于材料物资采购入库和领用、工时消耗、产品完工入库和发出、各种费用支出和分配，均应填制凭证做出真实的记录，以便正确、及时地为成本计算提供所需的原始资料。

（二）加强物资的定额管理和费用的预算管理

企业必须为产品制定既合理又先进的各项消耗定额，据以控制生产耗费，降低产品成本。对于在供、产、销过程中可能发生的各种费用支出，企业都必须编制费用预算，加强对各项费用事前审核控制；对于不符合国家财经制度或者不在企业计划预算内的各项费用开支要加以制止，以便更好地获取经济效益，避免和减少不应有的浪费和损失。

（三）划清各种费用的界限

为了正确地计算成本，提供比较准确的实际成本资料，必须划清以下几方面费用的界限。

1. **划清应计入和不应计入该成本计算对象的费用的界限**

企业的经济活动是多方面的，费用也是多种多样的，不同用途的费用应列入不同的归属。材料采购的费用应由所采购的材料成本负担，产品生产的费用应由产品生产成本负担；产品销售的费用、企业行政管理部门的管理费用、为筹集资金而发生的财务费用，以及与生产经营业务无关的营业外支出都应直接计入当期损益。国家为加强经济管理，统一规定了企业成本开支范围，哪些费用可以计入成本，哪些费用不可以计入成本，企业必须严格遵守，以保证成本计算指标的真实和计算口径的一致。

2. **划清应由本月和不应由本月成本负担的费用的界限**

在实际工作中，往往会发生一些本月已经支付，但应由本月及以后各月负担的费用，这些费用应在以后各月分配计入产品成本；还有一些是本月尚未支付，但已经发生应由本月负担的费用，这些费用应预先提取计入当月成本。正确划分各月费用界限，才能正确计算各月成本。

3. **划清各种成本计算对象的费用的界限**

对于应计入本月成本的费用，凡能分清应由哪个成本计算对象负担的，应直接计入该成本计算对象；凡无法直接分清应由哪个成本计算对象负担的，则要采用既合理又简便的适当的分配方法，计入各成本计算对象。

4. **划清完工产品和在产品的费用的界限**

在月末计算产品成本时，如果某种产品既有完工产品，又有尚在加工中的产品（在产品），就必须选择适当的分配方法，将产品费用在完工产品与在产品之间进行分配，分别计算出完工产品成本和在产品成本，这一内容将在"成本会计学"课程中详细研究。

上述费用界限的划分，都要贯彻受益原则，即谁受益谁负担费用，何时受益何时负担费用。划清了企业各种费用的界限，成本计算的准确性便有了基本保证。

三、成本计算的一般程序

在工业企业生产经营过程中，成本计算方法的确定主要取决于企业的生产特点和管理要求。不同类型的企业、同一企业不同生产经营阶段的成本计算都有其各自的特点，但是在基本内容和操作程序方面有共同之处。成本计算的一般程序如下。

（一）确定成本计算对象

成本计算对象就是指费用的承担者。确定成本计算对象是进行成本计算的前提条件，只有确定了成本计算对象，并按其归集和分配费用，才能计算出各对象的成本。如工业企业在供应过程中应当以材料的品种或类别为成本计算对象，计算材料采购成本；在生产过程中应当以产品的品种为成本计算对象，计算产品生产成本；在销售过程中应当以已销售的各种产品为成本计算对象，计算已出售产品的销售成本。

（二）确定成本计算期

成本计算期是指每隔多长时间计算一次成本。对于生产成本的计算，从理论上讲，成本计算期应当与产品的生产周期相一致，但在实践中成本计算期取决于生产组织的特点和分期考核经营成果的要求。除单件、小批量生产企业能按生产周期确定成本计算期外，绝大多数大批量生产企业的成本计算期都是按月进行的，即以"月"为成本计算期，每月月末计算产品成本。

（三）确定成本项目

成本项目即成本构成内容，也是对应计入成本的费用按其用途进行的分类。为了便于成本分析，计算成本时要按成本项目归集费用，如工业企业产品制造成本一般分为直接材料、直接人工、制造费用等项目。

（四）正确归集和分配各项费用

成本计算的过程实际上是按一定的成本计算对象归集和分配费用的过程，也是正确划分上述四种费用界限的过程。对于应计入成本的费用，也不是都能直接计入各成本计算对象，有些费用与几个对象有关，这时就要按一定的标准在它们之间进行分配，因此，选择合理的分配标准对费用进行归集和分配，是成本计算能否做到基本准确的关键。

（五）设置和登记成本明细账、计算成本并编制成本计算汇总表

成本计算必须按成本计算对象设置成本明细账（在实际工作中称为成本计算单）。根据各种费用发生形成的原始凭证和各种费用分配表，登记成本明细账，月末计算各成本计算对象的成本，最后分别成本项目计算它们的总成本和单位成本，编制成本计算汇总表。

第二节　成本计算的基本方法

产品生产的过程也是生产费用的消耗过程。工业企业生产费用的发生、成本的形成与生产经营过程紧密联系在一起，会计核算是对工业企业生产经营过程中基本经济业务进行确认和记录的过程，也是按一定成本计算对象进行成本计算的过程。成本计算的基本方法实质上是第四章的延续，经济业务确认了，在设置的有关账户上如实做了记录，也就归集了各成本计算对象所应归集的费用，最终计算出各对象的总成本和单位成本。下面以工业企业为例介绍计算材料采购成本、产品生产成本和产品销售成本的主要程序和方法。

一、材料采购成本的计算

（一）材料采购成本计算的一般程序

企业在供应阶段用货币资金购买各种材料物资，主要是为生产做准备。材料成本在产品成本中一般占有较大比重，材料采购费用的节约或超支直接影响产品生产成本水平的高低，因此，在供应阶段对材料采购业务进行核算的同时，还必须正确计算各种材料的采购

成本并随时进行对比分析，这对监督材料物资采购计划的执行，控制材料采购费用的支出，降低产品成本具有很大意义。

材料采购成本的计算就是将供应阶段购入的材料的各种费用，按品种或类别归集和分配，以计算各种采购材料的实际采购总成本和单位成本。材料采购成本计算的一般程序如下：

（1）计算材料采购成本应以材料的品种或类别设置材料采购明细账，即材料采购成本计算单，以便按成本项目归集费用。材料采购成本由材料买价和采购费用组成：材料买价即供应单位的发票价格；采购费用是指采购材料发生的运输费、装卸费、仓储费、保险费，运输途中的合理损耗，入仓库前的挑选、整理、包装等费用以及购入材料应负担的税金等。在材料采购成本明细账中一般按材料买价和采购费用设置成本项目归集费用。

（2）在归集材料采购费用时，凡是能分清应由哪种（或哪类）材料负担的，应当直接计入该材料的采购成本；凡是不能直接计入某种（或某类）材料采购成本的间接费用（如为几种材料共同发生的运杂费），应选择合理的标准分配计入各材料采购成本。分配标准有多种，可以分别不同情况采用按材料重量、体积或买价比例进行分配。材料采购费用的分配公式为：

采购费用分配率＝应分配的采购费用总额÷材料总重量（总体积、买价总额等）

某种材料应分配的采购费用＝该种材料的重量（体积、买价等）×采购费用分配率

（3）月末，计算材料的实际采购成本，编制材料采购计算汇总表。

（二）材料采购成本计算实例

现以东华工厂2021年3月份采购材料的有关资料为例，说明材料采购成本的计算程序。该工厂2021年3月份购入甲、乙两种材料的各项支出如表5-1所示。

表5-1　东华工厂2021年3月份材料采购成本表　　　　　　　　　单位：元

日期	材料名称	重量/千克	单价	买价	运杂费
3月8日	甲	3 600	60	216 000	7 200
3月12日	乙	2 000	40	80 000	2 000
3月26日	甲	1 400	59	82 600	3 300
3月26日	乙	800	40	32 000	
合计				410 600	12 500

根据以上资料，应以甲、乙两种材料为成本计算对象编制成本计算单，分别归集上述费用，其中，3月8日和3月12日购入甲、乙两种材料的买价和采购费用，可以分别直接计入甲、乙材料采购成本计算单的有关成本项目；3月26日一次购入甲、乙两种材料发生的费用中，材料的买价可以分别直接计入甲、乙材料采购成本计算单，对于为两种材料采购共同发生的运杂费3 300元，应按材料重量比例进行分配，计算如下：

分配率＝3 300÷(1 400＋800)＝1.5

甲材料应负担的运杂费＝1 400×1.5＝2 100(元)

乙材料应负担的运杂费＝800×1.5＝1 200(元)

将分配结果分别记入甲、乙材料采购成本计算单,月末计算甲、乙两种材料的实际采购成本,编制甲、乙材料采购成本计算汇总表。甲、乙材料采购成本计算单和采购成本计算汇总表如表 5-2、表 5-3 和表 5-4 所示。

表 5-2 甲材料采购成本计算单

材料名称:甲材料 单位:元

2021 年		摘要	买价		运杂费	合计
月	日		单价	金额		
3	8	购入 3 600 千克买价及运费	60	216 000	7 200	223 200
3	26	购入 1 400 千克买价及运费	59	82 600	2 100	84 700
3	31	实际采购成本		298 600	9 300	307 900

表 5-3 乙材料采购成本计算单

材料名称:乙材料 单位:元

2021 年		摘要	买价		运杂费	合计
月	日		单价	金额		
3	12	购入 2 000 千克买价及运费	40	80 000	2 000	82 000
3	26	购入 800 千克买价及运费	40	32 000	1 200	33 200
3	31	实际采购成本		112 000	3 200	115 200

表 5-4 甲、乙材料采购成本计算汇总表

2021 年 3 月 单位:元

成本项目	甲材料		乙材料	
	总成本	单位成本	总成本	单位成本
买价	298 600	59.72	112 000	40
采购费用	9 300	1.86	3 200	1.14
材料采购成本	307 900	61.58	115 200	41.14

二、产品生产成本的计算

(一)产品生产成本的内容

工业企业在产品生产过程中的耗费主要包括劳动资料、劳动对象和活劳动三要素的耗费:劳动资料的耗费有厂房、建筑物、机器设备等固定资产折旧费,劳动对象的耗费有原材料、辅助材料、燃料等耗费,活劳动方面的费用有职工的工资、奖金等职工薪酬。此外,还有为生产产品而发生的办公费、邮电费、差旅费等支出。

以上各项费用按其经济用途又可分为直接材料费、直接人工费、制造费用和期间费用等。直接材料费是指企业为生产产品而耗用的原材料、辅助材料、燃料、动力等费用。直接人工费是指企业直接从事产品生产的人员的工资、奖金等及按工资总额的一定比例提取的职工福利费。制造费用是指企业为生产产品而发生的各种间接费用,如生产车间或分厂

管理人员的工资、福利费，固定资产折旧费、修理费、保险费，办公费，水电费等。期间费用是指企业日常活动发生的不能计入特定核算对象的成本，而应计入发生当期损益的费用，包括管理费用、财务费用和销售费用。管理费用是指企业行政管理部门为组织和管理生产经营活动而发生的各项费用，如行政管理部门人员的工资、福利费，行政管理部门固定资产折旧费、修理费、保险费，办公费，水电费等。财务费用是指企业为筹集生产经营所需资金而发生的各项费用，包括利息支出（减利息收入）、汇兑净损失及相关的手续费、企业发生的现金折扣或收到的现金折扣等。销售费用是指企业在销售商品和材料、提供服务的过程中发生的各种费用，包括企业在销售商品过程中发生的保险费、包装费、展览费、广告费、商品维修费、预计产品质量保证损失、运输费、装卸费等及为销售本企业商品而专设的销售机构的职工薪酬、业务费、折旧费等经营费用。

现行制度规定产品成本计算采用制造成本法，在制造成本法下，直接材料费、直接人工费和制造费用三项费用构成产品的生产成本即制造成本，并从产品的销售收入中得到补偿。其中，直接材料费和直接人工费是直接为生产产品而发生的费用，称为直接费用；制造费用是为生产产品而发生但与产品生产没有直接联系，称为间接费用。期间费用与产品生产没有关系而是与一定期间有关，容易划清其归属期，因此不能计入产品成本，期间费用的发生额直接从当期损益中抵减。

（二）产品生产成本计算的一般程序

产品生产成本计算和生产过程经济业务核算是同步进行的，生产费用的核算需要设置一系列成本费用账户，发生的费用经过这些账户进行归集和分配，最终计算出各种产品的生产成本。生产过程的复杂性决定了产品生产成本计算是一项非常复杂而细致的工作，具体的程序和方法将在"成本会计学"课程中进一步探讨，这里只阐述成本计算最基本的程序和方法。前述成本计算的一般程序在产品生产成本计算中体现得最为充分，在大量、大批、单步骤生产的企业中，产品生产成本计算的基本程序如下：

1. 以产品品种为成本计算对象设置生产成本明细账和其他成本费用账户

产品生产成本明细账（即成本计算单）中按直接材料、直接人工、制造费用等成本项目设置专栏。

2. 归集和分配各项费用

发生生产费用时先按原始凭证或原始凭证汇总表编制会计分录，再分别登记各成本费用账户，进行费用归集和分配。一般说来，在只生产一种产品的企业里，凡直接费用都能直接计入该种产品生产成本明细账的某个成本项目；在生产多种产品的企业里，直接费用如生产人员的计时工资为几种产品共同耗用时，需要经分配后计入各品种的产品生产成本明细账。至于间接费用，则需要按费用发生的地点设置"制造费用"账户，归集当月发生的各项间接费用，月末采用适当的分配方法，将制造费用分配到各种产品生产成本明细账制造费用这一成本项目；制造费用分配有多种方法，通常采用按生产工时比例或生产人员工资比例进行分配，其计算方法如下：

制造费用分配率 = 间接费用总额 ÷ 生产工时总数或生产人员工资总额
某种产品应负担的制造费用 = 该种产品耗用的生产工时（生产人员工资）数
× 制造费用分配率

3. 月末计算完工产品实际生产成本，编制产品成本计算汇总表

月末若该种产品全部没有完工，生产成本明细账中归集的费用为月末在产品成本；若该种产品全部完工，生产成本明细账中归集的费用即是该种完工产品成本。最后，根据完工产品成本资料编制产品成本计算汇总表，分别成本项目计算各种完工产品的总成本和单位成本，同时按各种产品验收入库数量编制会计分录来转账。

（三）产品生产成本计算实例

从上述可知，产品生产成本计算的过程就是对费用进行不断归集和分配的过程，下面以东吴工厂某生产车间的有关资料为例说明产品生产成本计算中费用归集和分配的程序和方法。

该工厂2021年4月份生产车间制造A产品和B产品，所发生的费用如表5-5所示。

表5-5　东吴工厂2021年4月份产品生产成本表　　　　　　　　单位：元

产品名称	投产数量/台	完工数量/台	直接材料	直接人工	制造费用	费用合计
A产品	1 000	1 000	160 000	80 000	12 700	
B产品	200		50 000	20 000		
合计			210 000	100 000	12 700	322 700

根据以上资料，应以A、B两种产品为成本计算对象设置生产成本明细账，分别登记各项费用。从上述资料可以看出，直接材料和直接人工都能分清各自对应的成本计算对象，应直接计入A、B产品生产成本明细账的有关成本项目；制造费用12 700元是该车间为制造A、B两种产品发生的间接费用，月末要按一定的标准进行分配后，再据以计入A、B产品的生产成本。现假设以生产人员工资比例为分配标准，具体分配计算如下：

制造费用分配率 = 12 700 ÷ (80 000 + 20 000) = 0.127
A产品应负担的制造费用 = 80 000 × 0.127 = 10 160(元)
B产品应负担的制造费用 = 12 700 − 10 160 = 2 540(元)

制造费用的分配，在成本计算对象较多的情况，一般是通过编制制造费用分配表来进行的。其格式如表5-6所示。

表5-6　制造费用分配表

2021年4月　　　　　　　　　　　　　　　　　　　　　　　　　　单位：元

产品名称	分配标准：生产人员工资	制造费用	
		分配率	分配金额
A产品	80 000		10 160
B产品	20 000		2 540
合计	100 000	0.127	12 700

根据制造费用分配表，应做如下会计分录：

借：生产成本　　　　　　　　　　　　　　　12 700
　　——A产品　　　　　　　　　　　　　10 160
　　——B产品　　　　　　　　　　　　　 2 540
　　贷：制造费用　　　　　　　　　　　　　　12 700

根据会计分录，分别登记A、B产品生产成本明细账中制造费用成本项目。经过制造费用的分配，生产成本明细账已经归集了应由本月产品负担的全部生产费用。据提供资料得知，在本月投产的B产品200件全部没有完工尚在制造中，B产品生产成本明细账中归集的72 540元为B产品的在产品成本，即为B产品生产成本明细账户月末余额；A产品1 000件本月全部完工，A产品生产成本明细账中归集的284 840元即为该月完工A产品成本。据以编制如下会计分录：

借：库存商品——A产品　　　　　　　　　　284 840
　　贷：生产成本——A产品　　　　　　　　　 284 840

根据会计分录转账后，A产品生产成本明细账月末无余额。A、B产品生产成本明细账如表5-7和表5-8所示。最后，根据完工产品成本资料编制"产品成本计算汇总表"，计算A产品的总成本和单位成本，如表5-9所示。

表5-7　生产成本明细账

产品名称：A产品　　　　　　　　　　　　　　　　　　　　　　　　　　　　产量：1 000台

2021年		凭证号数	摘要	借方				贷方	余额
月	日			直接材料	直接人工	制造费用	合计		
4	1		期初余额	27 700	6 000	980	34 680		34 680
	6		生产领用材料	160 000			160 000		194 680
	30		生产人员工资		80 000		80 000		274 680
	30		分配制造费用			10 160	10 160		284 840
	30		结转完工成本					284 840	0
	30		本月发生额及月末余额	160 000	80 000	10 160	250 160	284 840	0

表5-8　生产成本明细账

产品名称：B产品　　　　　　　　　　　　　　　　　　　　　　　　　　　　产量：200台

2021年		凭证号数	摘要	借方				贷方	余额
月	日			直接材料	直接人工	制造费用	合计		
4	6		生产领用材料	50 000			50 000		50 000
	30		生产工人工资		20 000		20 000		70 000
	30		分配制造费用			2 540	2 540		72 540
	30		本月发生额及月末余额	50 000	20 000	2 540	72 540	0	72 540

表 5-9 产品成本计算汇总表

2021 年 4 月   单位：元

项目	A 产品	
	总成本（1 000 台）	单位成本
直接材料	187 700	187.70
直接人工	86 000	86.00
制造费用	11 140	11.14
产品生产成本	284 840	284.84

三、产品销售成本的计算

在产品销售过程中，企业为了销售产品要发生各种销售费用，如包装费、运输费、广告费及专设销售机构所发生的费用。这些费用属于期间费用，直接计入当期损益而不计入产品销售成本，因此，产品销售成本即为已出售产品的实际成本，仅包括已出售产品在生产阶段发生的生产费用。从这个意义上讲，已出售产品的制造成本即为已出售产品的销售成本。

当仓库中同一种库存商品只存在一种单价时，产品销售成本可以直接根据产品销售数量与产品单位制造成本相乘计算得到。

$$产品销售成本 = 产品销售数量 \times 产品单位制造成本$$

假定东风工厂 2021 年 5 月份库存商品甲产品共有 100 件，每件产品单位制造成本为 60 元，5 月份销售甲产品 80 件，则 5 月份的产品销售成本为 4 800（80×60）元。

结转已售产品销售成本的会计分录为：

借：主营业务成本——甲产品   4 800
　　贷：库存商品——甲产品   4 800

如果仓库中同一种库存商品存在多种单价，则产品销售成本需要根据具体情况选择使用先进先出法、加权平均法、个别计价法等方法计算。

假定东风工厂 2021 年 5 月份库存商品乙产品共有 200 件，其中，先入库的乙产品 120 件，每件产品单位制造成本为 80 元，后入库的乙产品 80 件，每件产品单位制造成本为 90 元，5 月份销售乙产品 160 件。若采用先进先出法计算产品销售成本，则 5 月份的产品销售成本为 13 200（120×80+40×90）元。

结转已售产品销售成本的会计分录为：

借：主营业务成本——乙产品   13 200
　　贷：库存商品——乙产品   13 200

若采用加权平均法计算产品销售成本，则 5 月份的产品销售成本为 13 440（160×84）元。其中，84 元为乙产品的平均单位制造成本（9 600+7 200）/200。

结转已售产品销售成本的会计分录为：

借：主营业务成本——乙产品　　　　　　　　　　13 440
　　贷：库存商品——乙产品　　　　　　　　　　　13 440

若采用个别计价法计算产品销售成本，5月份销售乙产品160件，单位制造成本80元的乙产品实际销售了110件，单位制造成本90元的乙产品实际销售了50件，则5月份的产品销售成本为13 300（110×80+50×90）元。

结转已售产品销售成本的会计分录为：

借：主营业务成本——乙产品　　　　　　　　　　13 300
　　贷：库存商品——乙产品　　　　　　　　　　　13 300

本章小结

企业在生产经营活动中必然要发生各种人力、物力和财力的耗费，这些耗费的货币表现称为费用。费用按照一定的对象（如材料、产品等）进行归集和分配，即构成该对象的成本。成本计算作为会计核算的一种专门方法，主要是指按照一定的对象，采用一定的标准来归集和分配生产经营过程各阶段发生的有关费用，以确定各对象的总成本和单位成本。

为正确计算各种成本和充分发挥成本计算的作用，在成本计算工作中应贯彻以下要求：建立和健全各项原始记录；加强物资的定额管理和费用的预算管理；划清各种费用的界限，包括：划清应计入和不应计入该成本计算对象的费用的界限，划清应由本月和不应由本月成本负担的费用的界限，划清各种成本计算对象的费用的界限，划清完工产品和在产品的费用的界限。

成本计算的一般程序包括：确定成本计算对象，确定成本计算期，确定成本项目，正确归集和分配各项费用，设置和登记成本明细账、计算成本并编制成本计算汇总表。

材料采购成本的计算就是将供应阶段购入的材料的各种费用，按品种或类别归集和分配，以计算各种采购材料的实际采购总成本和单位成本。在归集材料采购费用时，凡是能分清应由哪种（或哪类）材料负担的，应当直接计入该材料的采购成本；凡是不能直接计入某种（或某类）材料采购成本的间接费用（如为几种材料共同发生的运杂费），应选择合理的标准分配计入各材料采购成本。分配标准有多种，可以分别不同情况采用按材料重量、体积或买价比例进行分配。

产品生产成本的计算就是将生产阶段生产产品发生的各种费用，按品种或类别归集和分配，以计算各种产品的实际生产总成本和单位成本。在只生产一种产品的企业里，凡直接费用都能直接计入该种产品生产成本；在生产多种产品的企业里，直接费用如生产人员的计时工资为几种产品共同耗用时，需要经分配后计入各品种的产品生产成本。至于间接费用，应当采用适当的分配方法，分配计入各种产品生产成本。分配方法有多种，通常采用按生产工时比例或生产人员工资比例进行分配。

思考题

1. 什么是成本计算？为什么要进行成本计算？
2. 成本计算中需要划清哪些费用的界限？
3. 成本计算的基本程序是什么？
4. 采购费用主要有哪些？采购费用如何进行分配？
5. 产品生产成本一般有哪些项目？制造费用如何进行分配？

第六章 会计凭证

学习目的与要求

通过本章学习，了解并掌握：
1. 会计凭证的含义和重要性；
2. 会计凭证的种类及各类凭证之间的关系；
3. 原始凭证的填制和审核要点；
4. 记账凭证的填制和审核要点；
5. 会计凭证的传递和保管要求。

第一节 会计凭证概述

为了保证会计信息的客观真实和可验证性，企业要对发生或完成的每一项经济业务的内容、涉及的数量和金额等做书面记录并形成书面资料，书面资料要有相关方的签名或盖章以明确对该经济业务的真实性和完整性负责，而且所有的书面资料还要经由相关人员审核无误后，才能作为登记账簿的依据。这些书面资料就是本章所要学习的会计凭证。

一、会计凭证的意义

会计凭证是用来记录经济业务，明确经济责任，并作为登记账簿依据的书面证明。

作为会计核算的基本方法之一，填制和审核会计凭证是会计核算的基础工作，是保证会计信息客观、真实的基础环节，因此，客观、准确填制和严格审核会计凭证，对提高会计信息质量、充分发挥会计职能具有重要的意义。

（1）通过会计凭证的填制和审核，可以全面、准确和及时地反映企业日常发生的各项经济业务，为记账提供真实、可靠的数据资料，也为日后的会计分析和会计检查，甚至法律诉讼提供具有法律效力的依据。这就与消费者购买商品时所取得的购货发票的作用一样，不仅可以说明消费者和商家所进行的交易行为，而且也能为日后可能出现的纠纷提供具有法律效力的书面依据。

（2）通过会计凭证的填制和审核，可以检查和监督企业经济活动的合法性和合理性，充分发挥会计的监督职能，从而可以规范企业的经济活动，保证国家财经法纪的贯彻执行，保护企业财产的安全，使企业财产得到合理有效的使用，提高经营活动的合理性和效益性。

（3）通过会计凭证的填制和审核，可以加强企业内部的经济责任，明确有关人员在办理经济业务过程中所应承担的责任，从而可以促使他们严格按照有关财经法纪、制度、计划和预算等办理经济业务。同时，如果出现违法乱纪的行为或其他问题，也便于查清有关人员的责任，落实经济责任制。

会计凭证可以是纸质形式的，也可以是电子形式的。根据我国2016年1月1日开始施行的《会计档案管理办法》，只要能同时满足该办法第八条规定的条件，单位内部形成的属于归档范围的电子会计资料可仅以电子形式保存，同时单位从外部接收的电子会计资料附有符合国家规定的电子签名的，也可仅以电子形式归档保存。这些电子会计资料包括会计凭证、会计账簿、财务会计报告及其他会计资料。

在此基础上，为适应电子商务、电子政务的不断发展，2020年3月开始施行的《关于规范电子会计凭证报销入账归档的通知》，进一步规范了各类电子会计凭证的报销入账归档。这里的电子会计凭证，是指单位从外部接收的电子形式的各类会计凭证，包括电子发票、财政电子票据、电子客票、电子行程单、电子海关专用缴款书、银行电子回单等电子会计凭证。这些电子会计凭证只要来源合法、真实，就与纸质会计凭证具有同等法律效力，同时在满足相关条件时，单位可以仅使用电子会计凭证进行报销入账归档。如果单位以电子会计凭证的纸质打印件作为报销入账归档依据的，必须同时保存打印该纸质件的电子会计凭证。

二、会计凭证的种类

会计凭证按其填制程序和用途不同，可分为原始凭证和记账凭证两大类。

（一）原始凭证

原始凭证也称单据，是在经济业务发生或完成时取得或填制的，用来载明经济业务的具体内容，明确经济责任，并具有法律效力的书面证明。

原始凭证是进行会计核算工作的原始资料和重要依据，因此，正确填制原始凭证是保证账簿记录能够如实反映企业经济活动的关键。

原始凭证可按不同的标志进行分类。

1. 按其取得来源不同，可分为自制原始凭证和外来原始凭证

（1）自制原始凭证是本单位经办业务的人员，在执行和完成某项经济业务时填制的原始凭证。例如，企业仓库保管人员在材料验收入库时填制的收料单、领用材料时填制的领料单、企业对外销售商品开具给其他单位或个人的增值税专用发票或普通发票、产品完工入库时填制的产品入库单、结算职工工资时填制的工资结算单，等等。图6-1和图6-2分别列示了常见的自制原始凭证收料单和领料单。

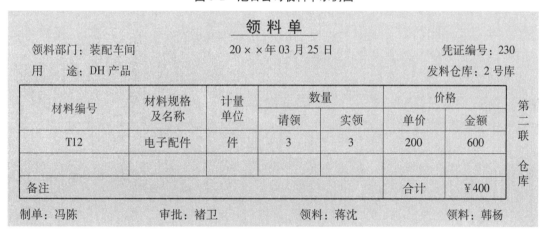

图6-1　旭日公司收料单示例图

图6-2　旭日公司领料单示例图

（2）外来原始凭证是本单位在经济业务发生或完成时，直接取得的由外单位填制的原始凭证。例如，企业购买材料从供货商取得的增值税专用发票或普通发票、银行回单、职工出差报销的火车票，等等。图6-3、图6-4和图6-5分别列示了收费公路通行费财政票据（电子）、增值税电子专用发票和增值税电子普通发票。

收费公路通行费财政票据(电子)

票据代码:　　　　　　　　　　　　　　　　票据号码:　　　二维码
交款人统一社会信用代码:　　　　　　　　　校 验 码:
交款人:　　　　　　　　　　　　　　　　　开票日期:

项目编码	项目名称	单位	数量	标准	金额(元)	备注
金额合计(大写)				(小写)		
其他信息						

收款单位(章):　　　　　　　　复核人:　　　　　　收款人:

图6-3　收费公路通行费财政票据示例图

××增值税电子专用发票

发票代码:
发票号码:
开票日期:
机器编号:　　　　　　　　　　　　　　　　校 验 码:

购买方	名　　称: 纳税人识别号: 地 址、电 话: 开户行及账号:					密码区	
项目名称	规格型号	单位	数 量	单 价	金 额	税率	税 额
合　　计							
价格合计(大写)					(小写)		
销售方	名　　称: 纳税人识别号: 地 址、电 话: 开户行及账号:					备注	

收款人:　　　　　　复核:　　　　　　开票人:

图6-4　增值税电子专用发票示例图

××增值税电子普通发票

发票代码：
发票号码：
开票日期：
校验码：

机器编号：

购买方	名称： 纳税人识别号： 地址、电话： 开户行及账号：	密码区					
货物或应税劳务、服务名称	规格型号	单位	数量	单价	金额	税率	税额
合计							
价格合计（大写）					（小写）		
销售方	名称： 纳税人识别号： 地址、电话： 开户行及账号：	备注					

收款人： 复核： 开票人： 销售方：（章）

图6-5 增值税电子普通发票示例图

2. 按其填制的手续和内容不同，可分为一次凭证、累计凭证和汇总凭证

（1）一次凭证是指在经济业务发生或完成后，一次性填写完毕，只记录一笔经济业务的原始凭证。绝大多数的原始凭证是一次凭证，特别是外来原始凭证都是一次凭证。上文列示的图6-1至图6-5都是一次凭证。

（2）累计凭证是指经多次填制手续完成的原始凭证，用于反映一定期间多次发生的同类经济业务。采用累计凭证，可以在一张凭证上连续记录某段期间的同类经济业务，不但可以简化核算手续，减少凭证数量，也便于汇总数据，并与有关指标做比较，有利于对该类经济业务的管理和控制。最典型的累计凭证是限额领料单，其一般格式如图6-6所示。

限额领料单

领料部门：一车间　　　　凭证编号：025

用　　途：甲产品　　20××年05月　　发料仓库：1号仓库

材料类别	材料编号	材料名称及规格	计量单位	领用限额	实际领用	单价	金额	备注
原材料	323	角钢40×4mm	千克	2 100		3.80		
日期	请领		实发			限额结余	退库	
	数量	领料单位盖章	数量	发料人	领料人		数量	退库单编号
08	300		300			1 800		
12	800		800			1 000		
…	…		…			…		
合计								

供应部门负责人：王二　　生产部门负责人：张三　　仓库负责人：李四

图6-6 旭日公司限额领料单示例图

（3）汇总凭证是定期根据若干张反映同类经济业务的原始凭证编制而成的一种原始凭证汇总表，其作用是简化编制记账凭证和登记账簿的手续，提高会计核算工作的效率，使核算资料更为系统化和条理化。

常见的汇总原始凭证主要有发出材料汇总表、工资结算汇总表和差旅费报销单等。如企业在月末可根据当月的若干张领料单进行汇总，编制当月发出材料汇总表，如图6-7所示。

发出材料汇总表

20××年06月　　　　　　　　　　单位：元

会计科目	领料部门	原材料	燃料	辅助材料	合计
生产成本（基本生产成本）	一车间	40 000	15 000	1 000	56 000
	二车间	50 000	20 000		70 000
	小计	90 000	35 000	1 000	126 000
生产成本（辅助生产成本）	机铸车间	20 000	1 000		21 000
	机钳车间	25 000	1 500		26 500
	小计	45 000	2 500		47 500
制造费用	一车间	2 000		1 000	3 000
	二车间	2 500		1 500	4 000
	小计	4 500		2 500	7 000
	合计	139 500	37 500	3 500	180 500

会计主管：朱秦　　　　　　　复核：尤许　　　　　　　制表：何吕

图6-7　旭日公司发出材料汇总表示例图

3. 按其格式不同，可分为通用凭证和专用凭证

（1）通用凭证是由有关部门统一印制、在一定范围内使用的具有统一格式和使用目的的原始凭证。这里的一定范围，可以是全国范围，也可以是某省、某市、某地区或某系统，如由银行统一印制的支票、国家税务总局统一印制的增值税专用发票等，上文列示的图6-3、图6-4和图6-5就是常见的通用凭证。

（2）专用凭证是指由单位自行印制，仅在本单位内部使用的原始凭证，如差旅费报销单、领料单、入库单、折旧计算表等，上文列示的图6-1和图6-2就是单位内部使用的专用凭证。

原始凭证除了以上分类外，还可以按其反映的经济业务类别进行分类，如记录货币资金收付业务的，记录材料、产成品出入库的，记录产品生产费用的发生和分配情况的，等等。

要注意的是，尽管按不同的标志可以把原始凭证分为若干类，但是它们之间是相互交叉的，如同一张原始凭证"收料单"，它既是自制原始凭证，又是一次凭证和专用凭证，还是出入库业务凭证，因此原始凭证的分类是相对的。

此外，在实际工作中，有一些单证、合同也反映企业的经济活动，如销售合同、材料申购单、车间派工单等，但它们反映的是预期的或即将要开展的经济业务，而原始凭证应反映的是企业已经完成或已经执行的经济业务，因此，这些单证、合同都不是原始凭证，不能作为会计核算的依据。

（二）记账凭证

记账凭证又称记账凭单，是会计人员根据审核无误的原始凭证，按照原始凭证所反映的经济业务确定会计分录，并据以填制的书面凭证。

填制记账凭证的核心是要在记账凭证上填写会计分录。记账凭证所提供的是已经进行了复式记账加工后的信息，因此记账凭证是登记账簿的直接依据。

需要注意原始凭证和记账凭证虽然都是会计凭证，但它们既有联系又有区别。原始凭证直接反映了企业已发生的经济业务，但所提供的资料尚未进行复式记账加工；而记账凭证是会计人员对原始凭证上记录的内容进行分析和判断，并根据借贷记账法编制会计分录而形成的，是登记账簿的直接依据。

记账凭证可按不同标志进行分类。

1. 按其反映的经济内容不同，可分为收款凭证、付款凭证和转账凭证

（1）收款凭证是用于记录库存现金和银行存款收款业务的记账凭证，是登记库存现金日记账、银行存款日记账及相关分类账等的依据。根据借方科目，它还可以进一步细分为库存现金收款凭证和银行存款收款凭证，以分别反映库存现金收款业务和银行存款收款业务。收款凭证的一般格式如图 6-8 所示。

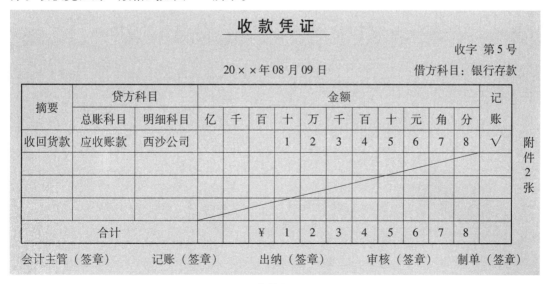

图 6-8　收款凭证示例图

（2）付款凭证是用于记录库存现金和银行存款付款业务的记账凭证，是登记库存现金日记账、银行存款日记账及相关分类账等的依据。根据贷方科目，它还可以进一步细分为库存现金付款凭证和银行存款付款凭证，以分别反映库存现金付款业务和银行存款付款业务。付款凭证的一般格式如图6-9所示。

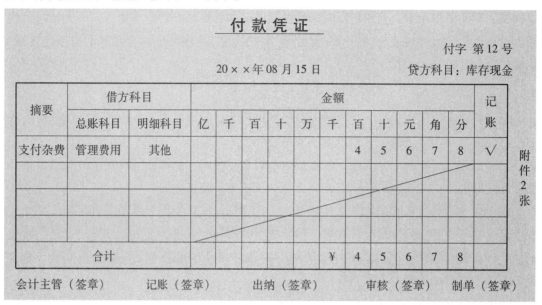

图6-9　付款凭证示例图

（3）转账凭证是用于记录与库存现金或银行存款收付无关的经济业务的记账凭证，也就是在该类经济业务发生时不需要收付库存现金或银行存款。转账凭证的一般格式如图6-10所示。

转账凭证

20××年08月15日　　　　　　　　　　转字 第 1 号

摘要	会计科目	明细科目	借方金额									贷方金额									记账
	总账科目		亿	千	百	十	万	千	百	十	元	角	分	亿	千	百	十	万	千	百	十	元	角	分	
领用材料	生产成本	甲产品					3	4	5	6	7	8													√
	原材料	A材料																3	4	5	6	7	8	√
合计			¥				3	4	5	6	7	8						3	4	5	6	7	8	

附件 2 张

会计主管（签章）　　　记账（签章）　　　出纳（签章）　　　审核（签章）　　　制单（签章）

图 6-10　转账凭证示例图

当然，企业也可以不区分经济业务的内容，如规模较小、经济业务较少的企业就可以采用统一的凭证格式，即通用记账凭证，其格式与上述转账凭证的格式类似，只是名称为记账凭证，凭证编号可以按记字第 n 号的方式编写，如记字第 1 号。

2. 按其填制方式不同，可分为复式记账凭证和单式记账凭证

（1）复式记账凭证是将一项经济业务所涉及的应借和应贷的会计科目，集中填制在一起的记账凭证，即在一张记账凭证上填制一项经济业务相关的会计分录。

其优点是在一张凭证上可以集中反映一项经济业务所涉及的应借和应贷的科目对应关系，便于了解有关经济业务的全貌，也便于查账，且填写方便，附件集中。其缺点是不便于分工记账，不便于汇总计算每一会计科目的当期发生额。

实际工作中广泛使用复式记账凭证，前文所述的收款凭证、付款凭证、转账凭证和通用记账凭证均属于复式记账凭证。

（2）单式记账凭证是按照一项经济业务所涉及的各个会计科目，分开单独填制的记账凭证，即在一张记账凭证上只填制一个会计科目。而凭证中填写的对应科目仅做参考，不据以记账。填列借方科目的称为借项记账凭证，填列贷方科目的称为贷项记账凭证。

采用单式记账凭证，优点是便于按每个会计科目汇总其借方发生额和贷方发生额，也便于分工记账。但缺点是不能在一张凭证中反映一项经济业务的全貌及账户的对应关系，不便于查账，同时凭证数量多，填制工作量相应也大。单式记账凭证的一般格式如图 6-11 和图 6-12 所示（为简便计，下列凭证省略金额栏的数位）。

单式记账凭证（借项）

20××年09月09日　　　　　　　　　　第 8 $\frac{1}{2}$ 号

摘要	总账科目	明细科目	金额	记账
收回货款	银行存款	××银行	5 000	√
对应科目：应收账款	合计		￥5 000	

会计主管（签章）　　记账（签章）　　出纳（签章）　　审核（签章）　　制单（签章）

附件 2 张

图 6-11　单式记账凭证（借项）示例图

单式记账凭证（贷项）

20××年09月09日　　　　　　　　　　第 8 $\frac{2}{2}$ 号

摘要	总账科目	明细科目	金额	记账
收回货款	应收账款	南沙公司	5 000	√
对应科目：银行存款	合计		￥5 000	

会计主管（签章）　　记账（签章）　　出纳（签章）　　审核（签章）　　制单（签章）

附件 2 张

图 6-12　单式记账凭证（贷项）示例图

第二节 原始凭证的填制和审核

经济业务的内容是多种多样的,因此记录经济业务的各种原始凭证所包括的具体内容也就不可能完全相同,并且具有不同的格式和特点。比如,收料单记录的是某种材料收入仓库的数量和成本,而领料单记录的则是因某种需要领用某种材料的数量和成本,两者所反映的内容及格式显然是有差异的,但是它们在基本内容要素、书写的格式和审核方面的要求上是一样的。

一、原始凭证的填制

(一) 原始凭证的基本内容

无论什么样的原始凭证,它们都必须具备能够说明经济业务完成情况和相关人员经济责任的若干要素,一般应具备下列基本内容:

(1) 原始凭证的名称。如收据、增值税专用发票、领料单等,这些名称能基本反映该凭证所代表的经济业务的类型。

(2) 原始凭证填制的日期。一般情况下它应该是经济业务发生时的日期,对少数不能及时填制凭证的经济业务,也应在经济业务发生后尽快填制完毕。

(3) 接受原始凭证的单位名称。

(4) 经济业务内容。原始凭证必须填列经济业务所涉及的数量、单价和金额等信息,这是全面完整反映经济业务所必需的,特别是金额,如果缺少这一项,单证就不能作为原始凭证用于记账。

(5) 经办人员的签名或者盖章。包括外单位或者本单位内部有关经办人员的签章,这也是明确经办人员责任所必需的。

(6) 填制原始凭证的单位名称及签章。

实际工作中,根据经营管理和特殊业务的需要,除上述基本内容外,可以增加必要的内容。

(二) 原始凭证的填制要求

原始凭证是用于记录和反映企业经济活动的最直接的载体,因此,填制原始凭证就是按照经济业务发生或完成的实际情况,在规定的凭证中进行记录。无论原始凭证格式、种类如何,原始凭证的填制都必须满足以下要求。

1. 真实准确、填制及时

原始凭证上所填写的内容,必须与实际情况完全相符,不允许弄虚作假、歪曲事实,不允许涂改、挖补，凭证中有关数字的计算也必须准确无误。同时，要根据经济业务的执行和完成情况，及时填制原始凭证，并按规定程序及时送交会计部门。

2. 内容完整、手续齐备

经济业务的完成情况要按照规定的凭证格式和内容，逐项填写齐全，不得遗漏或省略，并且凭证传递的手续必须齐备，有关人员的签章也必须齐全。

3. 书写规范、连续编号

原始凭证中的书写要字迹端正、易于辨认，数字书写要符合会计上的技术要求。原始凭证要分类按顺序编号，填写时应依次使用，如有跳号，应加盖"作废"戳记，不得撕毁。

在填制原始凭证时不仅要满足上述要求，还要特别注意以下几个方面：

（1）从外单位取得的原始凭证，必须盖有填制单位的公章；从个人取得的原始凭证，必须有填制人员的签名或者盖章；自制原始凭证必须有经办单位相关负责人或者其指定的人员的签名或者盖章；对外开出的原始凭证，必须加盖本单位公章。所谓公章，是指具有法律效力和规定用途，能够证明单位身份和性质的印鉴，如财务专用章、发票专用章、业务公章、收款专用章或结算专用章等。

（2）购买实物的原始凭证，必须有验收证明。对于需要入库的实物，必须填写入库验收单，由仓库保管员按照采购计划或购货合同验证后，在入库验收单上如实填写实收数额，并签章。对于不需要入库的实物，由经办人员在凭证上签章后，必须交由实物的保管人员或使用人员验收，并由验收人员在凭证上签章。经过购买人员以外的第三者查实核对后，会计人员才能据以做进一步的会计处理。支付款项的原始凭证，必须有收款单位和收款人的收款证明。出纳人员在办理收款或付款业务后，应在相关原始凭证上加盖"收讫"或"付讫"戳记。

（3）发生销货退回的，除填制退货发票外，还必须有退货验收证明；退款时，必须取得对方的收款收据或者汇款银行的凭证，不得以退货发票代替收据。在实际工作中，有的单位发生销售退回时，对收到的退货没有验收证明，造成退货流失；办理退款时仅以所开出的红字发票的副本作为本单位退款的原始凭证，既不经过对方单位盖章收讫，也不附对方单位的收款收据，这样处理容易发生舞弊行为。

（4）职工公出借款的凭据，必须附在记账凭证之后。职工公出借款时，应由本人按照规定填制借款单，由所在单位负责人或者其授权的人员审核并签章，然后办理借款。由此形成的借款收据是办理有关会计手续、进行相应会计核算的依据。收回借款时，应当另开收据或者退还借据副本，不得退还原借款收据，以保证会计资料的完整性。

（5）经上级有关部门批准的经济业务，应当将批准文件作为原始凭证附件；如果批准文件需要单独归档，应当在凭证上注明批准机关名称、日期和文件字号。

（6）凡填有大写和小写金额的原始凭证，大写和小写金额必须相符。一式几联的原始凭证，应当注明各联的用途，只能将一联作为报销凭证。作废时，应当加盖"作废"戳记，妥善保存，不得撕毁。

（7）原始凭证不得涂改、刮擦和挖补。如果原始凭证金额有错误，应当由出具单位重开，不得在原始凭证上更正。除此之外的错误，应当由出具单位重开或者更正，更正处应当加盖出具单位印章。

（8）凭证中的阿拉伯数字应当一个一个地写，不得连笔写。阿拉伯数字金额前面应当书写货币币种符号，或者货币名称简写和币种符号。币种符号与阿拉伯数字金额之间不得留有空白。凡阿拉伯数字前写有币种符号的，数字后面不再写货币单位。所有以元为单位（或其他货币种类为货币基本单位，下同）的阿拉伯数字，除表示单价等情况外，一律填写到角分；无角分的，角位和分位可写"00"，或者符号"—"；有角无分的，分位应当写"0"，不得用符号"—"代替。

汉字大写数字金额如零、壹、贰、叁、肆、伍、陆、柒、捌、玖、拾、佰、仟、万、亿等，一律用正楷或者行书体书写，不得用0、一、二、三、四、五、六、七、八、九、十等简化字代替，不得任意自造简化字。汉字大写数字金额到元或者角为止的，在"元"或者"角"字之后应当写"整"或者"正"字；汉字大写数字金额有分的，分字后面不写"整"或者"正"字。汉字大写数字金额前未印有货币名称的，应当加填货币名称，货币名称与汉字大写数字金额之间不得留有空白。阿拉伯数字金额中间有"0"时，汉字大写数字金额要写"零"字；阿拉伯数字金额中间连续有几个"0"时，汉字大写数字金额中可以只写一个"零"字；阿拉伯数字金额元位是"0"，或者数字中间连续有几个"0"、元位也是"0"但角位不是"0"时，汉字大写数字金额可以只写一个"零"字，也可以不写"零"字。

（9）原始凭证遗失处理。按照规定，从外单位取得的原始凭证如有遗失，应当取得原出具单位盖有公章的证明，并注明原来凭证的号码、金额和内容等，或者根据原始凭证的存根复印一份，由经办单位会计机构负责人、会计主管人员和单位负责人批准后，才能代作原始凭证。如果确实无法取得证明的，如火车、轮船、飞机票等凭证，由当事人写出详细情况，再由经办单位会计机构负责人、会计主管人员和单位负责人批准后，代作原始凭证。

二、原始凭证的审核

为了保证会计信息的真实和完整，有效发挥会计的监督职能，会计机构、会计人员必须按照国家统一的会计制度的规定对原始凭证进行审核。只有审核合格的原始凭证才能作为进一步记账的依据。

对原始凭证的审核，主要包括以下内容。

1. 审核原始凭证的真实性

这主要是审核原始凭证本身及原始凭证上填写的内容是否真实，如业务内容是否属实，数据是否真实，相关签章是否真实，等等。

2. 审核原始凭证的合法性、合理性

这主要是审核原始凭证所反映的经济业务是否符合有关法律法规、合同、预算和计划等；是否符合规定的审批权限和手续；是否符合提高经济效益的要求，有无扩大成本费用开支范围的情况；等等。

3. 审核原始凭证的完整性

这主要是审核原始凭证的基本要素是否齐备，如凭证内容是否填写齐全，数据是否有遗漏，相关人员及单位是否都已签章，等等。

4. 审核原始凭证的正确性

这主要是审核原始凭证各项内容的填写是否正确，如金额的计算及填写是否正确，相关单位和人员的名称是否准确，等等。

在审核原始凭证后，会计人员对符合规定的凭证，应当及时办理随后各项必要的手续；对不真实、不合法的原始凭证有权不予接受，并向单位负责人报告；对记载不准确、不完整的原始凭证予以退回，并要求按照有关规定更正、补充。

原始凭证的审核，是一项十分细致严肃的工作，经济工作中的许多问题往往也是通过对原始凭证的审核才被发现的。而要做好原始凭证的审核工作，就要求会计人员必须熟悉国家财经法纪、本单位的规章制度、合同、预算、计划等的规定，全面了解本单位业务经营状况，只有这样，会计人员才能及时确定原始凭证的内容是否准确、完整、真实、合法、合理，从而更好地发挥会计监督的作用。

第三节 记账凭证的填制和审核

记账凭证也各有不同，但在填制和审核上的要求也是一致的，这些要求可以保证对经济业务进行的核算是真实可靠、准确完整和可验证的。

一、记账凭证的填制

（一）记账凭证的基本内容

为了便于系统地登记账簿，保证账簿记录的正确性，记账凭证无论反映何类经济业务，都应具备以下内容：

（1）记账凭证的名称。记账凭证的名称随会计主体所采用的凭证类型的不同而不同，如采用通用记账凭证，则名称为记账凭证，如采用三种格式的，则名称为收款凭证、付款凭证和转账凭证。

（2）填制凭证的日期及凭证编号。

（3）经济业务内容摘要。一般只需简明、扼要说明经济业务的内容即可。

(4) 应借、应贷的会计科目及金额。

(5) 所附原始凭证张数。

(6) 填制凭证人员、记账人员、审核人员、会计机构负责人或会计主管人员的签章。收款凭证和付款凭证还应当有出纳人员的签章。

(7) 记账标记。在记账凭证登记入账后，可以标注"√"或账页数，从而防止遗漏或重复登记入账。

(二) 记账凭证的填制要求

记账凭证的填制也应做到真实可靠、内容完整、填写及时和书写清楚，此外在填制记账凭证时要遵守以下要求：

(1) 记账凭证可以根据每一张原始凭证填制，或者根据若干张同类原始凭证汇总填制，也可以根据原始凭证汇总表填制，但不得将不同内容和类别的原始凭证汇总填制一张记账凭证。

(2) 必须根据有关经济业务的内容，正确填写应借、应贷的总分类科目和明细科目，不得随意改变科目名称和核算内容。使用的记账凭证格式应相对稳定，特别是在同一会计年度内，不宜随意更换，以免引起编号、装订、保管方面的不便和混乱。

(3) 记账凭证上的日期就是填制凭证当天的日期，也可根据管理需要填写经济业务发生的日期或月末日期。例如，报销差旅费的记账凭证，填写报销当日的日期；收付库存现金记账凭证，填写收付库存现金当日的日期；银行存款收款凭证，一般按会计部门收到银行进账单或银行回执的戳记日期填写；当实际收到银行存款的日期与银行进账单上的日期相隔较远时，或者当日收到上月的银行进账单，则按会计部门实际办理该业务的日期填写；银行存款付款凭证，一般以会计部门开出银行付款单据的日期或承付日期填写；属于计提和分配费用，结转收入、成本和利润等的转账业务，应以月末日期填写（尽管需要到下月才能进行填制）。

(4) 填制记账凭证时，应当对记账凭证进行连续编号。如果企业是采用通用记账凭证，统一连续编号即可，如第3号或者记字第3号。如果企业是采用收款凭证、付款凭证和转账凭证，则应用不同的字号加以区别，如收字第3号、付字第3号和转字第3号。如果企业库存现金和银行存款收付业务较多，为便于后续汇总和管理，也可以将收款凭证按照借方科目分别编号，如银收字第3号和现收字第3号；将付款凭证根据贷方科目分别编号，如银付字第3号和现付字第3号。

另外，如果一笔经济业务需要填制两张及以上记账凭证的，可以采用分数编号法编号。比如，当月发生的第6笔经济业务，需要填制三张转账凭证，则这三张关联的转账凭证可分别编号为转字$6\frac{1}{3}$号，转字$6\frac{2}{3}$号，转字$6\frac{3}{3}$号，这样通过分数编号就将这三张凭证联系在一起了。

无论采用哪种编号方法，每月都要从第1号编起，按顺序一直编到月末，不允许出现漏号、重号和错号，并应在每月最后一张记账凭证的编号旁加注"全"字，以便核查该月的记账凭证有无散失。

（5）除结账和更正错误的记账凭证可以不附原始凭证外，其他记账凭证必须附原始凭证。如果一张原始凭证涉及几张记账凭证，可以把原始凭证附在一张主要的记账凭证后面，并在其他记账凭证上注明附有该原始凭证的记账凭证的编号或者附上原始凭证复印件。

一张原始凭证所列支出需要几个单位共同负担的，应当按照其他单位负担的部分，开给对方原始凭证分割单，以便进行结算。原始凭证分割单必须具备原始凭证的基本内容：凭证名称、填制凭证日期、填制凭证单位名称或者填制人姓名、经办人的签名或者盖章、接受凭证单位名称、经济业务内容、数量、单价、金额和费用分摊情况等。

（6）如果在填制记账凭证时发生错误，应当重新填制。已经登记入账的记账凭证，在当年内发现填写错误时，可以用红字填写一张与原内容相同的记账凭证，在摘要栏注明"注销某月某日某号凭证"字样，同时再用蓝字重新填制一张正确的记账凭证，注明"订正某月某日某号凭证"字样。如果只是金额错误而会计科目等没有错误，也可以将正确数字与错误数字之间的差额，另编一张调整的记账凭证，调增金额用蓝字，调减金额用红字。发现以前年度记账凭证有错误的，这属于以前年度差错更正，应当用蓝字填制更正的记账凭证。

（7）记账凭证填制完成后，如有空行，应当自金额栏最后一笔金额数字下的空行处至合计数上的空行处画线注销，可以画斜线或"S"形线注销。

（8）填制记账凭证，字迹必须清晰、工整，数据填写要规范，其要求同原始凭证。

（三）收款凭证、付款凭证和转账凭证的填制方法

（1）收款凭证是根据有关库存现金和银行存款收款业务的原始凭证填制的，因此会计分录的借方科目为库存现金或者银行存款，该借方科目就填写在收款凭证的右上角。与之对应的贷方科目则填写在贷方科目栏内，有明细科目的要填写明细科目，金额栏应填写该笔库存现金或银行存款的增加金额。在摘要栏中填写经济业务的简要说明，附件张数填写记账凭证后所附的原始凭证张数，凭证最下方应由相关人员签章。在该记账凭证登记入账后，应在记账栏内注上"√"标记，以防止漏记或重记。填写示例如图6-8所示。

（2）付款凭证是根据有关库存现金和银行存款付款业务的原始凭证填制的，因此会计分录的贷方科目为库存现金或者银行存款，该贷方科目就填写在付款凭证的右上角。与之对应的借方科目则填写在借方科目栏内，金额栏应填写该笔库存现金或银行存款的减少金额。其他内容的填制方法与收款凭证相同。填写示例如图6-9所示。

需要注意的是，对于库存现金和银行存款之间相互划转的业务，为避免在登记账簿时出现重复记账，应该只填制一张记账凭证，一般惯例是填制付款凭证，而不再填制收款凭证。例如，将库存现金存入银行，就按贷方科目"库存现金"填制一张付款凭证即可；同样的道理，从银行提取现金，就按贷方科目"银行存款"填制一张付款凭证即可。

（3）转账凭证是根据不涉及库存现金和银行存款的转账业务的原始凭证填制的。其会计科目栏内分别填写借方科目和贷方科目，并且借方科目填写在上。借方、贷方应记的金额分别填在借方、贷方金额栏内，并且借方金额栏合计数与贷方金额栏合计数应相等。其他的填制方法与收款凭证相同。填写示例如图 6-10 所示。

通用记账凭证的填制方法与转账凭证的填制方法相同。

（4）混合业务的处理。这里混合业务是指一项经济业务，其中一部分涉及库存现金或银行存款的收付，另外一部分不涉及库存现金或银行存款的收付。对于这种混合业务，应当分别填制收款凭证（或付款凭证）和转账凭证。例如，企业销售一批产品，一部分货款已收到，而另一部分货款还没有收到，此时企业应该分别填制一张收款凭证和一张转账凭证。

二、记账凭证的审核

记账凭证是登记账簿的依据，为了保证账簿记录的正确性，在记账前必须对已编制的记账凭证进行认真严格的审核，没有经过审核或者经审核不合格的记账凭证，不能登记入账。记账凭证的审核内容主要包括以下几方面。

1. 内容是否真实

记账凭证是否附有合法的原始凭证，记账凭证的内容、金额与所附的原始凭证是否相符。

2. 科目和金额是否正确

记账凭证中的应借和应贷科目名称、对应关系及相关金额计算是否正确。

3. 项目是否齐全，书写是否正确

记账凭证中应填写的各项内容是否填写齐全，有关人员是否都已签章，记录是否文字工整、数字清晰，是否按规定进行更正，等等。

在审核过程中，如果发现记账凭证有错误，会计人员应采用恰当的方法及时更正错误。

第四节 会计凭证的传递和保管

一、会计凭证的传递

会计凭证的传递是指会计凭证从取得或填制开始，经过审核、记账、整理和装订，再到归档保管为止的过程中，在企业内部各有关部门和有关人员之间按照规定的时间、路线进行传递和处理的程序。

科学、合理地组织会计凭证的传递，有利于有关部门利用会计凭证及时掌握各项经济业务的情况，加快对经济业务的处理，合理组织经济活动；有利于加强企业内部的经济责任，实行会计监督。

（1）通过会计凭证的传递，能够把反映在会计凭证上的有关经济业务完成情况的资料，及时地传递给企业内部各有关部门（最后集中到会计部门），有利于各部门了解经济活动的进展情况。例如，对于材料收入业务的凭证传递，应该明确规定：材料运到企业后需要在多少时间内验收入库，由谁负责填制收料单，在何时将收料单送到会计部门及其他有关部门；会计部门收到收料单后由谁负责审核，由谁在何时编制记账凭证并据以登记入账；等等。这样明确规定了会计凭证的传递程序，就能及时地反映和监督各项经济业务的完成情况。

（2）通过会计凭证的传递，能够正确地组织经济活动，实行会计监督。任何企业在经济活动中发生的各项经济业务，以及本企业与其他各方面的经济联系，都要借助会计凭证加以记录和说明。因此，按规定程序组织会计凭证的传递，就能把企业各有关部门和人员的活动紧密联系起来，组织起来，从而协调各方面的经济关系，搞好分工协作，使各项经济活动得以顺利进行。另外，凭证的传递还会起到各相关部门和人员互相牵制和监督的作用，可以督促经办业务的有关部门和人员及时、准确地完成各项经济业务并按规定办理好凭证手续，有利于加强岗位责任制和会计监督，改善经营管理。

各企业的会计凭证传递程序应当科学、合理，具体办法由各企业根据会计业务需要自行规定，但在确定会计凭证传递程序时应遵循以下原则：

（1）应结合本单位主要经济业务的特点、内部机构的设置和人员分工情况及经营管理上的需要，会计部门要会同有关部门共同研究、协商，具体规定各种会计凭证的格式、联数、填制手续和传递程序，确定合理、科学的凭证处理流程，既要保证会计凭证经过必要的环节进行处理和审核，又要避免会计凭证在不必要的环节停留，以便提高工作效率。

（2）应根据各有关部门和人员的工作内容、工作量及在正常情况下完成工作的时间，确定各个环节上会计凭证的传递时间。要明确规定各种记账凭证在各个环节上停留的最长时间，不允许出现拖延和积压会计凭证的现象，以保证会计工作的正常进行。一切会计凭证的传递和处理，都应在报告期内完成，不允许跨期，以免影响会计核算的准确性和及时性。

（3）对于会计凭证传递过程中的衔接手续，应该既完备严密，又简便易行，会计凭证的收发、交接都应按规定的手续办理，以保证会计凭证的安全和完整。

在确定好会计凭证的传递程序、传递时间和手续后，可分别绘制各主要业务会计凭证流程图或流程表，以供有关部门和人员遵照执行。如果在执行中发现有不协调或不合理的地方，可随时根据实际情况进行修改。

二、会计凭证的保管

会计凭证的保管是指会计凭证记账后的整理、装订、归档和存查工作。会计凭证作为记账的依据，是重要的会计档案和经济资料。在办理好各项业务手续，完成记账工作后，会计机构、会计人员应当对会计凭证进行整理、归类、编号和装订，并妥善保管会计凭证，防止丢失。会计凭证保管的要求如下：

（1）会计凭证应当及时传递，不得积压。

（2）会计凭证登记完毕后，应当按照分类和编号顺序保管，不得散乱堆放，以防丢失。

（3）记账凭证应当连同所附的原始凭证或者原始凭证汇总表，按照编号顺序，折叠整齐，定期装订成册，并加具封面，注明单位名称、年度、月份和起讫日期、凭证种类、起讫号码，由装订人在装订线封签处签名或者盖章。

（4）对于数量过多的原始凭证，可以单独装订保管，在封面上注明原始凭证日期、编号和种类，同时在所属的记账凭证上注明"附件另订"和原始凭证名称及编号。各种经济合同、存出保证金收据和涉外文件等重要原始凭证，应当另编目录，单独登记保管，并在有关的记账凭证和原始凭证上相互注明日期和编号。

（5）会计凭证一般不得外借，确因工作需要且根据国家有关规定必须借出的，应当严格按照规定办理相关手续。单位应当严格按照相关制度利用会计凭证，在进行会计凭证查阅、复制、借出时履行登记手续，严禁篡改和损坏。

（6）从外单位取得的原始凭证如有遗失，应当取得原开出单位盖有公章的证明，并注明原来凭证的号码、金额和内容等，由经办单位会计机构负责人、会计主管人员和单位负责人批准后，才能代作原始凭证。如果确实无法取得证明的，如火车、轮船、飞机票等凭证，由当事人写出详细情况，由经办单位会计机构负责人、会计主管人员和单位负责人批准后，代作原始凭证。

（7）会计凭证装订成册后，应有专人负责分类保管，年终应登记归档。当年形成的会计凭证，在会计年度终了后，可由会计机构临时保管一年，期满之后，应当由会计机构编制移交清册，移交本单位档案管理机构统一保管；因工作需要确需推迟移交的，应当经本单位档案管理机构同意，由会计机构临时保管但最长不超过三年。出纳人员不得兼管会计档案。

（8）会计凭证的保管期限，应严格遵守《会计档案管理办法》中最低保管期限的规定，企业会计凭证应保存30年。

（9）要严格执行会计凭证的销毁规定，未到规定保管期限的会计凭证，任何人都不得随意销毁。对于保管期满需要销毁的会计凭证，必须由本单位档案管理机构提出意见，会同会计机构共同鉴定并开列清单，经本单位负责人审核，报经上级主管部门批准后才能销毁。

以上装订的要求针对的是纸质会计凭证，移交时应当保持其原卷的封装。以电子形式存在的会计凭证移交时应当将该电子会计凭证及其元数据一并移交，且文件格式应当符合国家档案管理的有关规定。特殊格式的电子会计凭证还应当与其读取平台一并移交。本单位档案管理机构接收电子会计凭证时，应当对电子会计凭证的准确性、完整性、可用性、安全性进行检测，符合要求的才能接收。

本章小结

　　会计凭证是记录经济业务发生或完成情况的书面证明，也是登记账簿的依据。填制和审核会计凭证，是会计核算的基本方法之一，也是会计核算工作的起点。

　　会计凭证根据编制的程序和用途不同，可分为原始凭证和记账凭证两类。原始凭证又称单据，是在经济业务发生或完成时取得或填制的，用于记录或证明经济业务的发生或完成情况的书面凭据，它是会计核算的原始资料和重要依据。记账凭证是会计人员根据审核无误的原始凭证，按照经济业务的内容加以归类，并据以确定会计分录后所填制的会计凭证，它是登记账簿的直接依据。

　　任何单位在处理任何经济业务时，都必须由执行或完成该项经济业务的有关人员从单位外部取得或自行填制有关凭证，凭证内容要求真实、完整、合法和合理，并且有关人员要在凭证上签名或盖章；同时，会计凭证都必须经过有关人员的严格审核并确认无误后，才能作为记账的依据。

　　会计凭证的传递是指会计凭证从取得或填制时起至归档保管为止的过程中，在单位内部有关部门和人员之间的传送程序。会计凭证的传递是会计核算得以正常、有效进行的前提。会计凭证的传递，要求能够满足内部控制制度的要求，使传递程序合理有效，同时尽量节约传递时间，减少传递的工作量。

　　会计凭证的保管是指会计凭证记账后的整理、装订、归档和存查工作。会计凭证作为记账的依据，是重要的会计档案和经济资料。任何单位在完成经济业务手续和记账后，必须将会计凭证按规定的立卷归档制度形成会计档案资料，妥善保管，防止丢失，并且不得任意销毁，以便日后随时查阅。

思考题

1. 什么是会计凭证？它有哪两种形式？填制和审核会计凭证有什么意义？
2. 什么是电子会计凭证？它是否与纸质会计凭证具有相同的作用？
3. 会计凭证按填制程序和用途不同，分为几种？它们之间的关系是怎样的？
4. 按不同的标志，原始凭证可分为哪几类？

5. 按不同的标志，记账凭证可分为哪几类？
6. 原始凭证必须具备哪些基本内容？
7. 记账凭证必须具备哪些基本内容？
8. 审核原始凭证和记账凭证应主要审核哪些方面？
9. 如何合理组织会计凭证的传递？
10. 会计凭证的保管应注意哪些方面？

第七章 会计账簿

通过本章学习，了解并掌握：
1. 会计账簿的概念、种类和基本内容；
2. 会计账簿的登记、启用、更换和保管规则；
3. 日记账和分类账的格式和登记方法；
4. 对账、结账和错账更正的方法。

一、会计账簿的意义

会计账簿是以经过审核的会计凭证为依据，由具有一定格式并相互联系的账页所组成的，用来全面、系统、连续地记录和反映会计主体各项经济业务的会计簿籍。

在会计核算中，首先必须取得或填制会计凭证，用来反映和监督各项经济业务的发生和完成情况。但是，由于会计凭证数量庞大，这些记录在会计凭证上的信息还是分散的、缺乏系统的，不能全面提供经济管理所需的诸多会计信息。为了把分散在会计凭证中的大量信息加以集中和归类，全面、系统、连续地反映和监督会计主体在一定时期的经济活动和财务收支情况，并为编制财务会计报告提供依据，这就需要在填制和审核会计凭证的基础上，设置和登记会计账簿。

《中华人民共和国会计法》明确规定，各单位必须依法设置会计账簿，并保证其真实、完整。设置和登记会计账簿，是会计核算的一种专门方法，也是连接会计凭证与会计报表的中间环节，在会计核算中具有重要意义。

（一）为经营管理提供全面、系统的会计信息

通过设置和登记会计账簿，可以把大量分散记载于会计凭证上的核算资料，按照账户加以归类、汇总和整理，及时、全面地反映会计主体在一定时期内所发生的资金运动，为加强企业经营管理、合理使用资金提供各项会计核算资料。

（二）为考核财务状况和经营成果提供资料

会计账簿提供的既总括又明细的核算资料，为分析财务状况和经营成果，了解有关方针、政策和制度的执行情况，考核各项计划的完成情况提供便利。另外，可据此对资金使用是否合理，费用开支是否符合标准，经济效益有无提高，利润的形成与分配是否符合规定等做出分析和评价，从而能找出差距，挖掘潜力。

（三）为编制财务会计报告提供主要依据

会计账簿对连接会计凭证与财务会计报告起着十分重要、不可缺少的作用。投资者、债权人、银行、税务机关及其他利害关系的各方，都需要从财务会计报告中得到他们所关心的各类会计信息，以便做出正确的决策。因此，财务会计报告中所反映的会计信息是否可靠，编制和报送财务会计报告是否及时，都与会计账簿登记是否合理、正确有着极为密切的联系，直接关系着上述利害关系的各方。

（四）有利于保证财产物资的安全和完整

通过设置和登记会计账簿，可以具体反映各项财产物资的增减变动及其结存情况，并通过财产清查，将账面记录与有关的财产物资进行核对，以查明账实是否相符，有利于保证财产物资的安全和完整，也有利于保存会计资料，便于日后查阅使用。

二、会计账簿的种类

为了满足不同的经营管理和经济业务活动的需要，在会计工作中所使用的账簿是多种多样的。这些会计账簿可以按不同的标准进行分类，常见的分类有以下几种。

（一）按照用途分类

会计账簿按用途不同，可分为序时账簿、分类账簿和备查账簿三类。

1. 序时账簿

序时账簿是指按照各项经济业务发生和完成时间的先后顺序，逐日逐笔连续登记的账簿，简称序时账，也称日记账。

序时账按照所记载的内容不同，又可进一步分为以下两种：一种是普通日记账，是用来序时登记全部经济业务的日记账，即把每天所发生的所有经济业务，按照其发生时间的先后顺序，编成会计分录，全部记入账簿。这种日记账登记的工作量大，查阅也不太方便；另一种是特种日记账，是用来序时登记某一类经济业务的日记账，即把某一类比较重

要的经济业务，按照其发生和完成时间的先后顺序记入账簿中，如库存现金日记账、银行存款日记账用于登记与库存现金、银行存款收付有关的经济业务。在我国会计实务中，普通日记账目前已很少设置，大多数企业一般只设库存现金日记账和银行存款日记账。

2. 分类账簿

分类账簿是指对全部经济业务事项按照总分类账户和明细分类账户进行分类登记的账簿，简称分类账。

分类账按照其提供指标的详细程度，又可进一步分为总分类账和明细分类账，简称总账和明细账。

（1）总账是按照总分类账户开设，用于分类地登记全部经济业务，提供各种资产、负债、所有者权益、收入、费用和利润的总括会计核算资料的账簿。总账对明细账具有统御和控制的作用。

（2）明细账是按照总分类账户所属的明细账户开设，用于详细地登记某一类经济业务，提供某一项资产、负债、所有者权益、收入、费用和利润的明细会计核算资料的账簿。明细账对总账具有辅助和补充的作用。

从分类账的各个账户中，可以得到各个会计要素及其构成内容增减变动的资料。分类账提供的核算信息是编制会计报表的主要依据。

3. 备查账簿

备查账簿是指对某些在序时账和分类账中不能记录和反映的经济业务事项或者记录不全面的经济业务事项进行补充登记的账簿，简称备查账。例如，租入固定资产登记簿、受托加工材料登记簿、应收应付票据登记簿等。

备查账属于辅助性账簿，与其他账簿之间不存在严密的关系，但它可以为某些经济业务的内容提供必要的参考资料。备查账簿并非每个企业都要设置，而是由企业根据实际需要进行设置。

（二）按照外表形式分类

会计账簿按外表形式不同，可分为订本式账簿、活页式账簿和卡片式账簿三类。

1. 订本式账簿

订本式账簿是指在账簿启用之前，就将若干具有专门格式的、按顺序编号的账页固定装订成册的账簿，简称订本账。

由于订本式账簿的每张账页上都有按顺序排列的账页号码，使用时可以避免账页散失，并可防止抽换账页。但是，账页的序号和总数是固定的，无法根据实际需要进行增减，因此，开设账户时必须为每一账户预留账页，若预留账页不足，将影响账簿记录的连续性，若预留过多，又会造成不必要的浪费。此外，在同一时间内，只能由一人记账，不利于分工记账。一般情况下，一些重要的、具有统御作用的账簿，如库存现金日记账、银行存款日记账和总分类账都采用订本账。

2. 活页式账簿

活页式账簿是指不是将账页固定装订成册，而是将零散的账页根据经济业务的需要集中后，放置在活页账夹内的账簿，简称活页账。

活页式账簿的账页可以根据实际需要进行增减或重新排列，使用比较灵活，便于组织记账人员同时分工记账。但是，账页容易散失或被抽换，因此，平时应按账页顺序编号，并于会计期末装订成册，并妥善保管。这种账簿一般适用于大部分的明细分类账。

3. 卡片式账簿

卡片式账簿是指由一定数量具有专门格式的、分散的硬卡片作为账页组成的账簿，简称卡片账。

卡片式账簿可以跨年度长期使用而无须更换，且可按不同要求进行归类。但是，其账页也容易散失或被抽换，所以使用时要按顺序编号，平时应置于卡片箱内以保证安全，并由专人保管；使用完毕后，应封扎归档保管，并重新编写页码列出目录，以备日后查阅。严格说来，卡片账也是一种活页账，只不过它不是装在活页账夹中，而是装在卡片箱内。这种账簿一般适用于小部分的明细账，如固定资产明细账。

（三）按照账页格式分类

会计账簿按账页格式不同，主要有三栏式账簿、多栏式账簿和数量金额式账簿三种。

1. 三栏式账簿

三栏式账簿是指设有借方、贷方和余额三个金额栏的账簿。这种格式适用于需要提供价值核算信息，但不需要提供数量核算信息的账簿。日记账，总分类账，债权和债务类、所有者权益类明细账等都可采用三栏式账簿。

2. 多栏式账簿

多栏式账簿是指在借方和贷方两个基本栏目下按需要分设若干专栏，用于反映经济业务不同内容的账簿。这种格式适用于核算项目较多，且管理上要求提供各核算项目详细信息的账簿，如收入类、费用类和利润类明细账等。

3. 数量金额式账簿

数量金额式账簿是指在借方、贷方和余额三个栏目内，又分设数量、单价和金额三小栏，借以反映财产物资的实物数量和价值量的账簿，如原材料明细账、库存商品明细账等。

三、会计账簿的基本内容

各种会计账簿记载的经济业务内容不同，格式也多种多样，但各种会计账簿一般应包括以下基本内容：

（1）封面：载明记账单位名称、账簿名称和所属年度。

（2）扉页：载明账簿的启用日期和截止日期、页数、册次；账簿启用及经管人员一览表（其格式如表7-1所示）；会计主管人员签章；账户目录表（其格式如表7-2所示）；等等。

表 7-1　账簿启用及经管人员一览表

单位名称							印鉴	
账簿名称		（第　　册）						
账簿编号								
账簿页数		自第　　页起至第　　页止 共　　页						
启用日期		年　　月　　日						
经管人员	负责人		主办会计		复核		记账	
	姓名	盖章	姓名	盖章	姓名	盖章	姓名	盖章
交接记录	经管人员			接管			交出	
	职别		姓名	年　月　日		盖章	年　月　日	盖章
备注								

表 7-2　账户目录表

科目代号	科目名称	账页（起页－止页）	科目代号	科目名称	账页（起页－止页）

（3）账页：主要包括账户名称、日期栏、记账凭证的种类和号数栏、摘要栏、金额栏、总页次和分页次等。

第二节　会计账簿的设置和登记方法

一、会计账簿的设置原则

《中华人民共和国会计法》规定：各单位必须依法设置会计账簿，并保证其真实、完整。各单位发生的各项经济业务事项应当在依法设置的会计账簿上统一登记、核算，不得违反本法和国家统一的会计制度的规定私设会计账簿登记、核算。

各单位应根据国家统一的会计制度的规定，结合本单位、本部门经济业务的特点及经营管理的要求，科学、合理地设置一定种类和数量的账簿，这是会计账簿设置的总原则。会计账簿的设置，包括确定账簿的种类、账页的格式和内容及规定账簿登记的方法等。设置会计账簿时，应遵循下列基本原则。

1. 满足需要

会计账簿的设置应以国家统一的会计制度为依据，保证全面、系统、真实地反映和监督企业经济活动。在会计账簿中所提供的信息应符合国家宏观经济管理的要求，满足有关各方了解企业财务状况和经营成果的需要，满足企业内部经营管理的需要。

2. 符合实际

会计账簿的设置应从本企业实际出发，利于会计人员分工和加强岗位责任制，并应综合考虑本企业经济活动的特点、经营规模和业务量的大小、会计机构设置及会计人员配备的情况等。

3. 组织严密

会计账簿的设置应当严密，避免重复或遗漏。各账簿之间既要分工明确，又要相互联系，互相补充、制约，以便能清晰反映账户之间的对应关系；各账簿既有总括反映，又有详细说明，以便能提供完整、系统的会计核算资料；设置账簿时既要防止重叠和复杂化，又要防止过于简化，以致不能提供日常管理所需的资料和编制财务会计报告所需的数据。

4. 简便实用

会计账簿的设置应在完整、严密及满足信息使用者需要的前提下，力求简便易行，便于操作，以节省人力、物力和财力，提高会计工作效率。账页格式要简单实用，不宜太繁，账本册数不宜过多，这样不仅便于日常使用，也便于保存。

二、序时账簿的设置和登记方法

序时账也称日记账。这里我们主要介绍库存现金日记账和银行存款日记账的设置和登记。

（一）库存现金日记账的设置和登记

库存现金日记账是专门用来逐日逐笔登记库存现金收入、支出和结存情况的账簿。一般应由出纳人员根据审核无误的现金收、付款凭证，按时间顺序逐日逐笔登记。另外，为避免重复登账，对于从银行提取现金的业务，只编制银行存款付款凭证，而不编制现金收款凭证，因此，此时的现金收入金额应根据银行存款付款凭证登记。

库存现金日记账必须采用订本式账簿，其账页格式一般有三栏式和多栏式两种。

三栏式库存现金日记账设有借方、贷方和余额三个金额栏，有的还设有"对应科目"栏，其格式如表7-3所示。

表 7-3 库存现金日记账　　　　　　　　　　　　　　　　　　第×页

20××年		凭证		摘要	对方科目	借方（收入）	贷方（付出）	余额
月	日	字	号					
3	1			月初余额				400.50
	5	银付	1	从银行提现	银行存款	1 000.00		1 400.50
	5	现付	1	购买办公用品	管理费用		341.20	1 059.30
	5	现付	2	采购员张×借款	其他应收款		600.00	459.30
	5			本日合计		1 000.00	941.20	459.30
	……			……				
3	31			本月合计		4 256.00	2 100.00	2 556.50

三栏式库存现金日记账的具体登记方法如下：

（1）"日期"栏，填写记账凭证的日期，应与现金实际收付日期一致。

（2）"凭证"栏，登记收、付款凭证的种类和编号，以便日后查对，如库存现金付款凭证可简写为"现付"。

（3）"摘要"栏，简要说明经济业务的内容，一般根据记账凭证的"摘要"填写。

（4）"对方科目"栏，根据记账凭证所列的对方科目登记，以便清楚反映账户之间的对应关系，了解每笔现金款项收入的来源和支出的用途。

（5）"借方"栏，登记库存现金的增加金额，根据库存现金收款凭证和银行存款付款凭证填写。

（6）"贷方"栏，登记库存现金的减少金额，根据库存现金付款凭证填写。

（7）"余额"栏，登记库存现金的余额。需要在每日终了，计算出当日现金收入、支出的合计数及当日账面现金余额，并与实际库存现金进行核对，借以检查每日现金收、付、存情况及库存现金限额的执行情况。如发现账实不符，应及时查明原因，予以更正。月终，应计算本月库存现金收入、支出的合计数，并结出本月月末余额。做到日清月结。

库存现金日记账除了采用三栏式外，当企业规模较大，收、付款凭证数量较多时，还可采用多栏式账页格式，如表7-4所示。

表 7-4 库存现金日记账　　　　　　　　　　　　　　　　　　第×页

20××年		凭证号数		摘要	收入			支出				结余
					应贷科目		收入合计	应借科目			支出合计	
月	日	字	号		银行存款	主营业务收入		银行存款	其他应收款	管理费用		
3	1			承前页								400.50
	5	银付	1	从银行提现	1 000.00		1 000.00					1 400.50
	5	现付	1	购买办公用品						341.20	341.20	1 059.30
	5	现付	2	采购员张×借款					600.00		600.00	459.30
	5			本日合计			1 000.00				941.20	459.30

采用这种账页格式,将账页划分为收入、支出和结存三大栏,然后将收入栏和支出栏进一步按其对应科目划分为若干栏目,月末再汇总各栏目发生额,并将其记入总账。这种多栏式库存现金日记账可以将所有的现金收付业务集中在一张账页上,能反映科目之间的对应关系,便于集中查阅和对现金收支的合理性、合法性进行审核和分析。但是,如果收入栏或支出栏对应科目较多,账页篇幅必然过长,容易发生错栏串行,反而不便于记账、查账。因此,在采用多栏式库存现金日记账时往往同时设置库存现金收入日记账(其格式如表7-5所示)和库存现金支出日记账(其格式如表7-6所示)两本账。

表7-5 库存现金收入日记账　　　　　　　　　　　　　　　　　　　　第　页

年		凭证		摘要	贷方科目			收入合计	支出合计	结余
月	日	字	号							

表7-6 库存现金支出日记账　　　　　　　　　　　　　　　　　　　　第　页

年		凭证		摘要	借方科目			支出合计	收入合计	结余
月	日	字	号							

多栏式库存现金收入日记账由出纳人员根据审核无误的现金收款凭证和银行存款付款凭证逐日逐笔按顺序登记到收入栏中;支出合计栏按库存现金支出日记账中每日算出的支出合计数登记。多栏式库存现金支出日记账由出纳人员根据审核无误的现金付款凭证逐日逐笔按顺序登记到支出栏中,收入合计栏按库存现金收入日记账每日算出的收入合计数登记。多栏式库存现金收入日记账和多栏式库存现金支出日记账每天应结出余额,二者核对相符后与实际库存现金数核对。

(二)银行存款日记账的设置和登记

银行存款日记账是专门用于逐日逐笔登记银行存款增加、减少和结存情况的账簿,应按不同币种存款和开户行分别设置。银行存款日记账一般应由出纳人员根据审核后的银行存款收、付款凭证,按时间顺序逐日逐笔登记。应注意的是,对于将现金存入银行的业务,只编制现金付款凭证,因此,此时的银行存款收入金额应根据库存现金付款凭证登记。因为银行存款结算凭证种类较多,为了便于与银行查对账项,加强对支票等结算凭证的管理，在银行存款日记账中专设一个"结算凭证"栏，所以登记银行存款日记账时要注意把银行结算凭证的种类、号码填写清楚，以便与银行对账单核对。每日登记完毕，也应结算出银行存款收入和支出发生额合计数和当日银行存款的余额，并定期将银行存款日记账与银行对账单核对。

银行存款日记账必须采用订本式账簿，其账页格式与库存现金日记账相似，通常也采用三栏式，如表7-7所示。银行存款日记账除了采用三栏式外，也可采用多栏式账页格式。

表7-7　银行存款日记账　　　　　　　　　　　　　　　　　　　第×页

20××年		凭证		摘要	结算凭证		对方科目	借方（收入）	贷方（付出）	余额
月	日	字	号		种类	号数				
5	1			月初余额						79 300
	3	银收	1	甲公司归还欠款			应收账款	4 000		83 300
	3	银收	2	销售A产品			主营业务收入	13 800		97 100
	3	银付	1	承付进货款			在途物资		34 843	62 257
	3	银付	2	提取现金			库存现金		4 000	58 257
	3			本日合计				17 800	38 843	58 257
……				……						
5	31			本月合计				83 700	61 200	101 800

三栏式银行存款日记账的登记方法与三栏式库存现金日记账相同。由出纳人员根据与银行存款收付业务有关的记账凭证，按时间先后顺序逐日逐笔登记。具体不再赘述。

三、分类账簿的设置和登记方法

分类账有总分类账和明细分类账两类。

（一）总分类账的设置和登记

总分类账简称总账，是按照总分类账户开设，用于全面、总括地反映全部经济业务情况的账簿。每个企业都必须设置总分类账。

总分类账应采用订本式账簿，按会计科目的编号顺序设置账户，并为每个账户预留账页。总分类账的账页格式一般有三栏式和多栏式两种。

1. 三栏式总分类账

三栏式总分类账是按每一个会计科目设置一个账户，单独使用一张账页，在账页中设有借方、贷方和余额三个金额栏，以反映该账户的总括变动情况。其格式如表7-8所示。

表 7-8　总分类账

账户名称：应付账款　　　　　　　　　　　　　　　　　　　　　　　　　　　　　第×页

20××年		凭证		摘要	借方	贷方	借或贷	余额
月	日	字	号					
5	1			月初余额			贷	428 761
	1	付	1	归还货款	80 000		贷	348 761
	12	转	1	购进材料		4 800	贷	353 561
	25	转	2	购进材料		67 800	贷	421 361
	30	付	2	归还货款	200 000		贷	221 361
	31			本月发生额及余额	280 000	72 600	贷	221 361

三栏式总分类账又分为设对方科目和不设对方科目两种。区别是在摘要栏和借方金额栏之间是否有一栏"对方科目"。设有"对方科目"栏的，称为设对方科目的三栏式总分类账；不设有"对方科目"栏的，称为不设对方科目的三栏式总分类账。

2. 多栏式总分类账

多栏式总分类账将全部会计科目合设在一张账页上，以集中反映企业资金的增减变动情况。其格式如表 7-9 所示。

表 7-9　总分类账

20××年×月　　　　　　　　　　　　　　　　　　　　　　　　　　　　　　　　第×页

会计科目	上月余额	1—10 日发生额		本期余额	11—20 日发生额		本期余额	21—31 日发生额		本月余额
		借方	贷方		借方	贷方		借方	贷方	
合计数										

由于各企业所采用的账务处理程序不同，总分类账的登记依据和程序也不一样，可以直接根据记账凭证逐笔登记，也可以根据科目汇总表或汇总记账凭证登记。关于各种不同的账务处理程序，我们将在本书第十章中详细说明。

（二）明细分类账的设置和登记

明细分类账简称明细账，是按照总分类账户所属的明细账户开设，用于分类、连续地反映某一类经济业务详细情况的账簿。企业应根据实际需要，在设置总账的基础上，设置若干必要的明细账，提供详细、具体的核算资料，作为对总账的明细反映和必要补充。

明细分类账一般采用活页式账簿，也可以采用卡片式账簿。其账页格式，应根据各类经济业务的特点和经营管理要求的不同，分别采用三栏式、数量金额式、多栏式等多种格式。

1. 三栏式明细账

三栏式明细账的格式与三栏式总账基本相同，即账页上设有借方、贷方和余额三个金额栏，不设数量栏，只记金额，不记数量。因此，这种格式主要适用于反映债权、债务结算情况和资本增减变动情况等需要进行金额核算而不需要进行数量核算的明细分类核算，如"应收账款""应付账款""实收资本""短期借款"等账户的明细账。其格式如表7-10所示。

表7-10 应收账款明细账

明细科目：×××单位　　　　　　　　　　　　　　　　　　　　　　　　　第×页

20××年		凭证		摘要	借方	贷方	借或贷	余额
月	日	字	号					
5	1			月初余额			借	38 450
	1	转	1	销售A产品	25 000		借	63 450
	12	收	1	收回货款		9 000	借	54 450
	25	收	2	收回货款		54 450	平	0

2. 数量金额式明细账

数量金额式明细账的账页上设有收入、发出（或付出）和结余（或结存）三大栏，每栏下面又分设数量、单价和金额三小栏。此外，还可以根据需要在账页上方增设一些必要的项目，如材料的类别、品种、规格、计量单位、存放地点等。这种格式主要适用于既需要提供金额指标，又需要提供实物数量指标的各种财产物资的明细分类核算，如"原材料""库存商品"等账户的明细账。其格式如表7-11所示。

表7-11 原材料明细账

类别：原料及主要材料　　　　　　　　　　　　　　　　　　　　　　　编号：1002
品名或规格：A　　　　　　　　　　　　　　　　　　　　　　　　　　　存放地点：1号库
储备定额：2 000　　　　　　　　　　　　　　　　　　　　　　　　　　计量单位：千克

20××年		凭证		摘要	收入			发出			结存		
月	日	字	号		数量	单价	金额	数量	单价	金额	数量	单价	金额
6	1			月初余额							250	10	2 500
	5	付	10	购进	100	8	800				350		3 300
	10	转	6	生产领用				40	10	400	310		2 900
	15	转	12	生产领用				70	10	700	240		2 200
	28	付	17	购进	200	7	1 400				440		3 600

注：此表按先进先出计价法登记。

3. 多栏式明细账

多栏式明细账的账页格式不是按照每一个明细科目单设一张账页来登记，而是在一张账页中将属于同一总账科目的所有相关明细科目或项目集中起来，分设若干专栏。这种格式主要适用于费用、成本、收入和利润账户的明细分类核算，如"生产成本""管理费用""制造费用""本年利润"等账户的明细账。其常用格式有三种：① 借方多栏，其格式如表7-12所示：生产成本明细账。只按借方设置若干专栏，不设贷方栏，在借方栏，用蓝字登记借方发生额，用红字登记贷方发生额。② 贷方多栏，其格式如表7-13所示：主营业务收入明细账。只按贷方设置若干专栏，用蓝字登记，借方发生额则用红字登记。③ 借贷方多栏，其格式如表7-14所示：本年利润明细账。按借方和贷方分设两个专栏，每栏再分别设置若干小栏。

表7-12　生产成本明细账

产品名称：A产品　　　　　　　　　　　　　　　　　　　　　　　　　　第×页

20××年		凭证		摘要	借方（成本项目）			合计
月	日	字	号		直接材料	直接人工	制造费用	
5	7	转	45	领料	86 000			86 000
	8	转	46	分配工资		34 770		34 770
	31	转	56	分配制造费用			12 250	12 250
	31			本月合计	86 000	34 770	12 250	133 020
	31	转	60	结转完工产品成本	☐85 100	☐32 170	☐11 280	☐128 550
	31			月末在产品成本	900	2 600	970	4 470

注：☐表示红字。

表7-13　主营业务收入明细账

第×页

20××年		凭证		摘要	贷方（项目）			余额
月	日	字	号		A产品	B产品	C产品	
5	1	转	1	销售A商品	23 000			23 000
	3	收	5	销售B商品		30 000		53 000
	……	……	……	……				

表7-14　本年利润明细账

第×页

年		凭证		摘要	借方						贷方					借或贷	余额
月	日	字	号		主营业务成本	其他业务成本	销售费用	管理费用	营业外支出	合计	主营业务收入	其他业务收入	投资收益	营业外收入	合计		

明细账除了上述三种常见的格式外，还可根据不同的管理要求采用不同的格式。如固定资产的核算，因为其价值较大，使用期限较长，所以采用卡片式明细账。

明细账的登记一般以记账凭证为依据，也可以以原始凭证或原始凭证汇总表为依据，根据经营管理的实际需要分别采用逐日逐笔登记或者定期汇总登记等方法。通常情况下，财产物资、债权和债务结算的明细账应逐日逐笔登记；种类多、收发频繁的原材料等存货明细账可以按月汇总登记；收入、费用、成本等明细账既可以逐日汇总登记也可以定期汇总登记。对于只设有借方或贷方的多栏式明细账，若出现贷方或借方发生额，应用红字记入表示冲减。无论是总分类账还是明细分类账，都应于会计期末结算出当期发生额和期末余额。

至于备查账簿，由于它仅仅是对企业日记账、分类账的补充，其种类、格式和登记方法均无特殊规定，一般可根据具体需要确定，在此不做介绍。

第三节 会计账簿的使用规则

登记会计账簿是会计核算的基础工作和中心环节，为了正确、及时、全面地反映和监督经济活动，为成本的计算、经营成果的考核及财务会计报告的编制提供真实、可靠的数据资料，每个企业都必须认真做好会计账簿登记工作。为此，企业应当严格遵守会计账簿登记的一般规则。

一、会计账簿的启用规则

会计账簿是重要的会计档案资料和会计信息的主要储存工具，为了保证账簿记录的合法性和资料的完整性，明确记账责任，会计账簿应由专人负责登记。

在新的会计年度开始时，除固定资产明细账等少数账簿因变动不大，可继续使用外，其余账簿一般均应结束旧账，启用新账，切忌跨年度使用，以免造成归档保管困难和查阅困难。启用新账时，应在账簿的扉页上填写账簿启用及经管人员一览表（表7-1），内容包括：单位名称，账簿名称，启用日期，账簿页数，记账人员和会计机构负责人、会计主管人员姓名，并加盖名章和单位公章。记账人员或会计机构负责人、会计主管人员调动工作时，应办理交接和监交手续，并在表内注明交接日期、接办人员或者监交人员姓名，并由交接双方人员签名或盖章，以明确经济责任。在一个账簿中设置多个账户时，还应填写账户目录表（表7-2），注明账户名称及所在页数，以便登记和查找。

二、会计账簿的登记规则

会计账簿登记工作必须切实做到登记正确及时、内容完整、数字准确、责任明确，同时还要做到不错记、不漏记、不重记，并便于日后查阅。因此，记账人员必须分工明确，严格遵守各项会计账簿的登记规则。

（一）准确完整

记账必须以审核无误的会计凭证为依据，将会计凭证中的日期、凭证号数、业务内容摘要、金额及其他有关资料逐项记入账簿内，做到数字准确、摘要清楚、登记及时、字迹工整。每一项会计事项，一方面要记入有关的总账，另一方面还要记入该总账所属的明细账。账簿记录中的日期，应填写记账凭证上的日期；以自制原始凭证（如收料单、领料单等）为记账依据的，账簿记录中的日期应按有关自制凭证上的日期填列。

（二）注明记账符号

账簿登记完毕后，要在记账凭证上签名或者盖章，并在记账凭证的"记账"栏内注明账簿页数或画"√"，注明已经登账的符号，表示已经记账完毕，避免重记、漏记。

（三）连续登记

在登记各种账簿时，应按页次顺序连续登记，不得隔页、跳行。如发生隔页、跳行现象，应在空页、空行处用红色墨水笔画对角线注销，或者注明"此页空白"或"此行空白"字样，并由记账人员签名或者签章。对于订本式账簿，不得任意撕毁账页；对于活页式账簿，不得任意抽换账页。

（四）结出余额

凡需要结出余额的账户，结出余额后，应在"借或贷"栏内注明"借"或"贷"字样，以示余额的方向；对于没有余额的账户，应在"借或贷"栏内写"平"字，并在"余额"栏用"0"表示。库存现金日记账和银行存款日记账必须逐日结出余额。

（五）过次承前

每一账页登记完毕结转下页时，应当结出本页合计数及余额，写在本页最后一行和下页第一行有关栏内，并在摘要栏内注明"过次页"和"承前页"字样，也可以将本页合计数及余额只写在下页第一行有关栏内，并在摘要栏内注明"承前页"字样，以保持账簿记录的连续性，便于对账和结账。

对于需要结计本月发生额的账户，结计的"过次页"的本页合计数应当为自本月初起至本页末止的发生额合计数，如库存现金日记账和银行存款日记账；对于需要结计本年累计发生额的账户，结计的"过次页"的本页合计数应当为自年初起至本页末止的发生额累计数，如主营业务收入、管理费用等；对于既不需要结计本月发生额也不需要结计本年累计发生额的账户，可以只将每页末的余额结转次页。

（六）书写留空

账簿中书写的文字和数字上方要留有适当的空白，不要写满格，一般应占格距的二分之一，以便在发生错账时在空白的位置填写正确的文字或金额。

（七）正常记账使用蓝黑墨水，特殊记账使用红墨水

为了保持账簿记录的持久性，防止涂改，登记账簿时必须使用钢笔或签字笔，用蓝黑

墨水或碳素墨水书写，不得使用圆珠笔（银行的复写账簿除外）或铅笔书写。在账簿登记中，红色数字表示负数，或者是对蓝色数字的冲减、冲销。除规定可以使用红字外，一般不能随便使用。下列特殊情况，可以用红色墨水记账：按照红字冲账的记账凭证，冲销错误记账；在不设借方（或贷方）栏的多栏式账页中，登记减少数；在三栏式账簿的余额栏前，如未印明"借或贷"方向的，在余额栏内登记负数余额；根据国家统一的会计制度的规定，可以用红字登记的其他会计记录。

（八）不得涂改、刮擦和挖补

账簿记录发生错误时，不准刮、擦、挖、补或随意涂改，不准用褪色药水、"消字灵"等更改字迹，也不准重新抄写。应根据具体情况，按规定的方法进行更正。如果是因为记账凭证出现错误而导致账簿的记录发生错误，则应按照已经更正的记账凭证登记账簿，以进行错账更正。

三、错账更正的规则

登记会计账簿难免会发生差错，发生错账的情况是多种多样的，有的是填制凭证和记账时发生的单纯笔误；有的是用错应借、应贷的会计科目，或者错记摘要、金额等；有的是过账错误；有的是合计时计算错误；等等。账簿记录的错误，一经发现，应立即分析发生错误的原因并按规定的方法进行更正，不允许用涂改、刮擦、挖补、药水消除字迹等方法进行更正，也不允许撕毁重抄。在手工记账的情况下，常用的错账更正方法有画线更正法、红字更正法和补充登记法三种。

（一）画线更正法

这种方法适用于在记账后，结账前，发现账簿记录中文字或数字有笔误，或者计算有错误，而记账凭证并没有错误的情况。

更正时，先在错误的文字或数字上画一红线，表示注销，然后在红线上方空白处用蓝黑或碳素墨水填写正确的文字或数字，并由更正人员在更正处盖章，以明确责任。必须注意，在画线时，如果是文字错误，可只划销个别错字；如果是数字错误，不能只划去其中个别写错的数字，而应将整个数字全部划销。划销时，还必须注意使原来的错误字迹仍可辨认。

[例7-1] 记账人员在根据记账凭证登记账簿时，将65 380元误记为63 580元，更正时，应将63 580用红线全部划去（而不能只划去35），然后将正确数字65 380写在错误数字上方，并盖上印章。更正如下：

　　　65 380（印章）
　　　~~63 580~~

（二）红字更正法

这种方法适用于因记账凭证所列会计科目或金额发生错误而引起账簿记录错误的情

况。具体适用于以下两种情形：

第一种情形：记账以后，如果发现据以记账的记账凭证中所记的会计科目名称错误，或者会计科目名称和金额均有错误，进而引起账簿记录有误的，可用红字更正法更正。

更正时，先用红字金额填制一张与原错误记账凭证完全相同的记账凭证，在摘要栏中注明"注销×年×月×号凭证"，并据以用红字登记入账，冲销原有的错误记录；然后再用蓝字填制一张正确的记账凭证，在摘要栏中注明"订正×年×月×号凭证"，并据以登记入账。

[例7-2] 以银行存款6 000元偿还前欠A单位货款。

（1）在填制记账凭证时，借方科目误记为"应收账款"，且已登记入账。记账凭证的会计分录如下：

借：应收账款　　　　　　　　　　　　6 000
　　贷：银行存款　　　　　　　　　　　　　6 000

（2）更正时，先用红字金额填制一张与原错误分录相同的记账凭证，并据以用红字金额登记入账，以冲销账簿中原有错误记录。记账凭证的会计分录如下：

借：应收账款　　　　　　　　　　　　|6 000|
　　贷：银行存款　　　　　　　　　　　　　|6 000|

（3）然后再用蓝字重新填制一张正确的记账凭证，并据以用蓝字登记入账。这样，账簿中原有的错误记录就被更正过来了。记账凭证的会计分录如下：

借：应付账款　　　　　　　　　　　　6 000
　　贷：银行存款　　　　　　　　　　　　　6 000

第二种情形：记账以后，如果发现记账凭证中会计科目运用正确，但所记金额大于应记金额的，也可以采用红字更正法进行更正。这时就需要采用部分冲销的方法。

更正时，先计算出正确金额与错误金额之间的差额，然后以此差额编制一张与原错误记账凭证科目相同的红字金额记账凭证，在摘要栏注明"冲销×年×月×号凭证多记金额"，并据以用红字金额登记入账，就可将多记金额冲销。

[例7-3] 企业基本生产车间生产产品，领用原材料900元。

（1）在填制记账凭证时，误将金额记为9 000元，且已登记入账。记账凭证的会计分录如下：

借：生产成本　　　　　　　　　　　　9 000
　　贷：原材料　　　　　　　　　　　　　　9 000

（2）更正时，应根据多记金额8 100（9 000 - 900）元，填制一张与原错误记账凭证科目相同的红字金额记账凭证，并据以用红字金额登记入账，这样就可以冲销多记金额。记账凭证的会计分录如下：

借：生产成本　　　　　　　　　　　　|8 100|
　　贷：原材料　　　　　　　　　　　　　　|8 100|

（三）补充登记法

这种方法适用于在记账后发现记账凭证的会计科目运用正确，但所记金额小于应记金额的情况。

更正时，只需要根据原记金额小于应记金额的差额，即少记金额，填制一张与原错误记账凭证应借、应贷科目相同的蓝字记账凭证，并在摘要栏注明"补充×年×月×号凭证少记金额"，并据以用蓝字登记入账，这样就可将少记金额补记入账。

[例7-4] 企业基本生产车间生产产品，领用原材料900元。

（1）在填制记账凭证时，误将金额记为90元，且已登记入账。记账凭证的会计分录如下：

借：生产成本   90
  贷：原材料   90

（2）更正时，应根据少记金额810（900－90）元，填制一张与原错误记账凭证应借、应贷科目相同的蓝字记账凭证，并据以用蓝字登记入账，这样就可以补记少记金额。记账凭证的会计分录如下：

借：生产成本   810
  贷：原材料   810

第四节 对账和结账

登记会计账簿作为会计核算的专门方法之一，包括记账、对账和结账三个相互联系、不可分割的工作环节。前面我们讲述了各种会计账簿的登记方法，本节介绍对账和结账的内容和方法。

一、对账

所谓对账，即核对账目，是指在结账前，将会计账簿中记录的有关数字与库存实物、货币资金、往来结算款项等进行核对的工作。定期做好对账工作，目的是保证会计账簿记录的准确、可靠，做到账证相符、账账相符和账实相符。对账工作主要包括以下三个方面的内容。

（一）账证核对

为了做到账证相符，必须进行账证核对。账证核对是指各种会计账簿记录与记账凭证及其所附的原始凭证之间的核对，核对它们的日期、凭证字号、内容、会计科目、金额等是否一致，记账方向是否相符。这种核对，主要是在日常记账工作中进行。

（二）账账核对

为了做到账账相符，必须进行账账核对。账账核对是指各种账簿有关记录、有关指标之间的互相核对，主要包括以下几个方面。

1. **总分类账簿记录的核对**

总分类账各账户的本期借方发生额合计数与贷方发生额合计数应核对相等；总分类账各账户的期末借方余额合计数与贷方余额合计数应核对相等。

2. **总分类账簿与其所属明细分类账簿的核对**

总分类账各账户的期末余额与其所属的各明细分类账户的期末余额之和应核对相等。

3. **总分类账簿与序时账簿的核对**

库存现金总账、银行存款总账的期末余额与库存现金日记账、银行存款日记账的期末余额应核对相等。

4. **会计部门明细账与财产物资保管部门、使用部门明细账的核对**

会计部门的各种财产物资明细账的期末余额与财产物资保管部门、使用部门的有关财产物资明细账的期末余额应核对相等。

（三）账实核对

为了做到账实相符，必须进行账实核对。账实核对是指各种财产物资、债权和债务等的账面余额与其实存数额之间进行的核对。一般是通过财产清查的方法进行的。具体内容包括：

（1）库存现金日记账的账面余额，应每日与现金的实际库存金额核对相符。

（2）银行存款日记账的账面余额，应定期与银行存款对账单余额核对相符，至少每月核对一次。

（3）各种财产物资明细账的账面余额，应定期与财产物资的实存数核对相符。

（4）各种债权和债务明细账的账面余额，应定期与对方单位或个人的账面记录核对相符。

二、结　账

会计主体的经营活动是一个持续不断的过程，为了能及时了解会计主体某一会计期间的经营状况和财务成果，必须在每一会计期间终了时进行结账。

结账就是把一定时期（月度、季度或年度）内所发生的全部经济业务登记入账后，于会计期末结算出各账户的本期发生额和期末余额，结束本期账簿记录，并结转下期。

结账的内容通常包括两个方面：一是结清各种损益类账户，并据以计算确定本期利润；二是结出各种资产、负债和所有者权益类账户的本期发生额合计数和期末余额。

（一）结账的程序

（1）将本期发生的经济业务事项全部登记入账。若发现漏记、错记，应采用适当的方法及时更正。不得提前入账，也不能延至下期入账。

（2）按权责发生制原则，调整有关账项，合理确定本期应计的收入和应计的费用。

（3）将损益类账户结转至"本年利润"账户，结平所有损益类账户。

(4)结算出资产、负债和所有者权益类账户的日记账、总账和明细账的本期发生额和期末余额,并结转下期。

上述工作完成后,就可以根据总分类账和明细分类账的本期发生额和期末余额的记录,分别进行试算平衡。

(二)结账的方法

结账工作通常分为月结、季结和年结三种。结账的时间不一,所要达到的目的各异,结账的方法也有所不同。

1. 月结

月结在每月月末进行。对于库存现金、银行存款日记账和需要按月结出发生额的收入类、费用类账户等的明细账,在各账户本月最后一笔记录下面画一条通栏单红线,表示本月记录到此为止。在这条红线下一行的摘要栏内注明"本月合计"或"本月发生额及余额"字样,在"借方""贷方""余额"栏分别填入本月合计数和月末余额,同时在"借或贷"栏内注明借贷方向。如无余额,在"余额"栏内写上"0",在"借或贷"栏内写上"平"。然后,再在这一行下面画一条通栏单红线,以便和下月的记录相区分。之后,将本月计算出来的余额结转至下月该账户的第一行,即形成下月的月初余额。在月初余额的下一行即可连续登记下月新发生的业务。

对于不需要结计月度发生额的账户,如各项应收、应付款明细账和各项财产物资明细账等,每次记账后都要随时结出余额,每月最后一笔余额即为月末余额。月末结账时,只需要在最后一笔记录下面画一条通栏单红线,不需要再结计一次余额。

对于本月未发生金额变化的账户,不进行月结。

对于需要结出本年累计发生额的账户,在"本月合计"行结出本月发生额和月末余额后,应在下一行增加"本年累计",计算出自年初起至本月末止该账户的累计发生额(每年的第一个月末,不需要结计本年累计发生额合计数),并在下面划通栏单红线,如表7-15所示。12月末的"本年累计"就是全年累计发生额,全年累计发生额下面画通栏双红线。

表7-15 明细分类账 第×页

总分类科目:主营业务收入

明细分类科目:A产品销售收入

20××年		凭证		摘要	借方	贷方	借或贷	余额
月	日	字	号					
7	15	转	3	销售产品		1 000	贷	1 000
	25	转	6	销售产品		2 000	贷	3 000
	31	转	21	结转	3 000		平	0
	31			本月合计	3 000	3 000	平	0
	31			本年累计	9 000	9 000	平	0

注:表格中的单虚线代表单红线。

2. 季结

每个季末需要进行季结。通常在季度终了,结算出本季度三个月发生额的合计数及季末余额,写在最后一个月月结的下一行内,在摘要栏内注明"第×季度合计"或"本季合计"字样,同时结出借方、贷方发生总额及季末余额,并在这一行下面再画一条通栏单红线,表示季结的结束。

3. 年结

年终需要进行年度结账。年度终了结账时,所有总账账户都应当结出全年发生额和年末余额。在本年 12 月月结或有季结的第四季度季结的下一行,结算出全年 12 个月的发生额累计数和年末余额,在摘要栏内注明"本年合计"或"本年发生额及余额"字样,并在下面划双红线,表示本年度记录的结束。最后,将本年余额结转下一会计年度,在摘要栏内注明"结转下年"字样,表示本年度记账工作结束。在下一年度新建有关会计账簿的第一行余额栏内,填写上年结转的余额,并在摘要栏内注明"上年结转"或"年初余额"字样,使年末有余额账户的余额如实地反映在下一年度的账户中,以免混淆有余额的账户和无余额的账户。

表 7-16 总分类账

账户名称:原材料　　　　　　　　　　　　　　　　　　　　　　　　　　　　第×页

20××年		凭证		摘要	借方	贷方	借或贷	余额
月	日	字	号					
1	1			上年结转			借	15 000
	……			……	……	……	……	……
	31			本月合计	184 000	100 000	借	99 000
2	1			月初余额			借	99 000
	……			……	……	……	……	……
	28			本月合计	176 000	152 000	借	123 000
3	1			月初余额			借	123 000
	……			……	……	……	……	……
	31			本月合计	245 000	28 000	借	340 000
	31			第一季度合计	605 000	280 000	借	340 000
	……			……	……	……	……	……
	……			……	……	……	……	……
12	31			本月合计	……	……	……	……
12	31			第四季度合计	198 000	82 000	借	228 000
	31			本年合计	1 607 000	1 394 000	借	228 000
	31			结转下年			借	228 000

注:表格中的单虚线代表单红线,双虚线代表双红线。

第五节 会计账簿的更换和保管

一、会计账簿的更换

会计账簿的更换,是指在会计年度开始时启用新账簿,并将上年度的会计账簿归档保管。为了便于账簿的使用和管理,一般情况下,总账、日记账和绝大多数明细账应每年更换一次。对于年度内业务发生量较少,变动不大的部分明细账,如固定资产明细账或固定资产卡片账及备查账簿可以连续跨年使用,不必每年更换新账。

会计账簿更换时,要遵守账簿启用规则,并按如下具体方法操作:对于需要更换的各种账簿,在进行年终结账时,首先要检查本年度的账簿记录是否全部结清,然后在新账簿中有关账户的第一行"日期"栏内注明"1月1日","摘要"栏内注明"上年结转"或"年初余额"字样,将上年的年末余额以同方向记入新账簿中的"余额"栏内,并在"借或贷"栏内注明余额的方向。新旧账簿有关账户之间的余额结转,无须编制记账凭证,因此凭证号栏、借方栏和贷方栏无须填制。

二、会计账簿的保管

会计账簿是各单位重要的会计档案资料,每个单位必须健全账簿管理制度,妥善保管各种账簿,以确保账簿的安全和完整。会计账簿的管理包括日常管理和归档保管两个方面。

(一) 会计账簿的日常管理

(1) 各种会计账簿要分工明确,指定专人管理,账簿经管人员既要负责记账、对账和结账等工作,又要负责保证账簿的安全和完整。

(2) 会计账簿未经本单位领导或会计部门负责人等批准,非经管人员不能随意翻阅查看、摘抄和复制等。

(3) 会计账簿除需要与外单位核对外,一般不能携带外出,对于需要携带外出的账簿,必须经本单位领导和会计部门负责人批准,并指定专人负责,不准交给其他人员管理,防止任意涂改和毁坏账簿等问题的发生。

(二) 会计账簿的归档保管

年度终了,在将各种账户余额结转下年、建立新账后,一般都要把旧账送交总账会计集中统一管理。会计账簿暂由本单位财务会计部门保管一年,期满之后,由财务会计部门编造清册移交本单位的档案管理部门保管。各种账簿应当按年度分类归档,编造目录,妥善保管。既要保证在需要时可以迅速查阅，又要保证各种账簿的安全和完整。

具体内容如下。

1. **整理**

归档前应对更换下来的旧账簿进行整理。首先检查旧账簿是否收集齐全，然后检查各种账簿应办的会计手续是否完备，对于手续不充分的，应补办手续，如注销空行空页、加盖印章、结转余额等。

2. **装订成册**

账簿经过整理后要装订成册。装订前首先应检查账簿的扉页内容是否填写齐全，手续是否完备。其次检查订本式账簿从第一页到最后一页是否按顺序编写页数，有无缺页或跳页；活页式账簿或卡片式账簿是否按账页顺序编号，是否加具封面。装订时根据实际情况，一个账户可装订成一册或数册，也可以将几个账户合并装订成一册。装订后应由经管人员、装订人员和会计主管人员在封口处签名或盖章。

3. **办理交接手续，归档保管**

账簿装订成册后，应编制目录，填写移交清单，办理交接手续，归档定期保管。保管人员应按照《会计档案管理办法》的要求，编制索引，妥善保管，以便日后查阅，要注意防火、防盗、通风，以防账簿毁损、霉烂等。保管期满后，应按规定的审批程序报经批准后才能销毁，不得任意销毁。

会计账簿的查阅、保管期限、销毁等具体要求，详见教材第十一章。

本 章 小 结

会计账簿是以经过审核的会计凭证为依据，由具有一定格式并相互联系的账页所组成的，用来全面、系统、分类、序时地记录和反映会计主体各项经济业务的会计簿籍。设置和登记账簿是连接会计凭证和会计报表的中间环节，在会计核算中具有重要意义。会计账簿按用途不同，可分为序时账簿、分类账簿和备查账簿；按外表形式不同，可分为订本式账簿、活页式账簿和卡片式账簿；按账页格式不同，可分为三栏式账簿、多栏式账簿和数量金额式账簿。

库存现金和银行存款日记账必须采用订本式账簿，其账页格式一般采用三栏式，也可采用多栏式。日记账一般应由出纳人员根据审核后的收、付款凭证，按时间顺序逐日逐笔登记。总分类账应采用订本式账簿，账页格式一般有三栏式和多栏式两种。总分类账的登记可以直接根据记账凭证逐笔登记，也可以根据科目汇总表或汇总记账凭证登记。明细分类账作为对总账的明细反映和必要补充，一般采用活页式账簿，也可以采用卡片式账簿。其账页采用三栏式、数量金额式和多栏式等多种格式。明细分类账的登记一般以记账凭证为依据，也可以以原始凭证或原始凭证汇总表为依据，分别采用逐日逐笔登记或者定期汇总登记等方法。

在新的会计年度开始时，除固定资产明细账等少数账簿因变动不大，可继续使用外，其余账簿一般均应结束旧账，启用新账，切忌跨年度使用。会计账簿登记工作必须切实做到登记正确及时、内容完整、数字准确、责任明确。一旦发生错账，则应根据不同的错账情况，采用画线更正法、红字更正法和补充登记法等方法进行更正。

会计期末，应进行对账和结账工作。对账是指在结账前，将会计账簿中记录的有关数字与库存实物、货币资金、往来结算款项等进行核对的工作，主要包括账证核对、账账核对和账实核对三个方面。结账是把一定时期（月度、季度或年度）内所发生的全部经济业务登记入账后，结算出各账户的本期发生额和期末余额，并结转下期账簿的一种方法。结账工作通常分为月结、季结和年结三种。

会计账簿是重要的经济档案，在经济管理中具有重要作用。因此，需要按规定对会计账簿进行妥善的管理。

思考题

1. 设置会计账簿在会计核算中有何重要意义？
2. 会计账簿按不同的标准有哪些分类？
3. 明细分类账的账页有哪些格式？适用情况如何？
4. 为什么要进行对账？对账有哪些内容？
5. 会计账簿记录有误，如何更正？说明各更正方法的适用条件。
6. 简要说明结账的主要程序。

第八章 财产清查

通过本章学习,了解并掌握:
1. 财产清查的意义和种类;
2. 实地盘存制和永续盘存制;
3. 各项财产物资的清查方法;
4. 银行存款余额调节表的编制;
5. 财产清查结果的账务处理。

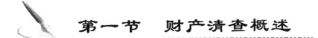

第一节 财产清查概述

一、财产清查的意义

(一)财产清查的概念

财产清查是会计核算的方法之一。财产清查也称"盘存",是指通过对货币资金、实物资产和往来款项等财产物资的盘点或核对,确定其实存数,并与账存数核对,查明账实是否相符的一种会计核算方法。

(二)财产清查的原因

经过及时填制和审核会计凭证,并根据审核无误的会计凭证登记账簿,按理说账簿记录能够随时反映企业财产物资的变化情况及实有数,账实应该是相符的。但是,在实际会计工作中,账簿记录往往与各项财产物资实有数不一致,即出现通常所说的"账实不符"

现象。造成账实不符的原因是多方面的，有客观原因，也有主观原因。概括起来，主要包括以下几个方面：

（1）在财产物资收发时，因计量、计算和检验不准确造成的品种、规格、数量、质量、记录上的差错。

（2）在财产物资保管中，因自然条件变化或其他因素造成的自然损耗或升溢。

（3）在财产物资发生增减变化时，没有及时填制凭证、登记入账，或者在填制凭证、登记入账时发生重记、漏记、错记、错算等情况。

（4）因管理不善或工作人员失误造成的财产物资损坏、变质或短缺。

（5）发生自然灾害或意外损失。

（6）因不法分子贪污盗窃、营私舞弊造成的财产损失。

（7）结账日账单未达或拒付等原因导致企业与其他单位之间结算款项不符。

上述账实不符情况，少数是自然因素造成的，不能完全避免，而大部分是人为因素造成的，是可以避免的。但无论是何种原因造成的账实不符，不仅影响到企业会计核算的质量，也会给企业带来不应有的损失。

因此，为了维护企业会计核算的客观性、相关性原则，保证会计资料的真实和完整，这就要求企业运用财产清查这一会计核算方法，一方面对清查所发现的账实不符的情况，按规定进行处理，调整账簿记录，保证账实相符，正确反映企业各项财产物资的真实情况；另一方面，针对财产清查中发现的问题，及时查明原因和责任，采取有效措施，加强管理。

（三）财产清查的作用

财产清查可以起到以下几个方面的作用。

1. 保证会计核算资料的真实和完整

通过财产清查，可以查明各项财产物资的实有数，发现实有数与账存数之间的差异，分析差异的原因，判断差异的性质，采取正确的方法，调整账面记录，保证账实相符，确保会计核算资料的真实和完整。

2. 保护财产物资的安全和完整

通过财产清查，可以查明财产物资的保管、使用和收发情况，查明有无因管理不善造成损失浪费、霉烂变质、损坏丢失或非法挪用、贪污盗窃等情况，以便采取有效措施，加强财产物资的管理，保证企业财产物资的安全和完整。

3. 保证财经纪律和结算制度的贯彻执行

通过财产清查，可以查明财产的验收、保管、收发、调拨、报废及现金出纳、账款结算等手续制度的贯彻执行情况，查明各项资金使用是否合理、合法，各种往来款项有无逾期拖欠情况，以便企业建立和完善各项管理和核算制度，从而促使企业严格遵守各项财经制度和纪律，按财务制度和财经纪律进行正常的经济活动。

4. 挖掘财产物资的潜力，提高物资使用效率

通过财产清查，可以查明财产物资的储备和利用情况，如有无超储积压或者储备不足，有无财产物资大幅度贬值，有无长期拖欠、拒付往来款项及未达账项等情况，以便及时为经营管理提供信息资料，充分挖掘资金使用潜力，减少资金占用，加速资金周转，提高经济效益。

二、财产清查的种类

（一）按清查的范围，可分为全面清查和局部清查

1. 全面清查

全面清查，即对企业所有的财产物资进行全面的盘点和核对。全面清查内容多、范围广、工作量大，所需要的时间比较长，投入的人力、物力也比较多，一般只在以下情况下进行：

（1）年终决算以前。

（2）单位撤销、分立、合并或改变隶属关系。

（3）中外合资、国内联营。

（4）进行清产核资、资产评估和资本验证。

（5）单位主要负责人调离工作等。

2. 局部清查

局部清查，即根据管理需要对某一部分财产物资进行盘点和核对。其清查的主要对象是流动性较大的财产，如库存现金、原材料、在产品和产成品等。局部清查内容少、范围小，需要投入的人力少，花费的时间也较短，但专业性较强。一般在以下情况下进行：

（1）对于原材料、在产品和产成品等，除年度清查外，应有计划地每月重点抽查。

（2）对于各种贵重物资，每月应盘点清查一次。

（3）对于库存现金，每日终了应由出纳人员清查实存数，并与库存现金日记账结存数核对，做到日清月结。

（4）对于银行存款和银行借款，应由出纳人员每月与银行核对一次。

（5）对于各种往来款项，应在年度内至少与有关单位核对一至两次。在有关人员调动时，也需要进行专题清查。

（二）按清查的时间，可分为定期清查和不定期清查

1. 定期清查

定期清查，是指根据管理制度的规定或预先计划安排的时间对财产物资进行的清查。一般是在年终、季末、月末、每日结账时进行。其清查对象和范围视实际需要而定，可以全面清查也可以局部清查。

2. 不定期清查

不定期清查，是指事先并未规定时间，而是根据实际需要进行的临时清查。

一般在以下情况下进行：

（1）更换财产物资或库存现金出纳人员时，要对其所保管的财产物资或现金进行清查，以明确经济责任。

（2）发生自然灾害或意外损失时，为查明受损情况，应对受灾的有关财产物资进行清查。

（3）上级主管部门和财政、税务、银行等有关部门对企业进行检查时，应根据检查的要求和范围进行清查。

（4）企业撤销、合并或改变隶属关系时，应及时进行清查，以摸清家底。

（三）按清查的组织情况，可分为内部清查和外部清查

1. 内部清查

内部清查，即企业自行组织的清查，一般在月末、年末结账，或者更换财产物资保管人员或现金出纳时进行。

2. 外部清查

外部清查，即由上级主管部门、财税机关、审计机关、会计师事务所、保险公司、检察院等组织的清查。企业应协助有关部门对其进行清查。

三、财产清查的准备

财产清查是一项复杂细致的工作，涉及面广、政策性强、工作量大。财会部门、管理部门、财产物资保管部门和使用部门应配合清查人员，共同做好本单位的财产清查工作。为了保证清查工作的顺利进行，在实施财产清查前，应有领导、有组织、有计划地做好各项准备工作。

（一）组织准备

首先，进行全面清查时，应成立包括单位负责人、会计人员、财产保管人员等组成的清查小组；进行局部清查时，则由专人负责具体清查工作。

其次，应根据上级或有关部门的要求，按照单位规模的大小和财产的多少制订清查计划，明确规定清查的对象和范围，安排清查工作的进度，确定清查的方法，配备必要的工作人员。

再次，在清查过程中，清查小组应负责指导清查工作的进行，检查清查进度和质量。

最后，清查结束后，应根据清查中发现的问题编制财产清查报告表，并提出清查结果的处理意见。

（二）业务准备

为了做好财产清查工作，各业务部门，尤其是财产物资管理部门和财会部门应主动配合做好各项准备工作，主要包括：

（1）财会部门和会计人员应于财产清查前，将截至清查日的有关账目结算、核对清

楚，做到账证、账账相符，为清查工作提供核对依据。

（2）财产物资管理部门和保管人员，应将截至清查日的所有财产物资的收发凭证登记入账，并结出余额。同时，将各项财产物资整理有序，详细标明编号、品种、规格和数量等，注明结存数，以便实地盘点顺利进行。

（3）在清查地点，清查人员应校验好各种必要的计量器具和准备好有关的清查登记用的清单、报表和账册等。

在完成以上各项准备工作后，清查人员就应该根据清查对象的特点及清查目的，采用合适的清查方法实施财产清查了。

第二节 财产清查的盘存制度

财产清查的盘存制度是指在日常会计核算中以什么方法确定各项财产物资的期末账存数。企业财产物资的盘存制度有两种：实地盘存制和永续盘存制。

一、实地盘存制

（一）概念

实地盘存制也称"定期盘存制""以存计销制"，是指通过对期末财产物资进行实地盘点来确定其期末账存数的一种方法。在该方法下，对各种财产物资平时只在账簿中登记增加数，不登记其减少数；月末根据财产物资实地盘点得到的实存数确定账存数，进而倒轧出财产物资的减少数，并据以登记有关账簿。

这种盘存制度可以用以下公式表示：

$$本期减少数 = 期初结存数 + 本期增加数 - 期末盘点数$$

[例8-1] 天雅公司对甲材料采用实地盘存制核算。20××年8月关于甲材料的核算资料如下：

（1）月初结存200千克，计400元。

（2）本月2日购进入库80千克，实际成本160元。

（3）本月5日生产领用200千克，实际成本400元。

（4）本月8日购进入库100千克，实际成本200元。

（5）本月15日生产领用50千克，实际成本100元。

（6）月末实地盘点甲材料实存130千克，实际成本260元。

该公司按实地盘存制登记甲材料明细账，如表8-1所示。

表 8-1 甲材料明细账（实地盘存制）

20××年		凭证		摘要	收入			发出			结存		
月	日	字	号		数量	单价	金额	数量	单价	金额	数量	单价	金额
8	1			月初结存							200	2	400
	2	付	10	入库	80	2	160				280	2	560
	8	转	6	入库	100	2	200				380	2	760
	31			本月合计及期末余额	180	2	360	250	2	500	130	2	260

本期发出数量 250 千克 = 期初结存数量 200 千克 + 本期收入数量 180 千克 − 期末盘点数量 130 千克。

（二）优缺点及适用情况

实地盘存制的主要优点是：记账简单。平时只记财产物资的增加数，不记减少数和结存数，月末汇总计算减少数，一次登记总账，从而大大简化日常核算工作量。

实地盘存制的主要缺点：一是不能随时反映财产物资的收入、发出和结存动态信息；二是"以存计耗"或"以存计销"掩盖了如非正常、贪污盗窃等引起的损失，影响经营成果的核算，进而影响会计核算的真实性，手续不严密，不利于企业加强对财产物资的管理和控制；三是不能随时结转销售或耗用财产物资的成本，影响成本结转的及时性，而月末定期一次结转，加大了月末会计核算工作量。

由于实地盘存制存在上述缺点，企业一般不能采用这种盘存制度。实地盘存制一般只适用于一些价值低、品种杂、进出频繁的商品或材料物资。

二、永续盘存制

（一）概念

永续盘存制也称"账面盘存制"，是指对各种财产物资的增加或减少，都必须在有关账簿中进行连续登记，并随时结算出其账面余额的一种方法。

这种盘存制度可以用以下公式表示：

本期账面结存数 = 期初账面结存数 + 本期账面增加数 − 本期账面减少数

[例 8-2] 天雅公司对甲材料采用永续盘存制核算。20××年 8 月关于甲材料的核算资料如下：

（1）月初结存 200 千克，计 400 元。

（2）本月 2 日购进入库 80 千克，实际成本 160 元。

（3）本月 5 日生产领用 180 千克，实际成本 360 元。

（4）本月 8 日购进入库 100 千克，实际成本 200 元。

（5）本月 15 日生产领用 50 千克，实际成本 100 元。

（6）月末实地盘点甲材料实存 150 千克，实际成本 300 元。

该公司按永续盘存制登记甲材料明细账，如表 8-2 所示。

表 8-2　甲材料明细账（永续盘存制）

20××年		凭证		摘要	收入			发出			结存		
月	日	字	号		数量	单价	金额	数量	单价	金额	数量	单价	金额
8	1			月初结存							200	2	400
	2	付	10	入库	80	2	160				280	2	560
	5	转	3	领用				180	2	360	100	2	200
	8	转	6	入库	100	2	200				200	2	400
	15	转	9	领用				50	2	100	150	2	300
	31			本月合计及期末余额	180	2	360	230	2	460	150	2	300

月末账面结存数量 150 千克 = 期初账面结存数量 200 千克 + 本期账面增加数量 180 千克 − 本期账面减少数量 230 千克。

（二）优缺点及适用情况

永续盘存制的主要优点：一是能随时提供财产物资的收入、发出和结存动态信息，有利于加强日常监督和管理；二是可以通过盘点及时发现账实不符等情况；三是可以随时将账存数与实存数做比较，有利于进行购销决策，降低库存，加速资金周转。

永续盘存制的主要缺点：在财产品种复杂、繁多的企业，平时明细账的核算工作量大，耗费较多的人力和物力。

与实地盘存制相比，永续盘存制在核算的准确性、对财产物资的管理方面，具有明显的优越性。因此，在实际工作中，除少数特殊情况外，企业均应采用永续盘存制。

需要指出的是，无论是实地盘存制还是永续盘存制均需要进行实地盘点，但两者盘点的目的不同，前者是为了倒算出减少数，后者是为了达到账实一致。

第三节　财产清查的方法

财产清查的内容主要包括货币资金、实物资产和往来款项等，由于各类财产物资的特点不同，在实际进行财产清查时，应分别不同形态的财产物资，采用相应的清查方法。

一、货币资金的清查方法

货币资金的清查具体包括库存现金的清查和银行存款的清查。

（一）库存现金的清查方法

库存现金的清查，应采用实地盘点的方法。即先实地盘点库存现金的实存数，然后与库存现金日记账的账面余额相核对，以查明账实是否相符。

在进行库存现金清查时，为了明确经济责任，出纳人员必须在场，并且不允许有违反现金管理规定的情况，如白条抵库、超限额留存现金等情况。盘点结束后，应根据盘点的结果及与库存现金日记账核对的情况，填制"库存现金盘点报告表"（其格式如表8-3所示）。该表是重要的原始凭证，既起确定库存现金实存数的作用，又起对比实存数和账存数的作用，由盘点人和出纳员共同签章方能生效。对于清查中发现的库存现金盘盈（长款）、盘亏（短款）的情况，要认真查明原因，财会部门应将清查结果及时报告给企业有关部门负责人，等待对清查结果的批准意见，并按规定进行相应的账务处理。

表8-3 库存现金盘点报告表

单位名称： 　　　　　　　　年　月　日　　　　　　　　单位：元

实存金额	账存金额	对比结果		备注
		盘盈	盘亏	

盘点人（签章）：　　　　　　　出纳员（签章）：

（二）银行存款的清查方法

银行存款的清查，应采用与开户银行核对账目的方法。即企业将开户银行送来的银行存款对账单与本企业的银行存款日记账进行逐笔核对，查明有无未达账项及其具体情况的财产清查的方法。

核对前，应检查截至清查日的所有涉及银行存款收付的业务是否已全部登记入账，余额计算是否正确，并检查本企业银行存款日记账的正确性和完整性。然后，与开户银行送来的对账单逐笔核对。

通过核对，往往会发现银行存款对账单上的余额与本企业银行存款日记账上的余额不一致。其主要原因如下：一是双方在记账中可能发生错记、漏记等；二是由于未达账项的存在。如果是错记、漏记，应及时更正；如果是未达账项，则应于查明后，编制"银行存款余额调节表"。

1. 未达账项

所谓未达账项，是指企业和银行之间对于同一项业务，因取得结算凭证的时间不一致而发生的一方已取得凭证登记入账，另一方尚未取得凭证而尚未入账的款项。未达账项一般有以下四种情况：

一是企业已经收款记账，而银行尚未收款记账。例如，企业收到其他单位的转账支票。

二是企业已经付款记账，而银行尚未付款记账。例如，企业开出转账支票，而对方尚未到银行办理转账手续。

三是银行已经收款记账，而企业尚未收款记账。例如，托收货款和银行支付给企业存款利息等。

四是银行已经付款记账，而企业尚未付款记账。例如，银行代企业支付公用事业费用和向企业收取借款利息等。

当出现第一和第四种情况时，银行存款日记账账面余额会大于银行存款对账单上的余额；当出现第二和第三种情况时，银行存款日记账账面余额会小于银行存款对账单上的余额。

上述任何一种情况的发生，都会使双方的账面余额不相一致。为了查明银行存款的实有数，检查账簿记录是否正确，企业应将银行存款日记账的发生额与银行存款对账单的发生额，逐笔核对，找出未达账项，并据此编制"银行存款余额调节表"，使双方的余额保持一致。

2. 银行存款余额调节表的编制

银行存款余额调节表的编制是在银行存款日记账和银行存款对账单余额的基础上，各自加上对方已收、本单位未收的款项，减去对方已付、本单位未付的款项。消除未达账项的影响后，银行存款日记账的余额和银行存款对账单的余额应该相等。

"银行存款余额调节表"的编制原理可用以下公式表示：

银行存款日记账余额＋银行已收而企业未收的款项－银行已付而企业未付的款项
＝银行存款对账单余额＋企业已收而银行未收的款项－企业已付而银行未付的款项

[例8-3] 某厂20××年9月底银行存款日记账账面余额为107 800元，银行存款对账单上的余额为108 300元，经查对账目，发现下列未达账项：

（1）银行已于9月29日代该厂支付电费1 800元，尚未通知该厂。

（2）该厂在9月30日收到外单位为偿还欠款交来的转账支票一张，票面金额为4 200元，已送存银行，但银行尚未入账。

（3）该厂于9月30日签发转账支票一张购买材料，金额为4 000元，持票人未到银行办理转账结算。

（4）该厂本季度存款利息计2 500元，银行结算后已入账，但该厂尚未收到存款结息通知。

根据上述未达账项，编制"银行存款余额调节表"，如表8-4所示。

表8-4 银行存款余额调节表

20××年9月30日　　　　　　　　　　　　　　　　　　　　　单位：元

项目	金额	项目	金额
银行存款日记账余额	107 800	银行存款对账单余额	108 300
加：银行已结算存款利息	2 500	加：企业已送存银行转账支票	4 200
减：银行已代付电费	1 800	减：企业已签发转账支票	4 000
调节后日记账余额	108 500	调节后对账单余额	108 500

通过编制"银行存款余额调节表"进行调整后,如果双方余额相等,则说明双方记账基本正确,而这个相等的金额表示企业可以实际动用的银行存款实有数;若不符,则表示本企业及开户银行的一方或双方存在记账差错,应进一步查明原因,采用正确的方法进行更正。

必须指出,"银行存款余额调节表"只是一种清查工具,不能作为账务处理的原始凭证,不能据此更改账簿记录。对于银行已入账但企业尚未入账的未达账项,企业只有在收到有关结算凭证后,才能据以编制记账凭证登记入账。

二、实物资产的清查方法

各种实物资产,如存货、固定资产的实物形态、重量、体积、堆放方式不尽相同,清查时应选择不同的清查方法。常见的清查方法有以下两种。

(一)实地盘点法

实地盘点法是指在实物资产存放现场,通过逐一清点,或者用计量仪器确定其实存数的一种方法。比如,以件或台为计量单位的产成品或机器设备,可以通过点数的方法确定其实存数;又如,以千克、吨为计量单位的材料,可以通过过秤来确定其实存数。

这种方法适用范围较广,大多数实物资产的清查都使用该方法,但工作量较大。

(二)技术推算法

技术推算法是指通过技术方法推算实物资产实存数的一种方法。这种方法适用于大量成堆、廉价笨重且难以逐一清点、不便于用计量器具计量的实物资产等,如露天堆放的煤、砂石、焦炭等。但使用这种方法时,必须做到测定标准重量比较准确,整理后的形状符合规定要求。只有这样计算出的数额才能接近实际。

为了明确经济责任,各项实物资产进行盘点时,实物保管人员必须在场并参加盘点。对盘点的结果,应如实地记入"盘存单"(其格式如表8-5所示)。盘点人和实物保管人应同时在"盘存单"上签章。

表8-5 盘存单

单位名称:东方厂 财产类别:原材料
盘点时间:20××年×月×日 存放地点:仓库A室

编号	名称	规格	计量单位	数量	单价	金额	备注

盘点人(签章): 保管人(签章):

为了进一步查明实存数与账存数是否一致,财会部门应将盘存单所列各项实物资产的盘点数量与账面余额核对,并填制"实存账存对比表"(其格式如表8-6所示),也称"盘盈、盘亏报告表"。该表是调整账簿记录的重要原始凭证,也是分析账存与实存差异的原因,查明经济责任的依据。

表 8-6　实存账存对比表

单位名称：东方厂　　　　　　　　　　　　　　　　　　存放地点：仓库 A 室
财产类别：原材料　　　　　　　　　　　　　　　　　　清查时间：20××年×月×日

编号	名称与类别	计量单位	单价	实存		账存		对比结果				备注
								盘盈		盘亏		
				数量	金额	数量	金额	数量	金额	数量	金额	

盘点人（签章）：　　　　　　　　　　　　　　　会计（签章）：

三、往来款项的清查方法

往来款项是指本单位与其他单位或个人之间的各种应收账款、应付账款、预收账款、预付账款及其他应收、应付款项。为了保证往来款项账目的正确性，并促使及时清算，防止长期拖欠，应及时对往来款项进行清查。

往来款项的清查，一般采取发函询证法，即派人或以通信的方式，向往来结算单位核实账目。清查单位应将截至清查日的有关结算款项全部登记入账，并在保证账簿记录完整、正确的基础上，按每一往来结算单位编制"往来款项对账单"，派人或发函送达对方。对账单一般一式两联，一联作为回单，对方核对相符，应在回单上加盖公章后退回本单位；如果核对不符，应在回单上注明不符情况，或另抄账单退回，以便进一步核对。在清查过程中，如果发现未达账项，清查单位也应编制未达账项余额调节表予以调整。

往来款项清查结束后，应根据清查结果编制"往来款项清查结果报告单"（其格式如表 8-7 所示）。对于其中有财务纠纷的款项和无法收回或无法清偿的款项，应详细说明情况，报请财产清查小组或上级处理，以便尽快了结这些逾期的债权、债务。

往来款项清查结果经研究后，应按规定和批准意见处理。积极催收该收回的款项，及时偿还该偿付的款项；共同协商有争议的款项，不能协商解决的，可以通过法律途径进行调节或裁决；确实无法收回或无法支付的款项应进行核销处理，并在备查簿中进行记录。

表 8-7　往来款项清查结果报告单

单位名称：　　　　　　　　　　　　　　　年　月　日

明细账户名称	账面结存余额	实存		发生日期	核对不符原因分析					备注
		核对相符金额	核对不符金额		错误账项	未达账项	拒付账项	异议账项	其他	

第四节 财产清查结果的处理

一、财产清查结果的业务处理

企业通过财产清查,必然会发现财产管理和会计核算工作等方面存在的问题,妥善处理好这些问题,是财产清查的重要环节。对于财产清查的结果,必须以国家的有关政策、法令和制度为依据,严肃认真地深入分析,查明原因,对不同性质的问题,应提出不同的处理意见。为此,应切实做好以下几方面的工作。

(一) 查明账实不符原因,按照规定程序报批

在财产清查中发现账实不符现象时,应先核定其相差数额,然后分析产生差异的原因,明确经济责任,提出处理意见。处理方案应按规定的程序报请上级领导审批。

(二) 积极处理积压物资和长期拖欠的款项

通过财产清查,发现企业多余积压的物资,应积极组织销售或加工改制利用。查明拖欠账款、未了的暂收暂付款项、发出商品被拒付货款等情况,应根据合同或有关经济法规,积极催收,或者提请有关部门仲裁。

(三) 针对管理中的薄弱环节,建立健全财产管理制度

针对财产清查中发现的问题和管理上的薄弱环节,应总结经验教训,由各基层部门和管理部门提出改进措施,并经有关人员和领导研究决定,以改进和完善财产管理制度,加强财产物资管理责任制。

(四) 做好财产清查的账务处理工作

对于财产清查中发现的盘盈、盘亏和毁损,报经有关部门审批后,会计部门应及时入账,以便调整账簿记录,做到账实相符。

二、财产清查结果的账务处理

在财产清查后若发现账实不符,进行账务处理时一般分以下两个步骤:

第一,审批前,应根据已查明属实的财产盘盈、盘亏和毁损情况,及时编制记账凭证,调整有关财产的账面记录,并转入"待处理财产损溢"账户,以使账实相符;同时,应根据企业的管理权限,将处理建议报股东大会或董事会,或经理(厂长)会议或类似机构批准。

第二,审批后,应根据发生差异的原因及批准处理的意见,编制记账凭证,转销"待

处理财产损溢"账户,同时记入其他有关账户。

(一)"待处理财产损溢"账户的设置

为了核算和监督企业在财产清查中出现的某些财产盘盈、盘亏和毁损及其处理情况,应设置"待处理财产损溢"账户,下设"待处理流动资产损溢"和"待处理固定资产损溢"两个明细账户。该账户属于双重性质账户,借方登记发生的财产盘亏、毁损数及经批准转销的财产盘盈数;贷方登记发生的财产盘盈数及经批准转销的财产盘亏、毁损数。按规定,对于待处理财产损溢,企业应及时查明原因,在期末结账前处理完毕,处理后该账户应无余额。

(二)财产清查结果的账务处理方法

由于清查对象不同,对清查结果的账务处理也不相同。这里仅就库存现金、存货和固定资产清查结果的账务处理做一介绍。

1. 库存现金盘盈、盘亏的账务处理

企业应于每日终了对库存现金进行清查,如发现现金短缺或溢余,应通过"待处理财产损溢"账户核算。

(1)库存现金盘盈。

库存现金清查中发现现金溢余的,应按实际溢余的金额,借记"库存现金"账户,贷记"待处理财产损溢"账户。若查明原因是应支付给有关人员或单位的,借记"待处理财产损溢"账户,贷记"其他应付款"账户;若无法查明原因的,经批准后,借记"待处理财产损溢"账户,贷记"营业外收入"账户。

[例8-4] A公司在财产清查中发现库存现金溢余80元。

审批前,根据"库存现金盘点报告表"确定的库存现金盘盈数,调整账面记录,编制会计分录如下:

  借:库存现金   50
    贷:待处理财产损溢——待处理流动资产损溢 50

审批后,若无法查明原因的:

  借:待处理财产损溢——待处理流动资产损溢 50
    贷:营业外收入   50

(2)库存现金盘亏。

库存现金清查中发现现金短缺的,应按实际短缺的金额,借记"待处理财产损溢"账户,贷记"库存现金"账户;然后,视不同情况,借记相关账户,贷记"待处理财产损溢"账户。这里的不同情况通常对应以下三种做法:一是视为出纳人员失职,为了加强管理、彻底堵住管理漏洞,可责令其赔偿,借记"其他应收款"账户;二是视为管理水平欠佳,借记"管理费用"账户;三是视为偶然发生的损失,借记"营业外支出"账户。较多单位采用第一种做法。

[例8-5] B公司在财产清查中发现库存现金短缺120元。

审批前,根据"库存现金盘点报告表"确定的库存现金盘亏数,调整账面记录,编制会计分录如下:

  借:待处理财产损溢——待处理流动资产损溢 120
   贷:库存现金 120

审批后,若其中100元应由出纳员赔偿,另20元无法查明原因:

  借:其他应收款 100
    管理费用 20
   贷:待处理财产损溢——待处理流动资产损溢 120

  2. **存货盘盈、盘亏和毁损的账务处理**

(1)存货盘盈。

发现存货盘盈后,应调整存货账面记录,借记有关存货类账户,贷记"待处理财产损溢"账户。经审批后,再冲减管理费用,借记"待处理财产损溢"账户,贷记"管理费用"账户。

[例8-6] 某企业经财产清查,发现盘盈钢材2 000元,经查该项盘盈属于收发计量差错造成。

审批前,应根据"实存账存对比表"所确定的钢材盘盈数额,调整账面记录,编制会计分录如下:

  借:原材料 2 000
   贷:待处理财产损溢——待处理流动资产损溢 2 000

审批后,冲减管理费用:

  借:待处理财产损溢——待处理流动资产损溢 2 000
   贷:管理费用 2 000

(2)存货盘亏、毁损。

发现存货盘亏、毁损后,在报批前,应先借记"待处理财产损溢"账户,贷记有关存货类账户,使账实相符。按管理权限报经批准后,应视不同情况,分别进行处理:

① 属于定额内的自然损耗,按规定计入管理费用。

② 属于超定额损耗,能确定过失人的,应由过失人赔偿;属于保险责任范围的,应向保险公司索赔;扣除过失人或保险公司的赔款和残料价值后,计入管理费用。

③ 属于非常损失造成的存货毁损,扣除保险公司的赔款和残料价值后,计入营业外支出。

[例8-7] 某企业在财产清查中发现,甲材料盘亏毁损8 000元。其中,500元属于定额内损耗;1 000元属于保管人员失职造成的损失,应责令过失人赔偿;由于火灾引起的损失价值6 500元,收回残料价值600元,已入库,保险公司已经核实同意赔偿总价值的80%(假设不考虑增值税)。

审批前,根据"实存账存对比表"确定的原材料盘亏数,调整账面记录,编制会计分录如下：

借：待处理财产损溢——待处理流动资产损溢　8 000
　　贷：原材料——甲材料　　　　　　　　　　　　8 000

审批后，转销盘亏产成品：

借：管理费用　　　　　　　　　　　　500
　　其他应收款——保管员　　　　　　1 000
　　其他应收款——保险公司　　　　　5 200
　　原材料　　　　　　　　　　　　　600
　　营业外支出　　　　　　　　　　　700
　　贷：待处理财产损溢——待处理流动资产损溢　8 000

3. 固定资产盘盈、盘亏的账务处理

（1）固定资产盘盈。

固定资产盘盈，应作为前期差错处理。盘盈的固定资产，在按管理权限报经批准前，应先通过"以前年度损益调整"账户核算，并按重置成本确定其入账价值，借记"固定资产"账户，贷记"以前年度损益调整"账户。

（2）固定资产盘亏。

固定资产盘亏时，应按盘亏固定资产的净值借记"待处理财产损溢"账户，按已提折旧额借记"累计折旧"账户，按其账面原值贷记"固定资产"账户。报经批准转销后，借记"营业外支出"账户，贷记"待处理财产损溢"账户。

[例8-8]　某企业在财产清查中，发现短缺机器一台，账面原值为16 000元，已提折旧额为10 000元，经批准，转作营业外支出处理（假设不考虑增值税）。

审批前，根据"账存实存对比表"确定的固定资产盘亏数，调整账面记录，编制会计分录如下：

借：待处理财产损溢——待处理固定资产损溢　6 000
　　累计折旧　　　　　　　　　　　　　　　10 000
　　贷：固定资产　　　　　　　　　　　　　　　16 000

审批后，根据批准处理意见，转销盘亏的固定资产：

借：营业外支出　　　　　　　　　　　　　　　6 000
　　贷：待处理财产损溢——待处理固定资产损溢　6 000

本 章 小 结

　　财产清查是指通过对货币资金、实物资产和往来款项的盘点或核对，确定其实存数，并查明实存数与账存数是否相符的一种会计核算方法。财产清查按清查范围可分为全面清查和局部清查；按清查时间可分为定期清查和不定期清查；按清查组织可分为内部清查和外部清查。常用的财产物资的盘存制度有实地盘存制和永续盘存制两种。永续盘存制在核算的准确性、对财产物资的管理方面，具有明显的优越性。因此，在实际工作中，除少数特殊情况外，企业均应采用永续盘存制。而实地盘存制一般只适用于一些价值低、品种杂、进出频繁的商品或材料物资。

　　由于各类财产物资的置存状态不同，采用的清查方法也不尽相同。库存现金的清查，应采用实地盘点的方法；银行存款的清查应采用对账单法，即将开户银行送来的银行存款对账单与本企业的银行存款日记账进行逐笔核对，查明有无未达账项，若有未达账项，应编制"银行存款余额调节表"；实物资产常见的清查方法有实地盘点法和技术推算法两种；往来款项的清查，一般采取发函询证法，即派人或以通信等方式，向往来结算单位核实账目。

　　财产清查后若发现账实不符，一般应通过"待处理财产损溢"账户进行相应的账务处理。

思考题

1. 什么是财产清查？财产清查有何作用？
2. 什么是实地盘存制和永续盘存制？这两种盘存制度各有哪些优缺点？它们的适用性怎样？
3. 如何进行实物资产的财产清查？清查结果如何处理？
4. 如何对银行存款进行清查？为什么要编制"银行存款余额调节表"？如何编制？
5. 什么是未达账项？企业出现的未达账项主要有哪几种情况？
6. 财产清查中发现的盘盈、盘亏应如何进行账务处理？

第九章 财务报表

学习目的与要求

通过本章学习，了解并掌握：
1. 财务报表的概念和构成；
2. 资产负债表、利润表、现金流量表和所有者权益变动表的含义和作用；
3. 资产负债表和利润表的编制方法；
4. 现金流量表的内容和格式；
5. 所有者权益变动表的内容和格式；
6. 会计报表附注的作用和主要内容。

第一节 财务报表概述

一、财务报表的意义

财务报告，是指企业对外提供的反映企业某一特定日期的财务状况和某一会计期间的经营成果、现金流量等会计信息的文件。财务报告包括财务报表和其他应当在财务报告中披露的有关信息和资料。财务报表也称会计报表，是财务报告的主要组成部分。财务报表是对企业财务状况、经营成果和现金流量的结构性表述。

编制财务报表，是会计核算的专门方法之一，也是会计核算的最后一道环节。在会计核算工作中，通过填制和审核原始凭证，可以反映和证实经济业务的发生、执行和完成情况，明确有关人员的经济责任；通过填制和审核记账凭证，可以确定某项或某类经济业务所涉及的会计科目、记账方向和金额，但会计凭证所提供的会计资料比较分散，无法反映经济活动的全过程和会计主体的经营结果，只能用来作为登记账簿的依据；通过登记账簿，可以反映各项资产、负债和所有者权益的增减变动及其结余情况，同时也可以反映收入的实现和费用的发生情况，但是账簿提供的会计资料分散在各类账户中，仍然无法完整、系统、综合地反映会计主体经济活动的全貌。而会计核算的目的，就是要采用特有的会计方法，通过对会计核算资料进行记录、整理、汇总，以一定的指标体系和具体的表格形式，全面、系统、综合地反映会计主体的资产、负债和所有者权益的变动，利润的形成和分配，以及资金的取得和运用情况，以便信息使用者方便快捷地了解其经济活动的内容、过程和成果。因此，有必要将账簿中提供的分散的、部分的会计信息做进一步加工、整理和汇总，编制财务报表。

企业编制财务报表的目标，是向财务报表使用者提供与企业财务状况、经营成果和现金流量等有关的会计信息，反映企业管理层受托责任的履行情况，帮助财务报表使用者做出正确的经济决策。财务报表使用者通常包括投资者、债权人、政府及其有关部门和社会公众等。编制财务报表，对于企业的投资人、债权人、政府经济管理部门、企业上级主管部门和企业的经营管理者，都具有十分重要的意义。

企业的所有者即投资人利用财务报表可以了解企业的财务状况和获利能力，以便评价企业的经营业绩，做出正确的投资决策。财务报表中所反映的资本获利水平，还可以影响潜在投资者的投资行为。

银行、其他金融机构及有关债权人通过财务报表，可以了解企业的经营成果和偿债能力，以便评价企业信贷资金的利用效果和信用程度，做出正确的信贷决策，减少信贷风险，充分发挥好信贷调节的杠杆作用。

财政部门可以通过企业的财务报表，检查企业的经济活动是否符合国家的有关法律和制度，考核企业会计工作质量，监督企业认真贯彻执行《中华人民共和国会计法》《企业会计准则》和有关企业会计制度、财务制度，以便评价企业内部财务会计制度的完善程度。

国家和地方税务管理部门通过审核、分析财务报表，可以检查企业是否按时足额缴纳了各项税金，有无偷税、漏税或违反国家税收征管法的行为，保证国家和各级地方的财政收入。

政府审计部门和会计师事务所通过对企业财务报表的审核和检查，可以对其做出公正、客观的评价，调整企业不规范、不合规、不合法的会计处理，揭示财务报表的可信赖程度。

企业上级主管部门利用财务报表，可以考核企业经营者的经营业绩，对其做出奖励或惩罚的决定。通过对财务报表的汇总分析，可以为宏观经济调控、经济预测和决策提供重要依据。

企业的经营管理人员和职工通过财务报表，可以总结经营管理的经验，分析企业资金利用情况、成本升降原因、利润率高低，发现经营过程中存在的问题，以便提出改进措施，进一步改善企业的经营管理，谋求经济效益的最大化。

二、财务报表的分类

为了系统地了解、掌握和利用财务报表所提供的经济指标，可以根据需要对财务报表按照不同的标准进行分类。

（一）按财务报表反映的经济内容分类

财务报表是对企业财务状况、经营成果和现金流量的结构性描述。一套完整的财务报表至少应当包括资产负债表、利润表、现金流量表、所有者权益（或股东权益）变动表和附注。财务报表的这些组成部分具有同等的重要程度。

1. 资产负债表

资产负债表是静态财务报表，即反映企业在某一特定日期财务状况的报表。资产负债表反映企业在某一特定日期所拥有的资产、需要偿还的债务及股东（投资者）拥有的净资产情况。资产负债表的项目，应当按资产、负债和所有者权益的类别列示。

2. 利润表

利润表是动态财务报表，即反映企业在一定会计期间经营成果的报表。利润表的列报必须充分反映企业经营业绩的主要来源和构成，有助于使用者判断净利润的质量及风险，有助于使用者预测净利润的持续性，从而做出正确的决策。

3. 现金流量表

现金流量表是以现金为基础编制的财务状况变动表。现金流量表以现金的流入和流出反映企业在一定期间内的经营活动、投资活动和筹资活动的动态情况，反映企业在一定会计期间现金和现金等价物流入和流出的全貌，表明企业获得现金和现金等价物的能力。

4. 所有者权益变动表

所有者权益变动表是指反映构成所有者权益各组成部分当期增减变动情况的报表。企业的净利润及其分配情况是所有者权益变动的组成部分，由于相关信息已经在所有者权益变动表及其附注中反映，故企业不需要再单独编制利润分配表。

附注是财务报表不可或缺的组成部分，是对在资产负债表、利润表、现金流量表和所有者权益变动表等报表中列示项目的文字描述或明细资料，以及对未能在这些报表中列示项目的说明等。

（二）按财务报表编报期间分类

财务报表按其编报期间的不同，可分为中期财务报表和年度财务报表。"中期"是指短于一个完整的会计年度（自公历1月1日起至12月31日止）的报告期间，它可以是一个月、一个季度或者半年，也可以是其他短于一个会计年度的期间，如1月1日至9月30日的期间等。中期财务报表是指以中期为基础编制的财务报表，如月度财务报表、季度财务报表、半年度财务报表，也包括年初至本中期末的财务报表。中期财务报表至少应当包括资产负债表、利润表、现金流量表和附注,其中,中期资产负债表、利润表和现金流量表应当是完整报表,其格式和内容应当与年度财务报表相一致。与年度财务报表相比,中期财务报表中的附注披露可适当简略,但至少应当披露所有重大事项。

小企业的财务报表分为年度、季度和月度财务报表。按《小企业会计准则》的规定,小企业不需要编制半年报。

1. 月报

月报亦称月度报表,是按月编制的财务报表,反映企业月度财务状况和经营成果,如按月编制的资产负债表、利润表等。月报要求简明扼要、及时反映。

2. 季报

季报亦称季度报表,是按季编制的财务报表,反映企业季度财务状况和经营成果,如按季编制的资产负债表、利润表等。季报在财务信息的详细程度方面,介于月报和年报之间。

3. 半年报

半年报反映企业半年来的财务状况和经营成果。半年度中期报表包括企业全部会计报表,比年报的资料略为简略。半年度中期报表在不违背会计核算一般原则及不影响财务报告使用者正确理解和运用所提供的会计信息的前提下,可以适当简化,但至少应包括资产负债表、利润表、现金流量表和附注。对于其他财务报表或者相关信息,如所有者权益(或股东权益)变动表等,企业可以根据需要自行决定。半年度中期报表与年度报表一样,至少应当反映两个年度或者相关两个期间的比较数据。

4. 年报

年报亦称年度报表或年度决算报表,是按年编制的报表,反映企业全年的财务状况和经营成果,它包括企业全部财务报表。年报要求披露完整,反映全面。

某一财务报表是月报、季报、半年报还是年报,取决于经营管理者和其他报表使用者不同时期的需要。一般来说,按月编制的财务报表也必须按季和按年编报,但按年编制的会计报表不一定编制季报和月报。

(三) 按财务报表的编报主体分类

财务报表按其编报主体的不同,可分为个别财务报表和合并财务报表。

1. 个别财务报表

个别财务报表亦称单位报表或基层报表,个别财务报表是由企业在自身会计核算基础上对账簿记录进行加工而编制的财务报表,它主要用于反映企业自身的财务状况、经营成果和现金流量情况。

2. 合并财务报表

合并财务报表是以母公司和其全部子公司组成的企业集团为会计主体,根据母公司和其全部子公司的财务报表,由母公司编制的对企业集团内部交易进行相互抵销后综合反映企业集团财务状况、经营成果和现金流量的财务报表。

(四) 按财务报表的报送对象分类

财务报表按其报送对象的不同,可分为外部报表和内部报表。

1. 外部报表

外部报表是指按照国家规定,需要对外报送、满足外部报表使用者需要的报表,包括资产负债表、利润表、现金流量表、所有者权益变动表和附注。

2. 内部报表

内部报表是指为了适应企业内部经营管理需要而编制的、不对外公开的报表,内部报表一般不需要规定统一的格式,也没有统一的指标体系,如生产成本表、各种管理会计报表等。

三、财务报表列报的要求

企业应当以持续经营为基础,根据实际发生的交易和事项,按照各项具体会计准则的规定进行确认和计量,在此基础上编制财务报表。企业不应以附注披露代替确认和计量,不恰当的确认和计量也不能通过充分披露相关会计政策而纠正。

(一) 列报基础

持续经营是会计的基本前提,是会计确认、计量及编制财务报表的基础。企业会计准则规范的是持续经营条件下企业对所发生交易和事项的确认、计量及报表列报。因此,在编制财务报表过程中,企业管理层应当在考虑宏观政策风险、市场经营风险、企业目前或长期的盈利能力、偿债能力、财务弹性及企业管理层改变经营政策的意向等因素的基础上,对企业持续经营能力进行评价。评价结果表明对持续经营能力产生重大怀疑的,企业应当在附注中披露导致对持续经营能力产生重大怀疑的重要的不确定因素。非持续经营是企业在极端情况下出现的一种情况,非持续经营往往取决于企业所处的环境及企业管理部门的判断。企业正式决定或被迫在当期或将在下一个会计期间进行清算或停止营业的,则表明以持续经营为基础编制财务报表不再合理。在这种情况下,企业应当采用其他基础编制财务报表,如破产企业的资产采用可变现净值计量、负债按照其预计的结算金额计量等。同时,还需要在附注中声明财务报表未以持续经营为基础编制的事实、披露未以持续经营为基础编制的原因和财务报表的编制基础。

(二) 重要性和项目列报

在编制财务报表的过程中,企业应当考虑报表项目的重要性。重要性是判断项目是否单独列报的重要标准。2006 年,企业会计准则首次对"重要性"概念进行了定义,即财务报表某项目的省略或错报会影响使用者据此做出经济决策的,该项目具有重要性。企业应当根据所处的具体环境,从项目的性质和金额两方面来判断其重要性。一方面,判断项目性质的重要性,应当考虑该项目在性质上是否属于企业日常活动、是否显著影响企业的财务状况、经营成果和现金流量等因素;另一方面,判断项目金额的重要性,应当考虑该项目金额占资产总额、负债总额、所有者权益总额、营业收入总额、营业成本总额、净利润、综合收益总额等直接相关项目金额的比重或所属报表单列项目金额的比重。具体来说，对于性质或功能不同的项目，一般应当在财务报表中单独列报，如存货和固定资产在性质上和功能上都有本质差别，必须分别在资产负债表上单独列报；对于性质或功能类似的项目，如库存商品、原材料等，应当予以合并，作为存货项目列报。项目单独列报的原则不仅适用于报表，还适用于附注。某些项目的重要性程度不足以在报表中单独列示，但对附注却具有重要性，在这种情况下，应当在附注中单独披露。

（三）列报的一致性

可比性是会计信息质量的一项重要要求，目的是使同一企业不同期间和同一期间不同企业的财务报表相互可比。因此，财务报表项目的列报应当在各个会计期间保持一致，不得随意变更，这一要求不仅针对财务报表中的项目名称，还包括财务报表项目的分类、排列顺序等方面。但是，在会计准则要求改变财务报表项目的列报，以及企业经营业务的性质发生重大变化或对企业经营影响较大的交易或事项发生后，变更财务报表项目的列报能够提供更可靠、更相关的会计信息的情况下，财务报表项目的列报是可以改变的。

（四）财务报表项目金额之间的相互抵销

财务报表项目应当以总额列报，资产项目和负债项目的金额、收入项目和费用项目的金额、直接计入当期利润的利得项目和损失项目的金额不得相互抵销，即不得以净额列报，但企业会计准则另有规定的除外。因为如果相互抵销，所提供的信息就不完整，信息的可比性大为降低，难以实现同一企业不同期间和同一期间不同企业的财务报表相互可比，报表使用者难以据此做出判断。比如，企业欠客户的应付款不得与其他客户欠本企业的应收款相互抵销，如果相互抵销就掩盖了交易的实质。再如，收入和费用反映了企业投入和产出之间的关系，是企业经营成果的两个方面，为了更好地反映经济交易的实质、考核企业经营管理水平和预测企业未来现金流量，收入和费用不得相互抵销。

（五）报告期间

企业至少应当按年编制财务报表。年度财务报表涵盖的期间短于一年的，应当披露年度财务报表的涵盖期间、短于一年的原因及报表数据不具可比性的事实。根据《中华人民共和国会计法》的规定，会计年度自公历1月1日起至12月31日止。在编制年度财务报表时，可能存在年度财务报表涵盖的期间短于一年的情况，如企业在年度中间（如5月1日）开始设立等，此时，企业应当披露年度财务报表的实际涵盖期间、短于一年的原因，并说明由此引起的财务报表项目与比较数据不具可比性这一事实。

第二节 资产负债表

一、资产负债表概述

资产负债表是反映企业在某一特定日期（如月末、季末、年末）的财务状况的会计报表。资产负债表是根据"资产=负债+所有者权益"这一会计基本等式，按照一定的分类标准和顺序，将企业在一定时期的全部资产、负债和所有者权益项目进行适当分类、汇总、排列后编制而成的。由于报表中的数据体现的是特定时刻的状况，资产负债表属于静态报表。

（一）资产

资产是指企业过去的交易或者事项形成的、由企业在某一特定日期所拥有或控制的、预期会给企业带来经济利益的资源。资产应当按照流动资产和非流动资产两大类别在资产负债表中列示，在流动资产和非流动资产类别下进一步按性质分项列示。

流动资产是指预计在一个正常营业周期内变现、出售或耗用，或者主要为交易目的而持有，或者预计在资产负债表日起一年内（含一年）变现的资产，或者自资产负债表日起一年内交换其他资产或清偿负债的能力不受限制的现金或者现金等价物。

资产负债表中列示的流动资产项目通常包括货币资金、交易性金融资产、应收票据、应收账款、预付款项、其他应收款、存货、一年内到期的非流动资产、其他流动资产等。

非流动资产是指流动资产以外的资产。资产负债表中列示的非流动资产项目通常包括长期股权投资、固定资产、在建工程、无形资产、开发支出、长期待摊费用、其他非流动资产等。

（二）负债

负债是指企业过去的交易或者事项形成的、由企业在某一特定日期所承担的、预期会导致经济利益流出企业的现时义务。负债应当按照流动负债和非流动负债两大类别在资产负债表中列示，在流动负债和非流动负债类别下进一步按性质分项列示。

流动负债的判断标准与流动资产的判断标准相似。流动负债是指预计在一个正常营业周期内清偿，或者主要为交易目的而持有，或者自资产负债表日起一年内（含一年）到期应予以清偿，或者企业无权自主地将清偿推迟至资产负债表日后一年以上的负债。

资产负债表中列示的流动负债项目通常包括短期借款、应付票据、应付账款、预收款项、应付职工薪酬、应交税费、其他应付款、一年内到期的非流动负债等。值得注意的是，有些流动负债，如应付账款、应付职工薪酬等，属于企业正常营业周期中使用的营运资金的一部分，尽管这些经营性项目有时在资产负债表日后超过一年才到期清偿，但是它们仍应划分为流动负债。

非流动负债是指流动负债以外的负债。资产负债表中列示的非流动负债项目通常包括长期借款、应付债券、其他非流动负债等。

（三）所有者权益

所有者权益是指企业资产扣除负债后的剩余权益。所有者权益是所有者对企业资产的剩余索取权，它是企业资产扣除债权人权益后应由所有者享有的部分，既可反映所有者投入资本的保值增值情况，又体现了保护债权人权益的理念。它一般按照实收资本（或股本）、资本公积、其他综合收益、盈余公积和未分配利润分项列示。

二、资产负债表的作用

资产负债表是企业对外提供的最重要的报表之一，它反映企业在某一特定日期所拥有或控制的经济资源、所承担的现时义务和所有者对净资产的要求权。通过资产负债表，使用者可以了解企业某一日期资产的总额及其结构，可以了解企业某一日期负债的总额及其结构，也可以了解企业所有者拥有的权益，这些会计信息是使用者进行财务分析的基本资料，也是使用者判断企业资本保值增值情况及企业对负债保障程度的依据。具体来说，其主要作用有以下几个方面。

（一）通过资产负债表可以了解企业拥有或控制的经济资源，有助于分析和预测企业的短期偿债能力

企业拥有或控制的经济资源，包括流动资产、固定资产及其他资产，但企业的短期偿债能力主要反映在资产的流动性上。所谓流动性，是指资产转换成现金，或者负债到期清偿所需的时间。除库存现金和银行存款可随时偿还负债外，企业其余的流动资产都需要通过一定途径变现后才能偿还负债，因此变现的难易程度成为判断资产流动性的重要指标，变现越快，流动性越强，偿债能力也越强。一般来讲，交易性金融资产的流动性比应收票据和应收账款的流动性强，而应收账款的流动性又比存货的流动性强。由此可见，通过对企业流动资产构成的分析，可以识别企业的短期偿债能力。若企业短期偿债能力低，则其长期偿债能力也会受影响，所有者的投资报酬就没有保障，投资安全性亦会受影响。

（二）通过资产负债表可以了解企业的资本结构，有助于分析和识别企业的长期偿债能力及财务的稳定性

企业资本结构是指权益总额中负债与所有者权益的相对比例、负债总额中流动负债与长期负债的相对比例、所有者权益中投入资本与留存收益的相对比例。负债与所有者权益相对比例的大小，直接关系到债权人和所有者的相对投资风险，以及企业的长期偿债能力。负债比重越大，债权人的风险越大，企业的长期偿债能力也越弱；相反，负债比重越小，企业的长期偿债能力越强，债权人的风险也越小，企业财务也越稳定。

（三）通过资产负债表可以了解企业资源占用情况，有助于识别和评价企业的经营业绩

企业的经营业绩主要取决于其获利能力，企业获利能力大小，直接关系到能否向债权人还本付息和向投资者支付较高股利。但是，企业要获得盈利必须要占用一定数量的资源，资源的分布状况会对获利产生影响，将获得的利润与占用的资源相比称为资金利润率。它是衡量获利能力的重要指标。因此，通过资产负债表可以了解企业的资源占用情况，有助于识别和评价企业的经营业绩。

三、资产负债表的结构

资产负债表一般由表头和表体两个部分组成。表头部分应列明报表名称、编制单位名称、资产负债表日、报表编号和货币计量单位；表体部分是资产负债表的主体，列示了用于说明企业财务状况的各个项目。目前，国际上流行的资产负债表格式主要有账户式和报告式两种。报告式资产负债表是上下结构，上半部分列示资产各项目，下半部分列示负债和所有者权益各项目。账户式资产负债表是左右结构，左方列示资产各项目，反映全部资产的分布及存在状态；右方列示负债和所有者权益项目，反映全部负债和所有者权益的内容及构成情况。不管采用什么格式，资产各项目的合计一定等于负债和所有者权益各项目的合计。

我国企业的资产负债表采用账户式结构。账户式资产负债表分左右两方，左方为资产项目，大体按资产的流动性强弱排列，流动性强的资产如"货币资金""交易性金融资产"等排在前面，流动性弱的资产如"长期股权投资""固定资产"等排在后面。右方为负债和所有者权益项目，一般要求按照清偿时间的先后顺序排列，"短期借款""应付票据""应付账款"等需要在一年内或者超过一年的一个正常营业周期内偿还的流动负债项目排在前面，"长期借款"等在一年以上才需要偿还的非流动负债项目排在中间，在企业清算之前不需要偿还的所有者权益项目排在后面。

为了便于使用者通过比较不同时点资产负债表的数据，掌握企业财务状况的变动情况及发展趋势，企业需要提供比较资产负债表，资产负债表就各项目分为"年初余额"和"期末余额"两栏分别填列。我国企业资产负债表简化格式如表9-1所示。

表9-1 资产负债表　　　　　　　会企×表

编制单位：　　　　　　年　月　日　　　　　　单位：元

资产	期末余额	年初余额	负债和所有者权益（或股东权益）	期末余额	年初余额
流动资产：			流动负债：		
货币资金			短期借款		

续表

资产	期末余额	年初余额	负债和所有者权益（或股东权益）	期末余额	年初余额
交易性金融资产			交易性金融负债		
衍生金融资产			应付票据		
应收票据			应付账款		
应收账款			预收款项		
预付款项			应付职工薪酬		
其他应收款			应交税费		
存货			其他应付款		
一年内到期的非流动资产			一年内到期的非流动负债		
其他流动资产			其他流动负债		
流动资产合计			流动负债合计		
非流动资产：			非流动负债：		
债权投资			长期借款		
其他债权投资			应付债券		
长期应收款			长期应付款		
长期股权投资			其他非流动负债		
其他权益工具投资			非流动负债合计		
投资性房地产			负债合计		
固定资产			所有者权益（或股东权益）：		
在建工程			实收资本（或股本）		
无形资产			资本公积		
开发支出			减：库存股		
商誉			其他综合收益		
长期待摊费用			盈余公积		
其他非流动资产			未分配利润		
非流动资产合计			所有者权益（或股东权益）合计		
资产总计			负债和所有者权益（或股东权益）总计		

四、资产负债表的编制

资产负债表各项目均需填列"期末余额"和"年初余额"两栏。其中，"年初余额"栏内各项数字，通常根据上年年末（12月31日）资产负债表有关项目的期末余额填列，与上年年末资产负债表"期末余额"栏相一致。如果上年度资产负债表规定的项目名称和内容与本年度不相一致，应对上年年末资产负债表相关项目的名称和数字按照本年度的规定进行调整，将调整后的数字填入资产负债表"年初余额"栏内。

"期末余额"栏内各项数字一般应根据资产、负债和所有者权益类账户的期末余额填列。其中，大多数项目可以直接根据账户余额填列，少数项目则要根据账户进行分析、计算后才能填列。具体填列方法归纳起来主要有以下几种。

（一）根据某个总账账户的期末余额直接填列

资产负债表中的有些项目，可直接根据有关总账账户的余额直接填列，如"短期借款""资本公积"等项目。一般情况下，资产类项目直接根据其总账账户的借方余额填列，负债类项目直接根据其总账账户的贷方余额填列。

[例9-1]　2020年12月31日，丙公司"短期借款"账户的余额为500 000万元，包括银行质押借款100 000万元，信用借款400 000万元，则2020年12月31日，丙公司资产负债表中"短期借款"项目"期末余额"栏的列报金额为500 000万元。

本例中，企业直接将"短期借款"总账账户的期末余额填列在资产负债表中。

（二）根据若干个总账账户的期末余额分析计算填列

根据几个总账账户的期末余额分析计算填列的项目主要包括"货币资金""存货""未分配利润""其他应收款""其他应付款"等项目。简单来讲，"货币资金"项目，可根据"库存现金""银行存款"等总账账户的期末余额合计数填列；"存货"项目，可根据"在途物资""原材料""库存商品""生产成本"等总账账户期末余额的合计数减去"存货跌价准备"等账户期末余额后的金额填列。

"未分配利润"项目，平时应根据"本年利润"和"利润分配"账户的期末余额计算填列，未弥补的亏损，以"－"填列。"本年利润"和"利润分配"的余额均在贷方的，用两者余额之和填列；余额均在借方的，将两者余额之和在本项目内以"－"号填列；两者余额一个在借方一个在贷方的，用两者余额互相抵减后的差额填列，如为借差则在本项目内以"－"号填列。但年度终了，"未分配利润"项目应根据"利润分配"账户所属的"未分配利润"明细账户的期末余额填列，余额在贷方的直接填列，余额在借方的在本项目内以"－"号填列。

"其他应收款"项目，可根据"应收利息""应收股利""其他应收款"账户的期末余额合计数分析填列。"其他应付款"项目，则可根据"应付利息""应付股利""其他应付款"账户的期末余额合计数分析填列。

[例9-2]　某企业2020年12月31日结账后的"库存现金"账户余额为10 000元，"银行存款"账户余额为4 000 000元。

该企业在2020年12月31日资产负债表中的"货币资金"项目金额为：
10 000 + 4 000 000 = 4 010 000（元）

本例中，企业应当以"库存现金""银行存款"总账账户的期末余额合计数为资产负债表中"货币资金"项目的金额。

[例9-3]　某企业采用实际成本核算材料，2020年12月31日结账后有关账户余额

为:"原材料"账户余额为 2 400 000 元(借方),"库存商品"账户余额为 1 600 000 元(借方),"生产成本"账户余额为 600 000 元(借方)。

该企业 2020 年 12 月 31 日资产负债表中的"存货"项目金额为:

2 400 000 + 1 600 000 + 600 000 = 4 600 000(元)

本例中,企业应当以"原材料""库存商品""生产成本"总账账户的期末余额合计数为资产负债表中"存货"项目的金额。

(三)根据有关总账所属的明细账的期末余额分析计算填列

根据有关总账所属的明细账的期末余额分析计算填列的代表性项目包括"应收账款""预付款项""应付账款""预收款项"等项目。

"应收账款"项目,需要根据"应收账款"和"预收账款"两个账户所属各明细账户的期末借方余额合计数填列,如"应收账款"账户所属明细账户期末有贷方余额的,应在资产负债表"预收款项"项目内填列。"预付款项"项目,需要根据"应付账款"和"预付账款"两个账户所属各明细账户的期末借方余额合计数填列。"应付账款"项目,需要根据"应付账款"和"预付账款"两个账户所属各明细账户的期末贷方余额合计数填列,如"应付账款"账户所属明细账户期末有借方余额的,应在资产负债表"预付款项"项目内填列。"预收款项"项目,需要根据"应收账款"和"预收账款"两个账户所属各明细账户的期末贷方余额合计数填列。

[例 9-4] 某企业 2020 年 12 月 31 日结账后有关账户余额如表 9-2 所示。

表 9-2 相关账户总账和明细账期末余额表   单位:元

账户名称	总账期末余额	明细账期末借方余额	明细账期末贷方余额
应收账款	1 500 000	1 600 000	100 000
预付账款	740 000	800 000	60 000
应付账款	1 400 000	400 000	1 800 000
预收账款	800 000	600 000	1 400 000

该企业 2020 年 12 月 31 日资产负债表中相关项目的金额为:

"应收账款"项目金额为:1 600 000 + 600 000 = 2 200 000(元)

"预付款项"项目金额为:800 000 + 400 000 = 1 200 000(元)

"应付账款"项目金额为:60 000 + 1 800 000 = 1 860 000(元)

"预收款项"项目金额为:1 400 000 + 100 000 = 1 500 000(元)

本例中,"应收账款"项目,应当将"应收账款"账户所属明细账户期末借方余额 1 600 000 元和"预收账款"账户所属明细账户期末借方余额 600 000 元加总,作为资产负债表中"应收账款"项目的金额,即 2 200 000 元。

"预付款项"项目,应当将"预付账款"账户所属明细账户期末借方余额 800 000 元和"应付账款"账户所属明细账户期末借方余额 400 000 元加总,作为资产负债表中"预付款项"项目的金额,即 1 200 000 元。

"应付账款"项目,应当将"应付账款"账户所属明细账户期末贷方余额 1 800 000 元和"预付账款"账户所属明细账户期末贷方余额 60 000 元加总,作为资产负债表中"应付账款"项目的金额,即 1 860 000 元。

"预收款项"项目,应当将"预收账款"账户所属明细账户期末贷方余额 1 400 000 元和"应收账款"账户所属明细账户期末贷方余额 100 000 元加总,作为资产负债表中"预收款项"项目的金额,即 1 500 000 元。

此外,"应付职工薪酬"项目,应根据"应付职工薪酬"账户所属明细账户期末贷方余额分析计算填列。"一年内到期的非流动资产"和"一年内到期的非流动负债"项目,也需要根据相关非流动资产和非流动负债项目的明细账户期末余额分析计算填列。

(四)根据有关总账账户及其明细账账户期末余额分析计算填列

根据有关总账账户及其明细账账户期末余额分析计算填列的项目包括"长期借款""其他非流动资产""其他非流动负债"等项目。比如,"长期借款"项目,需要根据"长期借款"总账账户的期末余额扣除"长期借款"账户所属的明细账户中将在一年内到期且企业不能自主地将清偿义务展期的长期借款的期末余额后的金额计算填列;"其他非流动资产"项目,应根据有关账户的期末余额减去将在一年内(含一年)收回数后的金额计算填列;"其他非流动负债"项目,应根据有关账户的期末余额减去将在一年内(含一年)收回数后的金额计算填列。

[例 9-5] 某企业长期借款情况如表 9-3 所示。

表 9-3 长期借款明细项目期限和金额表

借款起始日期	借款期限/年	金额/元
2018 年 2 月 1 日	4	1 000 000
2017 年 8 月 1 日	4	1 200 000

2020 年 12 月 31 日,该企业长期借款总账账户余额为 2 200 000 元,其中将于一年内到期的长期借款为 1 200 000 元,应填列在流动负债下"一年内到期的非流动负债"项目中。该企业 2020 年 12 月 31 日的资产负债表中,"长期借款"项目的金额为 1 000 000 元。

(五)根据有关资产类账户余额与其备抵账户抵销后的净额填列

根据有关资产类账户余额与其备抵账户抵销后的净额填列的项目包括"固定资产""无形资产"等项目。"固定资产"项目,应当根据"固定资产"账户的期末余额减去"累计折旧"等备抵账户的期末余额后的净额填列;"无形资产"项目,应当根据"无形资产"账户的期末余额,减去"累计摊销"等备抵账户的期末余额后的净额填列。

[例 9-6] 某企业 2020 年 12 月 31 日结账后,"固定资产"账户余额为 1 200 000 元,"累计折旧"账户余额为 200 000 元。

在资产负债表中,"固定资产"项目,应当根据"固定资产"账户的期末余额减去"累计折旧"备抵账户的期末余额后的净额填列,因此,该企业 2020 年 12 月 31 日的资产负债表中,"固定资产"项目的金额 = 1 200 000 − 200 000 = 1 000 000(元)。

在编制资产负债表的实际工作中,有时需要综合运用上述填列方法分析填列。比如,"其他应收款"项目,反映企业除应收票据、应收账款、预付账款等经营活动以外的其他各种应收、暂付的款项,可以根据"应收利息""应收股利""其他应收款"账户的期末余额合计数,减去"坏账准备"账户中相关坏账准备期末余额后的金额填列。

五、资产负债表编制举例

[例9-7] 东方股份有限公司2020年10月31日的账户余额表如表9-4所示。

表9-4 东方股份有限公司账户余额表 单位:元

账户名称	借方余额	账户名称	贷方余额
库存现金	2 000	短期借款	50 000
银行存款	783 435	应付票据	100 000
应收票据	66 000	应付账款	953 800
应收账款	598 200	其他应付款	50 000
预付账款	100 000	应付职工薪酬	180 000
其他应收款	5 000	应交税费	226 731
在途物资	275 000	应付股利	32 215
原材料	45 000	长期借款	1 150 100
生产成本	38 050	股本	5 000 000
库存商品	2 126 650	盈余公积	124 770
长期股权投资	250 000	本年利润	310 300
固定资产	2 701 000	累计折旧	200 000
在建工程	728 000	累计摊销	60 000
无形资产	600 000		
利润分配	119 581		
合计	8 437 916	合计	8 437 916

要求:根据上述资料,编制该公司2020年10月31日的资产负债表。

分析:东方股份有限公司2020年10月31日资产负债表包括期末余额和年初余额两个纵栏,题中为简化起见,未给出该公司上年末资产负债表及年初相关资料,故本题在填列资产负债表年初余额数时,相关金额予以省略。资产负债表期末余额可根据题中账户余额表资料提供的资产、负债和所有者权益类账户的期末余额运用前面所述方法填列。

本题需要分析填列的项目有:

"货币资金"项目 = 库存现金 + 银行存款 = 2 000 + 783 435 = 785 435(元)

"存货"项目 = 在途物资 + 原材料 + 生产成本 + 库存商品 = 275 000 + 45 000 + 38 050 + 2 126 650 = 2 484 700(元)

"固定资产"项目＝固定资产－累计折旧＝2 701 000－200 000＝2 501 000（元）

"无形资产"项目＝无形资产－累计摊销＝600 000－60 000＝540 000（元）

"其他应付款"项目＝应付股利＋其他应付款＝32 215＋50 000＝82 215（元）

"未分配利润"项目＝本年利润－利润分配＝310 300－119 581＝190 719（元）

本题中，其余资产负债表项目可根据总账账户余额直接填列。

根据上述资料和分析，整理可得东方股份有限公司2020年10月31日的资产负债表，如表9-5所示。

表9-5 资产负债表　　　　　　　　　　　　　　　　　　会企×表

编制单位：东方股份有限公司　　2020年10月31日　　　　　　　　　　单位：元

资产	期末余额	年初余额（略）	负债和所有者权益（或股东权益）	期末余额	年初余额（略）
流动资产：			流动负债：		
货币资金	785 435		短期借款	50 000	
交易性金融资产	0		应付票据	100 000	
应收票据	66 000		应付账款	953 800	
应收账款	598 200		预收款项	0	
预付款项	100 000		应付职工薪酬	180 000	
其他应收款	5 000		应交税费	226 731	
存货	2 484 700		其他应付款	82 215	
一年内到期的非流动资产	0		一年内到期的非流动负债	0	
其他流动资产	0		其他流动负债	0	
流动资产合计	4 039 335		流动负债合计	1 592 746	
非流动资产：			非流动负债：		
债权投资	0		长期借款	1 150 100	
其他债权投资	0		应付债券	0	
长期应收款	0		长期应付款	0	
长期股权投资	250 000		其他非流动负债	0	
投资性房地产	0		非流动负债合计	1 150 100	
固定资产	2 501 000		负债合计	2 742 846	
在建工程	728 000		所有者权益（或股东权益）：		
无形资产	540 000		实收资本（或股本）	5 000 000	
开发支出	0		资本公积	0	
商誉	0		减：库存股	0	
长期待摊费用	0		盈余公积	124 770	
其他非流动资产	0		未分配利润	190 719	
非流动资产合计	4 019 000		所有者权益（或股东权益）合计	5 315 489	
资产总计	8 058 335		负债和所有者权益（或股东权益）总计	8 058 335	

第三节 利润表

一、利润表概述

利润表是反映企业在一定会计期间的经营成果的报表，是企业对外提供的主要报表之一，其列报必须充分反映企业经营业绩的主要来源和构成。利润表根据"收入－费用＝利润"这一会计等式，依据重要性，将企业一定时期内的收入、费用和利润项目依次排列，并根据账簿资料整理后编制而成。由于表内数据说明的是某一期间的情况，利润表属于动态报表。

企业利润表对费用列报通常应当按照功能进行分类，即分为从事经营业务发生的成本、管理费用、销售费用和财务费用等，这样的列报方法可以更清楚地揭示企业经营业绩的主要来源和构成，提供更相关的信息，从而有利于财务报表使用者一方面了解具有结构性的信息，另一方面了解费用发生的具体活动领域。同时，由于费用性质的信息有助于预测企业未来现金流量，企业可以在附注中披露费用按性质分类的利润表补充资料，如耗用的原材料、职工薪酬费用、折旧费用和摊销费用等。

二、利润表的作用

通过利润表，可以反映企业在一定会计期间的收入、费用和利润（或亏损）的数额及构成情况，帮助财务报表使用者全面了解企业的经营成果，分析企业的获利能力和盈利增长趋势，从而为其做出经济决策提供依据。利润表的作用主要表现在以下几个方面。

（一）可以反映企业的盈利能力

利润是评价企业经营成果和获利能力的主要指标。经营成果是指企业运用所控制的资源获得的报酬，获利能力是指企业运用一定经济资源（人力、物力）获取经营成果的能力，它可通过一些相对指标，如资产收益率、净资产收益率、成本利润率等予以体现。通过利润表和资产负债表相关指标即可计算出企业的获利能力和经营成果，通过比较和分析同一企业不同时期、同一时期不同企业的收益情况，可以识别企业经营成果的优劣和获利能力的高低，预测企业未来的发展趋势。

（二）可以反映企业的资产利用效率和偿债能力

将利润表中的信息与资产负债表中的信息相结合，可以判断企业的资产利用效率和偿债能力。比如，将赊销收入净额与应收账款平均余额进行比较，计算出应收账款周转率；

将销货成本与存货平均余额进行比较,计算出存货周转率;将赊销收入净额与总资产进行比较,计算出总资产周转率,以判断企业的资产管理能力。企业的偿债能力不仅取决于资产的流动性和权益结构,也取决于企业的获利能力。如果企业获利能力不强,其资产的流动性和权益结构必然逐步恶化,最终将危及企业的偿债能力,陷入资不抵债困境。因此,通过对同一企业不同时期、同一时期不同企业利润表有关信息进行比较、分析,可以间接地识别、预测企业的偿债能力,尤其是长期偿债能力,并揭示企业偿债能力的变化趋势,使财务报表使用者做出正确的决策。

(三)可以用来评价企业管理层的业绩

利润是经营管理人员的业绩体现,也是管理成功与否的重要标志。通过对同一企业不同时期、同一时期不同企业的收入、成本、费用和利润的增减变动情况进行比较、分析,并分析产生差异的原因,可以识别、评价各职能部门和人员的业绩,以及他们的业绩与整个企业经营成果的关系,从而评价各管理部门和人员的功过得失,为人事调整、实施奖惩和改善经营管理提供依据。通过对企业不同时期利润表所反映的各项收入、费用和利润进行增减变动分析和结构分析,找出问题,并分析问题的原因,股东和投资者可以评价企业管理层的业绩。

(四)可以为经营成果分配提供重要依据

现代企业是由不同利益集团组成的经济联合体。各种利益集团提供资金、技术、人力资源和参与企业经营活动的目的在于分享企业的经营成果——利润。因此,在一定的经济政策、法律规定和企业分配制度的前提下,利润的高低就决定了各利害关系方分享额,如国家税收、股东红利、管理人员和员工酬金等的多少。

三、利润表的结构

利润表包括表头、表体和附注三个部分:"表头"部分应列明报表名称、编制单位名称、编制时期和货币计量单位;"表体"部分是会计报表的主体和核心。利润表的格式主要有"单步式"和"多步式"两种。

"单步式"利润表是指将本期全部收入和全部费用分别汇总,两者相减后得出本期净利润的利润表。单步式利润表首先列示当期所有收入项目,然后再列示当期所有费用项目,两者相减后得出本期净利润。在利润表编制过程中,因只有一个相减的步骤,故称为单步式利润表。这种格式的利润表结构简单,反映的重点是企业最终的利润,其缺点是没有直接揭示收入与成本、费用之间的配比关系,不利于揭示利润形成的过程,也不利于分析利润的结构。

"多步式"利润表是通过对当期的收入、费用、支出项目按性质加以归类,按利润形成的主要环节列示一些中间性的利润指标,分步计算当期净损益。将不同性质的收入和费用类别进行对比,可以得出一些中间性的利润数据,所以被称为多步式利润表。其反映的重点不仅在于企业的最终利润，还在于利润的形成过程，便于使用者理解企业经营成果的不同来源。我国企业均采用多步式结构的利润表。

我国企业采用的多步式利润表的简化格式如表9-6所示。

表9-6 利润表

会企×表

编制单位：　　　　　　　　　　　　　　　年　　月　　　　　　　　　　　　　　单位：元

项目	本期金额	上期金额
一、营业收入		
减：营业成本		
税金及附加		
销售费用		
管理费用		
财务费用		
其中：利息费用（收入以"-"号填列）		
资产减值损失		
信用减值损失		
加：投资收益（损失以"-"号填列）		
公允价值变动收益（损失以"-"号填列）		
二、营业利润（亏损以"-"号填列）		
加：营业外收入		
减：营业外支出		
三、利润总额（亏损总额以"-"号填列）		
减：所得税费用		
四、净利润（净亏损以"-"号填列）		
五、其他综合收益的税后净额		
（一）以后不能重分类进损益的其他综合收益		
（二）以后将重分类进损益的其他综合收益		
六、综合收益总额		
七、每股收益		
（一）基本每股收益		
（二）稀释每股收益		

多步式利润表的栏目分为"本期金额"和"上期金额"两栏，纵向项目上反映以下几方面的内容：

（1）营业收入，由主营业务收入和其他业务收入组成。

（2）营业利润，以营业收入为基础，减去营业成本（主营业务成本和其他业务成本)、税金及附加、销售费用、管理费用、财务费用、资产减值损失、信用减值损失，加上投资收益（减去投资损失）、公允价值变动收益（减去公允价值变动损失），计算出营业利润。

（3）利润总额，以营业利润为基础，加上营业外收入，减去营业外支出，计算出利润总额。

（4）净利润，以利润总额为基础，减去所得税费用，计算出净利润（或净亏损）。

（5）其他综合收益，是指企业根据其他会计准则规定未在当期损益中确认的各项利得和损失，具体分为"以后会计期间不能重分类进损益的其他综合收益项目"和"以后会计期间在满足规定条件时将重分类进损益的其他综合收益项目"两类，并以扣除相关所得税影响后的净额列报。

（6）综合收益总额，以净利润为基础，加上其他综合收益的税后净额，计算出综合收益总额。

（7）每股收益，包括基本每股收益和稀释每股收益两项指标。

四、利润表的编制方法

根据财务报表列报准则的规定，企业需要提供比较利润表，以使报表使用者通过比较不同期间利润的实现情况，判断企业经营成果的未来发展趋势。利润表各项目均需填列"本期金额"和"上期金额"两栏。

（一）本期金额栏的填列

利润表"本期金额"栏内各项数据一般应根据损益类账户和所有者权益类有关账户的发生额分析填列。

1. **收入类项目的填列**

收入类项目大多根据收入类账户期末结转前贷方发生额减去借方发生额后的差额填列，若差额为负数，以"-"号填列，如"投资收益"项目。但"营业收入"项目，应根据"主营业务收入"账户借贷方发生额的差额，加上"其他业务收入"账户借贷方发生额的差额之和填列。

2. **费用类项目的填列**

费用类项目大多根据费用类账户期末结转前借方发生额减去贷方发生额后的差额填列，若差额为负数，以"-"号填列，如"税金及附加""销售费用""管理费用""财务费用""所得税费用"等项目。但"营业成本"项目，应根据"主营业务成本"账户借贷方发生额的差额，加上"其他业务成本"账户借贷方发生额的差额之和填列。

3. **其他综合收益项目的填列**

"其他综合收益的税后净额"项目及其各组成部分，应根据"其他综合收益"账户及其所属明细账户的本期发生额分析填列。

4. 自然计算项目的填列

利润表中有些项目，应通过表中有关项目自然计算后的金额填列，如"营业利润""利润总额""净利润"等项目。"利润总额"项目如为亏损，以"－"号填列；"净利润"项目如为净亏损，也以"－"号填列。

5. 特殊项目的填列

利润表中的"基本每股收益"项目，仅仅考虑当期实际发行在外的普通股股份，应按归属于普通股股东的当期净利润除以当期实际发行在外的普通股的加权平均数计算确定；"稀释每股收益"项目，在存在稀释性潜在普通股时，应根据其影响分别调整归属于普通股股东的当期净利润及发行在外普通股的加权平均数并按调整后的数据计算。

月度利润表的"本期金额"栏，反映各项目的本月实际发生数，在编制年度利润表时，"本期金额"栏反映各项目自年初起至本月末止的累计发生数。

（二）上期金额栏的填列

利润表中"上期金额"栏内的数字，应根据上年该期利润表中"本期金额"栏内所列数字填列。如果是月度利润表，应根据上年利润表中"本期金额"栏内的数字填列。年度利润表中的"上期金额"填列上年全年累计实际发生数，从而与"本期金额"各项目进行比较。如果上年该期利润表规定的各个项目的名称和内容与本期不相一致，应对上年该期利润表各项目的名称和数字按本期的规定进行调整，将调整后的数字填入利润表"上期金额"栏内。

五、利润表的编制举例

[例 9-8] 远方股份有限公司 2020 年度有关损益类账户本年累计发生净额如表 9-7 所示。

表 9-7 远方股份有限公司损益类账户 2020 年度累计发生净额表　　单位：元

账户名称	借方发生额	贷方发生额
主营业务收入		1 250 000
主营业务成本	750 000	
税金及附加	2 000	
其他业务收入		20 000
其他业务成本	10 000	
销售费用	20 000	
管理费用	157 100	
财务费用	41 500	
投资收益		41 500

续表

账户名称	借方发生额	贷方发生额
信用减值损失	10 000	
营业外收入		50 000
营业外支出	19 700	
所得税费用	87 800	

根据上述资料，编制远方股份有限公司2020年度利润表，如表9-8所示。

表9-8 利润表　　　　　　　　　　　　　　　　　会企×表

编制单位：远方股份有限公司　　　　2020年　　　　　　　　　单位：元

项目	本期金额	上期金额（略）
一、营业收入	1 270 000	
减：营业成本	760 000	
税金及附加	2 000	
销售费用	20 000	
管理费用	157 100	
财务费用	41 500	
信用减值损失	10 000	
加：投资收益（损失以"－"号填列）	41 500	
二、营业利润（亏损以"－"号填列）	320 900	
加：营业外收入	50 000	
减：营业外支出	19 700	
三、利润总额（亏损总额以"－"号填列）	351 200	
减：所得税费用	87 800	
四、净利润（净亏损以"－"号填列）	263 400	

第四节　现金流量表

一、现金流量表概述

企业的现金流转情况在很大程度上影响着企业的生存和发展。企业现金充裕，可以及时购入必要的材料物资和固定资产，及时支付工资、偿还债务、支付股利和利息等。现金管理成为企业财务管理的一个重要方面，受到企业管理人员、投资者、债权人和政府监管部门的关注。《企业会计准则第31号——现金流量表》规范了现金流量表的编制和列报。

现金流量表是反映企业在一定会计期间现金和现金等价物流入和流出的报表。编制现金流量表的主要目的是为财务报表使用者提供企业一定会计期间内现金和现金等价物流入和流出的信息,以便财务报表使用者了解和评价企业获取现金和现金等价物的能力,并据以预测企业未来现金流量。

现金流量表的作用表现在以下几个方面。

（一）有助于评价企业支付能力、偿债能力和周转能力

现金流量表可以提供企业的现金流量信息,有助于财务报表使用者对企业整体财务状况做出客观评价,通过分析企业的现金流量状况,可以大致判断其经营周转是否顺畅。

（二）有助于预测企业未来现金流量

现金流量表是在以营运资金为基础编制的财务状况变动表基础上发展起来的,它避免了以营运资金为基础编制的财务状况变动表的局限性,投资人和债权人通过现金流量表可以对企业的支付能力和偿债能力及企业对外部资金的需求情况做出较为可靠的判断。

（三）有助于分析企业收益质量及影响现金净流量的因素

通过现金流量表,不但可以了解企业当前的财务状况,还可以预测企业未来的发展状况,从投资活动流出的现金、筹资活动流入的现金和筹资活动流出的现金中,可以分析出企业是否过度扩大经营规模,通过比较当期净利润与当期净现金流量,可以看出企业非现金流动资产吸收利润的情况,评价企业产生净现金流量的能力是否偏低。

二、现金流量的分类

现金流量是指一定会计期间内企业现金和现金等价物的流入和流出。企业从银行提取现金、用现金购买短期国库券等现金与现金等价物之间的转换不属于现金流量。

现金是指企业库存现金和可以随时用于支付的存款,包括库存现金、银行存款和其他货币资金（如外埠存款、银行汇票存款、银行本票存款等）等,不能随时用于支付的存款不属于现金。

现金等价物是指企业持有的期限短、流动性强、易于转换为已知金额现金,价值变动风险很小的投资。期限短,一般是指从购买日起三个月内到期。现金等价物通常包括三个月内到期的债券投资等。权益性投资变现的金额通常不确定,因而不属于现金等价物。企业应当根据具体情况,确定现金等价物的范围,一经确定不得随意变更。

企业产生的现金流量分为以下三类。

（一）经营活动产生的现金流量

经营活动是指企业投资活动和筹资活动以外的所有交易和事项。各类企业由于所属的行业特点不同,对经营活动的认定存在一定差异。对于工商企业而言,经营活动产生的现金流量主要包括销售商品、提供劳务、购买商品、接受劳务、支付职工薪酬、缴纳税费等流入和流出的现金和现金等价物。

（二）投资活动产生的现金流量

投资活动是指企业长期资产的购建和不包括在现金等价物范围内的投资及其处置活动，它既包括实物资产投资，也包括金融资产投资。之所以将"包括在现金等价物范围内的投资"排除在外，是因为已经将包括在现金等价物范围内的投资视同现金。投资活动产生的现金流量主要包括购建固定资产、处置子公司及其他营业单位等流入和流出的现金和现金等价物。

（三）筹资活动产生的现金流量

筹资活动是指导致企业资本及债务规模和构成发生变化的活动。筹资活动产生的现金流量主要包括吸收投资、发行股票、分配利润、发行债券、偿还债务等流入和流出的现金和现金等价物。通常情况下，偿付应付账款、应付票据等商业应付款属于经营活动，不属于筹资活动。

三、现金流量表的结构

我国企业现金流量表采用报告式结构，分类反映经营活动产生的现金流量、投资活动产生的现金流量和筹资活动产生的现金流量，最后汇总反映企业某一期间内现金和现金等价物的净增加额。

我国企业现金流量表的格式如表9-9所示。

表9-9　现金流量表　　　　　　　　　　　　　　　　　　　　　会企×表

编制单位：　　　　　　　　　　　　　　年　　月　　　　　　　　　　　单位：元

项目	本期金额	上期金额
一、经营活动产生的现金流量		
销售商品、提供劳务收到的现金		
收到的税费返还		
收到其他与经营活动有关的现金		
经营活动现金流入小计		
购买商品、接受劳务支付的现金		
支付给职工及为职工支付的现金		
支付的各项税费		
支付其他与经营活动有关的现金		
经营活动现金流出小计		
经营活动产生的现金流量净额		
二、投资活动产生的现金流量		
收回投资收到的现金		
取得投资收益收到的现金		

续表

项目	本期金额	上期金额
处置固定资产、无形资产和其他长期资产收回的现金净额		
处置子公司及其他营业单位收到的现金净额		
收到其他与投资活动有关的现金		
投资活动现金流入小计		
购建固定资产、无形资产和其他长期资产支付的现金		
投资支付的现金		
取得子公司及其他营业单位支付的现金净额		
支付其他与投资活动有关的现金		
投资活动现金流出小计		
投资活动产生的现金流量净额		
三、筹资活动产生的现金流量		
吸收投资收到的现金		
取得借款收到的现金		
收到其他与筹资活动有关的现金		
筹资活动现金流入小计		
偿还债务支付的现金		
分配股利、利润或偿付利息支付的现金		
支付其他与筹资活动有关的现金		
筹资活动现金流出小计		
筹资活动产生的现金流量净额		
四、汇率变动对现金及现金等价物的影响		
五、现金及现金等价物净增加额		
加：期初现金及现金等价物余额		
六、期末现金及现金等价物余额		

除了上述以报告式披露有关现金流量的信息外，企业还应该在附注中披露补充资料，具体包括：将净利润调节为经营活动现金流量；不涉及现金收支的重大投资和筹资活动；现金及现金等价物净变动情况。

四、现金流量表的编制

现金流量表可以采用直接法和间接法编制。直接法是指通过现金收入和现金支出的主要类别列示经营活动的现金流量，如销售商品、提供劳务收到的现金，购买商品、接受劳务支付的现金等就是按现金收入和现金支出的类别直接反映的。采用直接法列示经营活动现金流量时，一般以利润表中的营业收入为起算点，调整与经营活动有关的项目的增减变动，然后计算出经营活动的现金流量。间接法以本期净利润为起算点，调整不涉及现金的收入、费用、营业外收支等有关项目的增减变动，剔除投资活动、筹资活动对现金流量的影响，据此计算出经营活动的现金流量。

采用直接法编制的现金流量表，便于分析企业经营活动产生的现金流量的来源和用途，预测企业现金流量的未来前景；采用间接法编制的现金流量表，便于将净利润与经营活动产生的现金流量净额进行比较，了解净利润与经营活动产生的现金流量净额存在差异的原因，从现金流量的角度分析净利润的质量。我国现金流量表准则规定企业应当采用直接法编制现金流量表，同时要求在附注中披露将净利润调节为经营活动现金流量的信息。

采用直接法具体编制现金流量表时，可以采用工作底稿法或T形账户法，也可以根据有关账户记录分析填列。现金流量表各项目的列示方法留待在后续课程"中级财务会计"中进一步介绍。

第五节　所有者权益变动表

所有者权益变动表是指反映构成所有者权益各组成部分当期增减变动情况的报表。通过所有者权益变动表，可以为财务报表使用者提供所有者权益总量增减变动的结构性信息，特别是能够让财务报表使用者理解所有者权益增减变动的根源。

一、所有者权益变动表的内容

所有者权益是指企业资产扣除负债后由所有者享有的剩余权益。所有者权益包括实收资本（或股本）、资本公积、其他综合收益、盈余公积、未分配利润等。企业会计准则规定，所有者权益变动表应当反映构成所有者权益的各组成部分当期的增减变动情况。其中，综合收益和与所有者（或股东）的资本交易导致的所有者权益的变动，应当分别列示。与所有者的资本交易，是指企业与所有者以其所有者身份进行的、导致企业所有者权益变动的交易。

二、所有者权益变动表的结构

所有者权益变动表以矩阵的形式列示：一方面列示导致所有者权益变动的交易或事项，即所有者权益变动的来源，对一定时期所有者权益的变动情况进行全面反映；另一方面按照所有者权益各组成部分（如实收资本、资本公积、其他综合收益、盈余公积、未分配利润等）列示交易或事项对所有者权益各部分的影响。

我国企业所有者权益变动表的简化格式如表9-10所示。

表 9-10　所有者权益变动表(简表)　　　　　　　　　会企×表

编制单位：　　　　　　　　　　＿＿＿年度　　　　　　　　　　单位：元

项目	本年金额						上年金额					
	实收资本(或股本)	资本公积	其他综合收益	盈余公积	未分配利润	所有者权益合计	实收资本(或股本)	资本公积	其他综合收益	盈余公积	未分配利润	所有者权益合计
一、上年年末余额												
加:会计政策变更												
前期差错更正												
其他												
二、本年年初余额												
三、本年增减变动金额(减少以"-"号填列)												
(一)净利润												
(二)其他综合收益												
(三)所有者投入和减少资本												
(四)利润分配												
1.提取盈余公积												
2.对所有者(或股东)的分配												
3.其他												
(五)所有者权益内部结转												
1.资本公积转增资本(或股本)												
2.盈余公积转增资本(或股本)												
3.盈余公积弥补亏损												
4.其他												
四、本年年末余额												

三、所有者权益变动表的填列方法

所有者权益变动表各项目均需填列"本年金额"和"上年金额"两栏。所有者权益变动表"上年金额"栏内各项数字，应根据上年度所有者权益变动表"本年金额"栏内所列数字填列。上年度所有者权益变动表规定的各个项目的名称和内容与本年度不一致的，应对上年度所有者权益变动表各项目的名称和数字按照本年度的规定进行调整，将调整后的数字填入所有者权益变动表的"上年金额"栏内。

所有者权益变动表"本年金额"栏内各项数字一般应根据"实收资本（或股本）""资本公积""其他综合收益""盈余公积""利润分配"账户的发生额分析填列。

企业的净利润及其分配情况作为所有者权益变动的组成部分，不需要单独编制利润分配表列示。

[**例9-9**] A股份有限公司2019年12月31日所有者权益各项目余额如下：股本5 000 000元，盈余公积100 000元，未分配利润50 000元。2020年，A股份有限公司获得净利润200 000元，其他综合收益80 000元，提取盈余公积20 000元，分配现金股利100 000元，A股份有限公司2020年度所有者权益变动表如表9-11所示。

表 9-11 所有者权益变动表(简表)

编制单位:A 股份有限公司　　　　2020 年度　　　　会企 x 表　　单位:元

项目	本年金额						上年金额					
	实收资本(或股本)	资本公积	其他综合收益	盈余公积	未分配利润	所有者权益合计	实收资本(或股本)	资本公积	其他综合收益	盈余公积	未分配利润	所有者权益合计
一、上年末余额	5 000 000			100 000	50 000	5 150 000						
加:会计政策变更												
前期差错更正												
其他												
二、本年年初余额	5 000 000			100 000	50 000	5 150 000						
三、本年增减变动金额(减少以"-"号填列)			80 000		200 000	200 000						
(一)净利润					200 000	200 000						
(二)其他综合收益			80 000			80 000						
(三)所有者投入和减少资本						0						
(四)利润分配				20 000	-20 000							
1.提取盈余公积				20 000	-20 000							
2.对所有者(或股东)的分配					-100 000	-100 000						
3.其他												
(五)所有者权益内部结转												
1.资本公积转增资本(或股本)												
2.盈余公积转增资本(或股本)												
3.盈余公积弥补亏损												
4.其他												
四、本年年末余额	5 000 000		80 000	120 000	130 000	5 330 000	5 000 000			100 000	50 000	5 150 000

第六节 财务报表附注

一、财务报表附注概述

财务报表附注是对资产负债表、利润表、现金流量表和所有者权益变动表等报表中列示项目的文字表述或明细资料,以及对未能在这些报表中列示项目的说明等。

资产负债表、利润表、现金流量表和所有者权益变动表等报表中的数字是经过分类和汇总后的结果,是对企业发生经济业务的高度简化和浓缩的数字。附注与资产负债表、利润表、现金流量表和所有者权益变动表等报表具有同等的重要性,是财务报表不可或缺的组成部分。一方面附注是对会计报表项目含义的补充说明,帮助财务报表使用者更准确地把握其含义。比如,通过阅读附注中披露的固定资产折旧政策的说明,财务报表使用者可以掌握报告企业与其他企业在固定资产折旧政策上的异同,以便进行更准确的比较。另一方面附注提供了对会计报表中未列示项目的详细或明细说明。比如,通过阅读附注中披露的存货增减变动情况,财务报表使用者可以了解资产负债表中未单列的存货分类信息。

对于财务报表的外部使用者来说,如果仅仅是阅读报表,而没有理解报表中列示数字所披露的信息,那么财务报表也就不可能充分发挥效用。因此,通过附注与资产负债表、利润表、现金流量表列示项目的相互参照关系,以及未能在报表中列示项目的说明,可以使财务报表使用者全面了解企业的财务状况、经营成果和现金流量。

二、财务报表附注的内容

附注是财务报表的重要组成部分,企业应当按照如下顺序披露附注的内容。

(一)企业的基本情况

(1)企业注册地、组织形式和总部地址。

(2)企业的业务性质和主要经营活动。

(3)母公司及集团最终母公司的名称。

(4)财务报告的批准报出者和财务报告批准报出日,或者以签字人及其签字日期为准。

(5)营业期限有限的企业,还应当披露有关其营业期限的信息。

(二)财务报表的编制基础

财务报表的编制基础是指财务报表是在持续经营基础上还是在非持续经营基础上编制的。企业一般是在持续经营基础上编制财务报表,清算、破产属于非持续经营基础。

(三)遵循企业会计准则的声明

企业应当声明编制的财务报表符合企业会计准则的要求,真实、完整地反映了企业的财务状况、经营成果和现金流量等有关信息,以此明确企业编制财务报表所依据的制度基础。如果企业编制的财务报表只是部分地遵循了企业会计准则,附注中不得做出这种表述。

(四)重要会计政策和会计估计

企业应当披露采用的重要会计政策和会计估计,不重要的会计政策和会计估计可以不披露。在披露重要会计政策和会计估计时,企业应当披露重要会计政策的确定依据和财务报表项目的计量基础,以及会计估计中所采用的关键假设和不确定因素。

(五)会计政策和会计估计变更及差错更正的说明

企业应当按照《企业会计准则第28号——会计政策、会计估计变更和差错更正》的规定,披露会计政策、会计估计变更和差错更正的有关情况。

(六)报表重要项目的说明

企业对报表重要项目诸如应收款项、存货、固定资产、无形资产、职工薪酬、应交税费、营业收入、营业外收入、营业外支出、所得税等的说明,应当按照资产负债表、利润表、现金流量表、所有者权益变动表及其项目列示的顺序,采用文字和数字描述相结合的方式进行披露。报表重要项目的明细金额合计,应当与报表项目金额相衔接。

(七)其他需要说明的重要事项

这些重要事项主要包括或有和承诺事项、资产负债表日后非调整事项、关联方关系及其交易等。

(八)有助于财务报表使用者评价企业管理资本的目标、政策及程序的信息

本章小结

企业对外提供的财务报表至少应包括资产负债表、利润表、现金流量表、所有者权益变动表和会计报表附注。资产负债表是指反映企业某一特定日期的财务状况的会计报表,我国企业的资产负债表采用账户式结构,左方为资产项目,按资产的流动性大小排列,右方为负债和所有者权益项目,按求偿权先后顺序排列。通常资产负债表的各项目均需填列"期末余额"和"年初余额"两栏。"期末余额"栏内各项数字可填月末、季末或年末的数字,应根据会计账簿记录填列。其中,大多数项目可以直接根据总账或明细账余额填列,少数项目则要根据账户余额进行分析、计算后才能填列。利润表是反映企业一定会计

期间内经营成果的报表，综合反映企业经营业绩的主要来源和构成。我国企业的利润表采用多步式，利润表中可以反映营业利润、利润总额和净利润金额，利润表"本期金额"栏内各项数据一般应根据损益类账户和所有者权益类有关账户的发生额分析填列。现金流量表是反映企业一定会计期间内有关现金流入和流出及净流量信息的报表。我国现金流量表将现金流量分为经营活动产生的现金流量、投资活动产生的现金流量和筹资活动产生的现金流量三大类，现金流量表的编制有直接法和间接法两种。所有者权益变动表是反映构成所有者权益各组成部分当期增减变动情况的报表。财务报表附注是对资产负债表、利润表、现金流量表和所有者权益变动表中列示项目的文字表述或明细资料，以及对未能在这些报表中列示项目的说明等。

思考题

1. 什么是财务报表？一套完整财务报表由哪些部分构成？
2. 企业编制财务报表主要为谁提供会计信息？
3. 财务报表的编制要求有哪些？它们是如何进行分类的？
4. 从结构来看，我国企业资产负债表是账户式还是报告式？账户式结构的内在含义是什么？资产和负债应当如何分别列示？
5. 什么是利润表？它的结构如何？怎样编制利润表？
6. 我国企业利润表是多步式还是单步式？简要说明为何利润表要按多步式编排。
7. 现金流量分为哪几类？现金流量表能提供什么信息？
8. 简述所有者权益变动表的基本结构。

第十章 账务处理程序

通过本章学习,了解并掌握:
1. 账务处理程序的含义和分类;
2. 各种账务处理程序的特点;
3. 各种账务处理程序下的账务处理步骤;
4. 科目汇总表的编制方法;
5. 汇总记账凭证的编制方法;
6. 各种账务处理程序的优缺点和适用范围。

 第一节 账务处理程序概述

一、账务处理程序的意义

在前面章节,分别介绍了借贷记账法、会计凭证、会计账簿等内容,这些都是一个企业进行会计核算时所必不可少的基本元素,而要连续、系统、全面地反映和监督一个企业的经济活动,并且科学、合理地组织会计核算工作,仅仅是及时正确地填制会计凭证、登记会计账簿和编制财务报表是不够的,会计部门还必须根据企业的具体情况,确定合理有效的账务处理程序,使会计凭证的填制、会计账簿的登记和财务报表的编制,做到相互配合、相互衔接,形成一个严密的网络,这样才能有条不紊地做好会计核算工作。

账务处理程序也称会计核算程序或会计核算形式,是指在会计核算中,将会计凭证、会计账簿和财务报表进行衔接组合的方法和步骤。

科学、合理地确定适应自身情况的账务处理程序,是正确组织会计核算工作的基础,也是会计制度设计的核心,对充分发挥会计在经济管理中的作用,具有重要的意义。

(1) 有利于提高会计核算质量,及时提供经营管理所需的会计信息。会计工作涉及面广,核算资料来自四面八方,必须妥善组织、合理分工,才能使会计工作有规律地进行,防止差错,从而有利于提高会计核算质量,提供可靠、完整的会计信息,以满足经济管理的需要。

(2) 有利于提高会计核算工作的效率。科学、合理的账务处理程序,可以实现会计工作的规范化,使会计凭证、会计账簿、会计报表之间的衔接合理化,减少不必要的手续和环节,从而有利于提高会计核算工作的效率。

(3) 有利于加强内部有关部门和人员之间的牵制和会计监督。账务处理程序规定了会计凭证之间、会计账簿之间相互联系和账务处理的步骤和方法,使各项会计工作在核算过程中受到严密的控制和监督,从而有利于会计监督职能的发挥。

二、设置账务处理程序的基本原则和内容

企业必须结合自身的实际情况,按照账务处理程序科学化和合理化的基本要求,确定适合本企业的账务处理程序,一般要考虑以下基本原则:

(1) 要与本企业的经济性质、规模和业务的繁简程度等情况相适应,选择最适合本企业特点的财务处理程序,以保证会计核算工作顺利而高效地进行。

(2) 所确定的账务处理程序应能准确、及时、全面、系统地处理和提供经营管理所需要的会计信息,同时在保证会计核算质量的前提下尽可能简化核算手续,提高工作效率。

因此,基于以上原则,企业需要明确以下内容:

(1) 设置哪些类别的会计凭证,这些会计凭证如何获得并传递,以及它们之间是什么关系。

(2) 设置哪些类别的会计账簿,这些会计账簿如何进行登记。

(3) 编制哪些财务报表,根据什么来进行编制。

(4) 上述这些会计凭证、会计账簿、财务报表之间如何前后衔接,从而形成一个有效处理和输出会计信息的系统。

三、账务处理程序的种类

账务处理程序的基本框架如图 10-1 所示。

图 10-1　财务处理程序的基本框架图

在这个基本框架内,根据登记总分类账的依据和方法不同,主要分为以下三种账务处理程序:

（1）记账凭证账务处理程序。

（2）科目汇总表账务处理程序。

（3）汇总记账凭证账务处理程序。

第二节　记账凭证账务处理程序

一、记账凭证账务处理程序的特点

记账凭证账务处理程序是根据原始凭证（或原始凭证汇总表）填制记账凭证，再根据记账凭证直接登记总分类账的一种账务处理程序。

它是最基本的账务处理程序，也是其他账务处理程序的基础，其特点是直接根据记账凭证逐笔登记总分类账。

二、记账凭证和会计账簿的设置

记账凭证一般有以下两种设置方式：

（1）采用通用记账凭证，所有经济业务发生后均编制这种格式的记账凭证。

（2）分别设置收款凭证、付款凭证和转账凭证，经济业务发生后根据其经济内容编制不同格式的记账凭证。

会计账簿一般设置有：

（1）日记账，主要是库存现金日记账和银行存款日记账，格式为三栏式或多栏式。

（2）分类账，包括总分类账和明细分类账。其中，总分类账按一级科目设置，采用三栏式或设"对方科目"三栏式；明细分类账按二级科目设置，根据经营管理的需要可采用三栏式、多栏式或数量金额式等。

此外，企业也应根据实际情况设置必要的备查账簿。

三、账务处理步骤

一般按以下步骤进行账务处理：

（1）根据原始凭证或原始凭证汇总表填制收款凭证、付款凭证和转账凭证（或填制通用记账凭证，下同）。

（2）根据收款凭证和付款凭证逐日逐笔登记库存现金日记账和银行存款日记账。

（3）根据各种记账凭证及所附原始凭证或原始凭证汇总表登记各种明细分类账。

（4）根据收款凭证、付款凭证和转账凭证逐笔登记各种总分类账。

（5）会计期末，将库存现金日记账、银行存款日记账和各种明细分类账分别与总分类账相关账户进行核对，两者当期发生额和余额应核对相符。

（6）根据核对无误的总分类账和有关明细分类账的资料编制财务报表。

上述账务处理的步骤如图 10-2 所示。

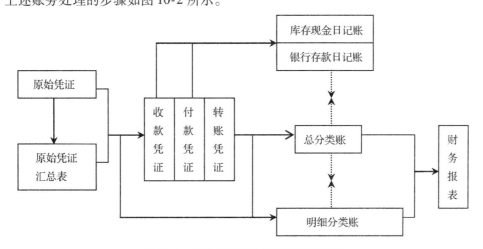

图 10-2　记账凭证账务处理程序流程图

四、优缺点和适用范围

记账凭证账务处理程序作为最基本的核算程序，会计凭证、会计账簿、财务报表之间的关系简单明了，因而便于会计人员掌握和操作。同时，总分类账是直接根据记账凭证逐笔登记的，因而，总分类账能够详细地反映各项经济业务发生和完成的情况，账户与账户之间的对应关系直接而清晰，也便于核对和审查。但是，在企业经济业务量较大时，采用该账务处理程序会使登记总分类账的工作较为繁重。

综合上述优缺点，记账凭证账务处理程序一般适用于经营规模较小、经济业务量较少的企业。

五、记账凭证账务处理程序举例

下面以渤海公司的部分业务为例说明记账凭证账务处理程序，因为各类账务处理程序的区别主要在于登记总分类账的依据和方法不同，所以范例主要展示记账凭证的填制、日记账和总分类账的登记，省略明细分类账的登记和财务报表的编制。此外，不考虑增值税的影响，并假设该公司每月损益采用表结法处理，年终再一次性结转各损益类账户。

（1）渤海公司 2020 年 11 月份发生了以下相关经济业务，并根据有关原始凭证编制了记账凭证（为简便计，本章所有记账凭证中的金额栏不再划分数位填列）。

① 4 日，向黄海公司购入 A 材料，价款 8 000 元已用银行存款支付，材料已验收入库。填制的付款凭证如图 10-3 所示。

付款凭证

付字 第1号
2020年11月4日　　贷方科目：银行存款

摘要	借方科目		金额	记账
	总账科目	明细科目		
购入A材料	原材料	A材料	8 000	√
合计			¥8 000	

会计主管（签章）　记账（签章）　出纳（签章）　审核（签章）　制单（签章）

附件3张

图10-3　填制的付款凭证（1）

② 4日，从银行提取现金1 000元备用。填制的付款凭证如图10-4所示。

付款凭证

付字 第2号
2020年11月4日　　贷方科目：银行存款

摘要	借方科目		金额	记账
	总账科目	明细科目		
从银行提现	库存现金		1 000	√
合计			¥1 000	

会计主管（签章）　记账（签章）　出纳（签章）　审核（签章）　制单（签章）

附件1张

图10-4　填制的付款凭证（2）

③ 4日，以库存现金150元购买公司办公用品。填制的付款凭证如图10-5所示。

付款凭证

付字 第3号
2020年11月4日　　贷方科目：库存现金

摘要	借方科目		金额	记账
	总账科目	明细科目		
购买办公用品	管理费用	办公用品	150	√
合计			¥150	

会计主管（签章）　记账（签章）　出纳（签章）　审核（签章）　制单（签章）

附件2张

图10-5　填制的付款凭证（3）

④ 4日，收到南海公司前欠货款9 800元，已存入银行。填制的收款凭证如图10-6所示。

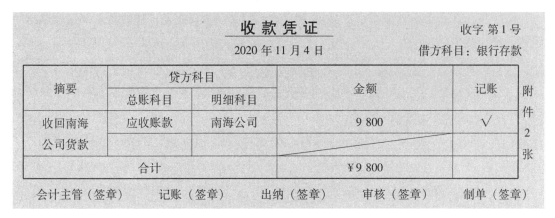

图 10-6 填制的收款凭证（1）

⑤ 4 日，基本生产车间为生产甲产品、乙产品分别领用 A 材料 100 千克和 150 千克，材料单价为 20 元。填制的转账凭证如图 10-7 所示。

转 账 凭 证

2020 年 11 月 4 日　　　　　　　　　　　　　　　　　　转字 第 1 号

摘要	会计科目		借方金额	贷方金额	记账	附件3张
	总账科目	明细科目				
领用 A 材料	生产成本	基本（甲产品）	2 000		√	
	生产成本	基本（乙产品）	3 000		√	
	原材料	A 材料		5 000	√	
合计			￥5 000	￥5 000		

会计主管（签章）　　记账（签章）　　审核（签章）　　制单（签章）

图 10-7 填制的转账凭证（1）

⑥ 7 日，出售给南海公司乙产品 30 件，货款 900 元已收到并存入银行。填制的收款凭证如图 10-8 所示。

收 款 凭 证

收字 第 2 号

2020 年 11 月 7 日　　　　　　　　　　　　　　　　　　借方科目：银行存款

摘要	贷方科目		金额	记账	附件3张
	总账科目	明细科目			
销售乙产品	主营业务收入	乙产品	900	√	
合计			￥900		

会计主管（签章）　　记账（签章）　　出纳（签章）　　审核（签章）　　制单（签章）

图 10-8 填制的收款凭证（2）

⑦ 9日，出售给西沙公司甲产品60件，合计货款为9 000元，货款尚未收到。填制的转账凭证如图10-9所示。

转 账 凭 证

2020年11月9日　　　　　　　　　　　　　　转字 第2号

摘要	会计科目		借方金额	贷方金额	记账
	总账科目	明细科目			
销售甲产品	应收账款	西沙公司	9 000		√
	主营业务收入	甲产品		9 000	√
合计			¥9 000	¥9 000	

会计主管（签章）　　　记账（签章）　　　审核（签章）　　　制单（签章）

附件3张

图10-9　填制的转账凭证（2）

⑧ 14日，收回西沙公司前欠部分货款5 000元。填制的收款凭证如图10-10所示。

收 款 凭 证

2020年11月14日　　　　　　　　　　　　　　收字 第3号
　　　　　　　　　　　　　　　　　　　　　　借方科目：银行存款

摘要	贷方科目		金额	记账
	总账科目	明细科目		
收回西沙公司货款	应收账款	西沙公司	5 000	√
合计			¥5 000	

会计主管（签章）　记账（签章）　出纳（签章）　审核（签章）　制单（签章）

附件2张

图10-10　填制的收款凭证（3）

⑨ 14日，基本生产车间领用A材料7 000元。其中，用于甲产品3 000元，用于乙产品4 000元。填制的转账凭证如图10-11所示。

转 账 凭 证

2020 年 11 月 14 日　　　　　　　　　　　　　　　　　　转字 第 3 号

摘要	会计科目		借方金额	贷方金额	记账	附件3张
	总账科目	明细科目				
领用A材料	生产成本	基本（甲产品）	3 000		√	
	生产成本	基本（乙产品）	4 000		√	
	原材料	A材料		7 000	√	
	合计		￥7 000	￥7 000		

会计主管（签章）　　　记账（签章）　　　审核（签章）　　　制单（签章）

图 10-11　填制的转账凭证（3）

⑩ 18 日，采购员于海出差预借 200 元差旅费，以库存现金支付。填制的付款凭证如图 10-12 所示。

付 款 凭 证

2020 年 11 月 18 日　　　　　　　　　　付字 第 4 号
　　　　　　　　　　　　　　　　　　贷方科目：库存现金

摘要	借方科目		金额	记账	附件1张
	总账科目	明细科目			
预支差旅费	其他应收款	于海	200	√	
	合计		￥200		

会计主管（签章）　　记账（签章）　　出纳（签章）　　审核（签章）　　制单（签章）

图 10-12　填制的付款凭证（4）

⑪ 22 日，基本生产车间领用 A 材料 6 000 元。其中，用于甲产品 2 000 元，用于乙产品 4 000 元。填制的转账凭证如图 10-13 所示。

转账凭证

2020 年 11 月 22 日　　　　　　　　　　　　　　　　转字 第 4 号

摘要	借方科目		借方金额	贷方金额	记账
	总账科目	明细科目			
领用 A 材料	生产成本	基本（甲产品）	2 000		√
	生产成本	基本（乙产品）	4 000		√
	原材料	A 材料		6 000	√
	合计		￥6 000	￥6 000	

附件 3 张

会计主管（签章）　　记账（签章）　　审核（签章）　　制单（签章）

图 10-13　填制的转账凭证（4）

⑫ 24 日，用银行存款 9 000 元购买 A 材料，材料已验收入库。填制的付款凭证如图 10-14 所示。

付款凭证

2020 年 11 月 24 日　　　　　　　　　　　　付字 第 5 号　　贷方科目：银行存款

摘要	借方科目		金额	记账
	总账科目	明细科目		
购入 A 材料	原材料	A 材料	9 000	√
	合计		￥9 000	

附件 3 张

会计主管（签章）　记账（签章）　出纳（签章）　审核（签章）　制单（签章）

图 10-14　填制的付款凭证（5）

⑬ 26 日，销售给南海公司甲产品，货款 8 000 元已收到并存入银行。填制的收款凭证如图 10-15 所示。

收款凭证

2020 年 11 月 26 日　　　　　　　　　　　　收字 第 4 号　　借方科目：银行存款

摘要	贷方科目		金额	记账
	总账科目	明细科目		
销售甲产品	主营业务收入	甲产品	8 000	√
	合计		￥8 000	

附件 3 张

会计主管（签章）　记账（签章）　出纳（签章）　审核（签章）　制单（签章）

图 10-15　填制的收款凭证（4）

⑭ 30 日，分配本月工资费用。其中，基本生产车间甲产品职工工资 10 000 元，基本生产车间乙产品职工工资 5 000 元；车间管理人员工资 2 000 元；公司管理人员工资 4 000 元。填制的转账凭证如图 10-16 所示。

转 账 凭 证

2020 年 11 月 30 日　　　　　　　　　　　　　　　　转字 第 5 号

摘要	会计科目		借方金额	贷方金额	记账	
	总账科目	明细科目				
分配工资费用	生产成本	基本（甲产品）	10 000		√	附件1张
	生产成本	基本（乙产品）	5 000		√	
	制造费用		2 000		√	
	管理费用		4 000		√	
	应付职工薪酬			21 000	√	
	合计		¥21 000	¥21 000		

会计主管（签章）　　　记账（签章）　　　审核（签章）　　　制单（签章）

图 10-16　填制的转账凭证（5）

⑮ 30 日，计提本月固定资产折旧。其中，基本生产车间 5 000 元，公司办公用折旧 3 000 元。填制的转账凭证如图 10-17 所示。

转 账 凭 证

2020 年 11 月 30 日　　　　　　　　　　　　　　　　转字 第 6 号

摘要	会计科目		借方金额	贷方金额	记账	
	总账科目	明细科目				
计提折旧	制造费用	折旧费	5 000		√	附件1张
	管理费用	折旧费	3 000		√	
	累计折旧			8 000	√	
	合计		¥8 000	¥8 000		

会计主管（签章）　　　记账（签章）　　　审核（签章）　　　制单（签章）

图 10-17　填制的转账凭证（6）

⑯ 30 日，用银行存款支付本月应负担的杂项费用 700 元。其中，基本生产车间 500 元，公司行政部门 200 元。填制的付款凭证如图 10-18 所示。

付款凭证

付字 第6号

2020 年 11 月 30 日　　　　贷方科目：银行存款

摘要	借方科目		金额	记账	附件2张
	总账科目	明细科目			
支付杂费	制造费用	杂费	500	√	
	管理费用	杂费	200	√	
	合计		￥700		

会计主管（签章）　　　记账（签章）　　　审核（签章）　　　制单（签章）

图 10-18　填制的付款凭证（6）

⑰ 30 日，结转本月基本生产车间制造费用。其中，甲产品负担 5 000 元，乙产品负担 2 500 元。当月无产品完工。填制的转账凭证如图 10-19 所示。

转账凭证

转字 第7号

2020 年 11 月 30 日

摘要	会计科目		借方金额	贷方金额	记账	附件1张
	总账科目	明细科目				
结转制造费用	生产成本	基本（甲产品）	5 000		√	
	生产成本	基本（乙产品）	2 500		√	
	制造费用			7 500	√	
	合计		￥7 500	￥7 500		

会计主管（签章）　　　记账（签章）　　　审核（签章）　　　制单（签章）

图 10-19　填制的转账凭证（7）

（2）根据收款凭证、付款凭证登记库存现金日记账和银行存款日记账，如表 10-1 和表 10-2 所示。

表 10-1　库存现金日记账　　　　　　　　　　　　　　　　　　单位：元

2020 年		凭证		摘要	对方科目	收入	支出	余额
月	日	字	号					
11	1			月初余额				450
	4	付	2	从银行提现	银行存款	1 000		1 450
	4	付	3	购买办公用品	管理费用		150	1 300
	4			本日合计		1 000	150	1 300
	18	付	4	预支差旅费	其他应收款		200	1 100
	30			本月合计		1 000	350	1 100

表 10-2　银行存款日记账　　　　　　　　　　　　　　　　　　　　　单位：元

2020 年		凭证		摘要	对方科目	收入	支出	余额
月	日	字	号					
11	1			月初余额				12 000
	4	付	1	购入 A 材料	原材料		8 000	4 000
	4	付	2	从银行提现	库存现金		1 000	3 000
	4	收	1	收回南海公司货款	应收账款	9 800		12 800
	4			本日合计		9 800	9 000	12 800
	7	收	2	销售乙产品	主营业务收入	900		13 700
	14	收	3	收回西沙公司货款	应收账款	5 000		18 700
	24	付	5	购入 A 材料	原材料		9 000	9 700
	26	收	4	销售甲产品	主营业务收入	8 000		17 700
	30	付	6	支付杂费	制造费用		500	17 200
					管理费用		200	17 000
	30			本月合计		23 700	18 700	17 000

（3）根据记账凭证登记库存现金总账、银行存款总账、原材料总账、应收账款总账、生产成本总账、制造费用总账和管理费用总账，如表 10-3 所示。其余略。

表 10-3　总分类账　　　　　　　　　　　　　　　　　　　　　　　　单位：元

会计科目：库存现金　　　　　　　　　　　　　　　　　　　　　　　　　第 3 页

2020 年		凭证		摘要	借方	贷方	借或贷	余额
月	日	字	号					
11	1			月初余额			借	450
	4	付	2	从银行提现	1 000		借	1 450
	4	付	3	购买办公用品		150	借	1 300
	18	付	4	预支差旅费		200	借	1 100
	30			本月合计	1 000	350	借	1 100

会计科目：银行存款　　　　　　　　　　　　　　　　　　　　　　　　　第 8 页

2020 年		凭证		摘要	借方	贷方	借或贷	余额
月	日	字	号					
11	1			月初余额			借	12 000
	4	付	1	购入 A 材料		8 000	借	4 000
	4	付	2	从银行提现		1 000	借	3 000
	4	收	1	收回南海公司货款	9 800		借	12 800
	7	收	2	销售乙产品	900		借	13 700
	14	收	3	收回西沙公司货款	5 000		借	18 700

续表

2020年		凭证		摘要	借方	贷方	借或贷	余额
月	日	字	号					
	24	付	5	购入A材料		9 000	借	9 700
	26	收	4	销售甲产品	8 000		借	17 700
	30	付	6	支付杂费		700	借	17 000
	30			本月合计	23 700	18 700	借	17 000

会计科目：原材料   第15页

2020年		凭证		摘要	借方	贷方	借或贷	余额
月	日	字	号					
11	1			月初余额			借	20 000
	4	付	1	购入A材料	8 000		借	28 000
	4	转	1	领用A材料		5 000	借	23 000
	14	转	3	领用A材料		7 000	借	16 000
	22	转	4	领用A材料		6 000	借	10 000
	24	付	5	购入A材料	9 000		借	19 000
	30			本月合计	17 000	18 000	借	19 000

会计科目：应收账款   第20页

2020年		凭证		摘要	借方	贷方	借或贷	余额
月	日	字	号					
11	1			月初余额			借	25 000
	4	收	1	收回南海公司货款		9 800	借	15 200
	9	转	2	销售甲产品	9 000		借	24 200
	14	收	3	收回西沙公司货款		5 000	借	19 200
	30			本月合计	9 000	14 800	借	19 200

会计科目：生产成本   第50页

2020年		凭证		摘要	借方	贷方	借或贷	余额
月	日	字	号					
11	1			月初余额			借	10 000
	4	转	1	领用A材料	5 000		借	15 000
	14	转	3	领用A材料	7 000		借	22 000
	22	转	4	领用A材料	6 000		借	28 000
	30	转	5	分配工资费用	15 000		借	43 000
	30	转	7	结转制造费用	7 500		借	50 500
	30			本月合计	40 500		借	50 500

会计科目：制造费用　　　　　　　　　　　　　　　　　　　　　　　　　第 53 页

2020 年		凭证		摘要	借方	贷方	借或贷	余额
月	日	字	号					
11	30	转	5	分配工资费用	2 000		借	2 000
	30	转	6	计提折旧	5 000		借	7 000
	30	付	6	支付杂费	500		借	7 500
	30	转	7	结转制造费用		7 500	平	0
	30			本月合计	7 500	7 500	平	0

会计科目：管理费用　　　　　　　　　　　　　　　　　　　　　　　　　第 55 页

2020 年		凭证		摘要	借方	贷方	借或贷	余额
月	日	字	号					
11	1			月初余额			借	9 000
	4	付	3	购买办公用品	150		借	9 150
	30	转	5	分配工资费用	4 000		借	13 150
	30	转	6	计提折旧	3 000		借	16 150
	30	付	6	支付杂费	200		借	16 350
	30			本月合计	7 350		借	16 350

第三节　科目汇总表账务处理程序

一、科目汇总表账务处理程序的特点

科目汇总表账务处理程序也称记账凭证汇总表账务处理程序，是根据原始凭证（或原始凭证汇总表）填制记账凭证，再根据记账凭证定期汇总编制科目汇总表，并根据科目汇总表来登记总分类账的一种账务处理程序。

其特点是登记总分类账的直接依据是科目汇总表，而不是记账凭证，即从记账凭证到总分类账之间增加了编制科目汇总表这一步骤。

二、记账凭证和会计账簿的设置

在这种账务处理程序下，记账凭证一般设置为收款凭证、付款凭证、转账凭证和科目汇总表。所需要设置的会计账簿及其格式与记账凭证账务处理程序相同，包括日记账（三栏式或多栏式）、总分类账（三栏式）和明细分类账等。

三、科目汇总表的编制方法

科目汇总表也称记账凭证汇总表，是将记账凭证定期按照会计科目进行汇总并列示其借方发生额和贷方发生额的汇总凭证，其一般格式如表10-4所示。

表10-4　科目汇总表

年　　月　　日至　　日　　　　　　　　　　　编号：
　　　　　　　　　　　　　　　　　　　　　　　凭证起讫号数：

会计科目	借方发生额	贷方发生额	总账账页（或记账符号）
……	……	……	……
合计			

会计主管（签章）　　记账（签章）　　审核（签章）　　制单（签章）

表格中各栏的填制方法如下："会计科目"栏，根据总分类账中的会计科目顺序进行填制；"借方发生额"栏和"贷方发生额"栏，将所要汇总的记账凭证按照相同的会计科目分别借方和贷方进行汇总登记，并进行试算平衡；借贷方发生额在总分类账登记完毕后，应在"总账账页"栏填制所登记总分类账的账页数，或者用记账符号"√"进行标记。

科目汇总表的编制时间，一般应根据企业经济业务量的多少而定。比如，业务量较大，则可以每日汇总或隔日汇总一次；业务量较小，则可以每五日、十日或十五日汇总一次，甚至在月末汇总一次。

四、账务处理步骤

科目汇总表账务处理步骤如下：

（1）根据原始凭证或原始凭证汇总表填制收款凭证、付款凭证和转账凭证。

（2）根据收款凭证和付款凭证逐日逐笔登记库存现金日记账和银行存款日记账。

（3）根据各种记账凭证及所附原始凭证或原始凭证汇总表登记各种明细分类账。

（4）根据收款凭证、付款凭证和转账凭证定期汇总编制科目汇总表。

（5）根据科目汇总表登记总分类账。

（6）会计期末，将库存现金日记账、银行存款日记账和各种明细分类账分别与总分类账相关账户进行核对，两者当期发生额和余额应核对相符。

（7）根据核对无误的总分类账和有关明细分类账的资料编制财务报表。

上述账务处理的基本步骤如图10-20所示。

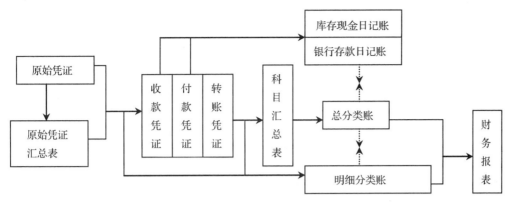

图 10-20　科目汇总表账务处理程序流程图

五、优缺点和适用范围

在该种账务处理程序下，总分类账是根据科目汇总表登记的，因此登记在总分类账中的数据是汇总数据，从而减轻了登记总分类账的工作量。同时，编制科目汇总表可以进行试算平衡，便于发现会计核算工作中的记账差错。另外，科目汇总表的编制也较简便，易于掌握。

但由于总分类账是根据汇总数据登记的，这样就无法详细具体地反映各项经济业务的来龙去脉，也无法反映各账户之间的对应关系，不便于审核账目。

综合上述优缺点，该种账务处理程序适用于经营规模大、经济业务量较多的企业。

六、科目汇总表账务处理程序举例

下面仍以第二节的渤海公司为例，主要说明科目汇总表账务处理程序下科目汇总表的编制和总分类账的登记，省略日记账、明细分类账的登记和财务报表的编制。

（1）根据有关原始凭证填制记账凭证，参见第二节。

（2）根据收款凭证、付款凭证和转账凭证编制科目汇总表，假设每十日汇总一次，如表 10-5、表 10-6 和表 10-7 所示。

表 10-5　科目汇总表　　　　　　　　　　　　　　　　　　单位：元

2020 年 11 月 1 日—10 日　　　　　　　　　　　　　　科汇字第 11 - 1 号

会计科目	借方发生额	贷方发生额	记账
库存现金	1 000	150	√
银行存款	10 700	9 000	√
应收账款	9 000	9 800	√
原材料	8 000	5 000	√
生产成本	5 000		√

续表

会计科目	借方发生额	贷方发生额	记账
管理费用	150		√
主营业务收入		9 900	√
合计	33 850	33 850	

会计主管（签章）　　　记账（签章）　　　审核（签章）　　　制单（签章）

表 10-6　科目汇总表　　　　　　　　　　　　　　　　　　单位：元

2020 年 11 月 11 日—20 日　　　　　　　　　　　　科汇字第 11－2 号

会计科目	借方发生额	贷方发生额	记账
库存现金		200	√
银行存款	5 000		√
应收账款		5 000	√
其他应收款	200		√
原材料		7 000	√
生产成本	7 000		√
合计	12 200	12 200	

会计主管（签章）　　　记账（签章）　　　审核（签章）　　　制单（签章）

表 10-7　科目汇总表　　　　　　　　　　　　　　　　　　单位：元

2020 年 11 月 21 日—30 日　　　　　　　　　　　　科汇字第 11－3 号

会计科目	借方发生额	贷方发生额	记账
银行存款	8 000	9 700	√
原材料	9 000	6 000	√
生产成本	28 500		√
应付职工薪酬		21 000	√
累计折旧		8 000	√
管理费用	7 200		√
制造费用	7 500	7 500	√
主营业务收入		8 000	√
合计	60 200	60 200	

会计主管（签章）　　　记账（签章）　　　审核（签章）　　　制单（签章）

（3）根据科目汇总表登记库存现金总账、银行存款总账和原材料总账，如表 10-8 所示。其余略。

表 10-8　总分类账　　　　　　　　　　　　　　　　　单位：元

会计科目：库存现金　　　　　　　　　　　　　　　　　　　　　第 3 页

2020 年		凭证		摘要	借方	贷方	借或贷	余额
月	日	字	号					
11	1			月初余额			借	450
	10	科汇	11-1	1—10 日发生额	1 000	150	借	1 300
	20	科汇	11-2	11—20 日发生额		200	借	1 100
	30			本月合计	1 000	350	借	1 100

会计科目：银行存款　　　　　　　　　　　　　　　　　　　　　第 8 页

2020 年		凭证		摘要	借方	贷方	借或贷	余额
月	日	字	号					
11	1			月初余额			借	12 000
	10	科汇	11-1	1—10 日发生额	10 700	9 000	借	13 700
	20	科汇	11-2	11—20 日发生额	5 000		借	18 700
	30	科汇	11-3	21—30 日发生额	8 000	9 700	借	17 000
	30			本月合计	23 700	18 700	借	17 000

会计科目：原材料　　　　　　　　　　　　　　　　　　　　　　第 15 页

2020 年		凭证		摘要	借方	贷方	借或贷	余额
月	日	字	号					
11	1			月初余额			借	20 000
	10	科汇	11-1	1—10 日发生额	8 000	5 000	借	23 000
	20	科汇	11-2	11—20 日发生额		7 000	借	16 000
	30	科汇	11-3	21—30 日发生额	9 000	6 000	借	19 000
	30			本月合计	17 000	18 000	借	19 000

第四节　汇总记账凭证账务处理程序

一、汇总记账凭证账务处理程序的特点

汇总记账凭证账务处理程序是根据原始凭证（或原始凭证汇总表）填制记账凭证，再根据记账凭证定期编制汇总记账凭证，并根据汇总记账凭证直接登记总分类账的一种账务处理程序。

其特点是根据汇总记账凭证登记总分类账，在记账凭证和会计账簿之间以汇总记账凭证衔接。

二、记账凭证和会计账簿的设置

在这种账务处理程序下,记账凭证一般设置为两套:一套是三种格式的记账凭证,即收款凭证、付款凭证和转账凭证;另一套是相对应的汇总记账凭证,即汇总收款凭证、汇总付款凭证和汇总转账凭证。所需要设置的会计账簿及其格式与记账凭证账务处理程序相同,也包括日记账、总分类账和明细分类账等。

三、汇总记账凭证的编制方法

汇总记账凭证分为汇总收款凭证、汇总付款凭证和汇总转账凭证,它们分别是根据收款凭证、付款凭证和转账凭证进行定期汇总编制而成的,其格式分别如表10-9、表10-10和表10-11所示。

表10-9 汇总收款凭证

年　　月　　　　　　　　　　　　　　　　　　编号:

借方科目:

贷方科目	金额				记账	
	1日至10日收款凭证第__号至__号	11日至20日收款凭证第__号至__号	21日至31日收款凭证第__号至__号	合计	借方	贷方
……	……	……	……	……	……	……
合计						

会计主管(签章)　　　　记账(签章)　　　　审核(签章)　　　　制单(签章)

表10-10 汇总付款凭证

年　　月　　　　　　　　　　　　　　　　　　编号:

贷方科目:

借方科目	金额				记账	
	1日至10日付款凭证第__号至__号	11日至20日付款凭证第__号至__号	21日至31日付款凭证第__号至__号	合计	借方	贷方
……	……	……	……	……	……	……
合计						

会计主管(签章)　　　　记账(签章)　　　　审核(签章)　　　　制单(签章)

表 10-11　汇总转账凭证

年　　月　　　　　　　　　　　　　　　　　　　　　编号：

贷方科目：

借方科目	金额				记账	
	1日至10日转账凭证第__号至__号	11日至20日转账凭证第__号至__号	21日至31日转账凭证第__号至__号	合计	借方	贷方
……	……	……	……	……	……	……
合计						

会计主管（签章）　　　　记账（签章）　　　　审核（签章）　　　　制单（签章）

（一）汇总收款凭证的编制

汇总收款凭证根据汇总期内的全部库存现金和银行存款收款凭证，分别按"库存现金"和"银行存款"科目的借方设置，按与其相对应的贷方科目进行归类汇总，定期（一般为每五日或十日）填制，每月分别编制一张库存现金汇总收款凭证和银行存款汇总收款凭证。月终，计算出汇总收款凭证中的合计数，并据以登记到库存现金总账和银行存款总账的借方栏及各对应总账账户的贷方栏中。

（二）汇总付款凭证的编制

汇总付款凭证根据汇总期内的全部库存现金和银行存款付款凭证，分别按"库存现金"和"银行存款"科目的贷方设置，按与其相对应的借方科目进行归类汇总，定期填制，每月分别编制一张库存现金汇总付款凭证和银行存款汇总付款凭证。月终，计算出汇总付款凭证中的合计数，并据以登记到库存现金总账和银行存款总账的贷方栏及各对应总账账户的借方栏中。

（三）汇总转账凭证的编制

汇总转账凭证根据转账凭证中的每个贷方科目设置，按照与其对应的借方科目进行归类，定期汇总填制，这样每月每一贷方科目就编制一张汇总转账凭证。月终，计算出汇总转账凭证中的合计数，并据以登记到该汇总转账凭证所列的贷方科目总账的贷方栏及各对应总账账户的借方栏中。

为了便于编制汇总转账凭证，避免在汇总时出现重复或遗漏，平时在填制转账凭证时应保持一贷一借或一贷多借的账户对应关系，而不要出现一借多贷或多借多贷的账户对应关系。另外，如果汇总期内涉及某一贷方科目的转账凭证不多时，也可以不编制该贷方科目的汇总转账凭证，而是直接根据转账凭证来登记总分类账。

四、账务处理步骤

汇总记账凭证账务处理步骤如下：

（1）根据原始凭证或原始凭证汇总表填制收款凭证、付款凭证和转账凭证。

（2）根据收款凭证和付款凭证逐日逐笔登记库存现金日记账和银行存款日记账。

（3）根据各种记账凭证及所附原始凭证或原始凭证汇总表登记各种明细分类账。

（4）根据收款凭证、付款凭证和转账凭证定期汇总编制汇总收款凭证、汇总付款凭证和汇总转账凭证。

（5）会计期末，根据汇总收款凭证、汇总付款凭证和汇总转账凭证登记总分类账。

（6）会计期末，将库存现金日记账、银行存款日记账和各种明细分类账分别与总分类账相关账户进行核对，两者当期发生额和余额应核对相符。

（7）根据核对无误的总分类账和有关明细分类账的资料编制财务报表。

上述账务处理的基本步骤如图 10-21 所示。

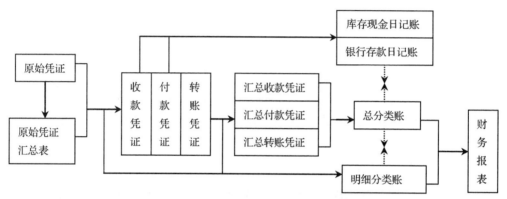

图 10-21　汇总记账凭证账务处理程序流程图

五、优缺点和适用范围

在该种账务处理程序下，总分类账是根据汇总记账凭证在会计期末一次性登记入账，从而减轻了登记总分类账的工作量。同时，汇总记账凭证是按会计科目之间的对应关系进行归类汇总编制而成的，在总分类账中也设有"对方科目"栏，这样便于了解经济业务的来龙去脉，便于审核账目。

但是，记账凭证是按账户的借方或贷方进行归类汇总的，而不是按经济业务的性质进行归类汇总的，因而不便于会计核算分工，并且编制汇总记账凭证本身也会增加工作量，特别是在转账凭证较多时。

综合上述优缺点，该种账务处理程序适用于经营规模大、经济业务量较多的企业。

六、汇总记账凭证账务处理程序举例

下面以第二节的渤海公司有关银行存款收支业务和原材料收发业务为例，说明汇总记账凭证账务处理程序下汇总记账凭证的编制和总分类账的登记，省略日记账、明细分类账的登记和财务报表的编制。

（1）根据有关原始凭证填制记账凭证，参见第二节。

（2）根据记账凭证编制汇总记账凭证，以银行存款和原材料为例，如表 10-12、表 10-13 和表 10-14 所示。其余略。

表10-12　汇总收款凭证　　　　　　　　　　　　　　　单位：元

2020 年 11 月　　　　　　　　　　　　　　　　编号：汇收第 1 号

借方科目：银行存款

贷方科目	金额				记账符号	
	1日至10日收款凭证第1号至2号	11日至20日收款凭证第3号至3号	21日至30日收款凭证第4号至4号	合计	借方	贷方
应收账款	9 800	5 000		14 800	√	√
主营业务收入	900		8 000	8 900	√	√
合计	10 700	5 000	8 000	23 700		

会计主管（签章）　　　　记账（签章）　　　　审核（签章）　　　　制单（签章）

表10-13　汇总付款凭证　　　　　　　　　　　　　　　单位：元

2020 年 11 月　　　　　　　　　　　　　　　　编号：汇付第 1 号

贷方科目：银行存款

借方科目	金额				记账	
	1日至10日付款凭证第1号至2号	11日至20日付款凭证第　号至　号	21日至30日付款凭证第5号至6号	合计	借方	贷方
原材料	8 000		9 000	17 000	√	√
库存现金	1 000			1 000	√	√
制造费用			500	500	√	√
管理费用			200	200	√	√
合计	9 000		9 700	18 700		

会计主管（签章）　　　　记账（签章）　　　　审核（签章）　　　　制单（签章）

表10-14　汇总转账凭证

2020 年 11 月　　　　　　　　　　　　　　　　编号：汇转第 1 号

贷方科目：原材料

借方科目	金额				记账符号	
	1日至10日转账凭证第1号至1号	11日至20日转账凭证第3号至3号	21日至30日转账凭证第4号至4号	合计	借方	贷方
生产成本	5 000	7 000	6 000	18 000	√	√
合计	5 000	7 000	6 000	18 000		

会计主管（签章）　　　　记账（签章）　　　　审核（签章）　　　　制单（签章）

（3）根据汇总记账凭证登记银行存款总账和原材料总账，如表 10-15 所示。其余略。

表 10-15　总分类账　　　　　　　　　　　　　　　　　单位：元

会计科目：银行存款　　　　　　　　　　　　　　　　　　　第 8 页

2020 年		凭证		摘要	对方科目	借方	贷方	借或贷	余额
月	日	字	号						
11	1			月初余额				借	12 000
	30	汇收	1	收回货款	应收账款	14 800		借	26 800
	30	汇收	1	销售产品	主营业务收入	8 900		借	35 700
	30	汇付	1	购买材料	原材料		17 000	借	18 700
	30	汇付	1	从银行提现	库存现金		1 000	借	17 700
	30	汇付	1	支付杂费	制造费用		500	借	17 200
	30	汇付	1	支付杂费	管理费用		200	借	17 000
	30			本月合计		23 700	18 700	借	17 000

会计科目：原材料　　　　　　　　　　　　　　　　　　　　第 15 页

2020 年		凭证		摘要	对方科目	借方	贷方	借或贷	余额
月	日	字	号						
11	1			月初余额				借	20 000
	30	汇付	1	购买材料	银行存款	17 000		借	37 000
	30	汇转	1	领用材料	生产成本		18 000	借	19 000
	30			本月合计		17 000	18 000	借	19 000

本 章 小 结

账务处理程序也称会计核算程序或会计核算形式，是指会计凭证、会计账簿、财务报表相结合的方式。根据登记总分类账的依据和方法进行分类，账务处理程序主要有记账凭证账务处理程序、科目汇总表账务处理程序和汇总记账凭证账务处理程序三种。

记账凭证账务处理程序是根据原始凭证（或原始凭证汇总表）填制记账凭证，再根据记账凭证直接登记总分类账的一种账务处理程序。它的特点是直接根据记账凭证逐笔登记总分类账，是最基本的账务处理程序，账户与账户之间的对应关系比较清晰，便于核对和审查，但登记总分类账的工作量较大，因此一般适用于经营规模较小、经济业务量较少，日常需要填制的记账凭证也不多的企业。

科目汇总表账务处理程序是根据原始凭证（或原始凭证汇总表）填制记账凭证，再根据记账凭证定期编制科目汇总表，并根据科目汇总表来登记总分类账的一种账务处理程序。其特点是总分类账是根据科目汇总表登记的，减轻了登记总分类账的工作量，同时还可以通过编制科目汇总表进行试算平衡，但无法反映各账户之间的对应关系，不便于审核账目。该种账务处理程序适用于经营规模大、经济业务量较多的企业。

汇总记账凭证账务处理程序是根据原始凭证（或原始凭证汇总表）填制记账凭证，再根据记账凭证定期编制汇总记账凭证，并根据汇总记账凭证直接登记总分类账的一种账务处理程序。其特点是根据汇总记账凭证来登记总分类账，大大简化了登记总分类账的工作。同时，汇总记账凭证是按会计科目之间的对应关系进行归类汇总编制而成的，在总分类账中也设有"对方账户"栏，这样便于了解经济业务的来龙去脉，便于审核账目。但是，记账凭证是按账户的借方或贷方进行归类汇总的，而不是按经济业务的性质进行归类汇总的，因而不便于会计核算分工。该种账务处理程序适用于经营规模大、经济业务量较多的企业。

思考题

1. 科学、合理地确定账务处理程序时，要遵守哪些基本原则？
2. 账务处理程序主要有哪几种？区别不同账务处理程序的主要标志是什么？
3. 简述记账凭证账务处理程序的特点、账务处理步骤、优缺点及其适用性。
4. 简述科目汇总表账务处理程序的特点、账务处理步骤、优缺点及其适用性。
5. 简述汇总记账凭证账务处理程序的特点、账务处理步骤、优缺点及其适用性。
6. 试述科目汇总表的编制方法。
7. 试述汇总记账凭证的编制方法。

第十一章 会计工作的组织

学习目的与要求

通过本章学习，了解并掌握：

1. 会计工作组织的意义和要求；
2. 会计机构的设置、会计工作组织形式和会计工作的岗位责任制；
3. 会计人员的职权和要求；
4. 会计法律规范的三个层次；
5. 会计档案的保管期限和销毁规定；
6. 会计电算化的特点和发展。

第一节 会计工作组织概述

一、会计工作组织的意义

为了完成会计的任务，发挥会计的作用，必须正确地组织会计工作。会计工作的组织包括会计机构的设置、会计人员的配备和会计制度的建立。组织好会计工作具有以下三点重要意义。

（一）保证会计工作正确地执行党和国家的方针、政策、法规、制度和各项规定

会计工作是一项政策性很强的工作。企业、行政事业等单位的经济活动，必须贯彻执行党和国家的方针、政策、法规、制度和各项规定。因此，会计工作对各单位的经济活动进行反映和监督，必须反映和监督各单位对有关方针、政策、法规、制度和各项规定的执行情况。只有正确地组织会计工作，才能从组织上保证正确地执行党的方针、政策，国家

的法规、制度和各项规定，在经济领域内打击不法行为，保护社会主义公有财产，坚持社会主义方向，巩固社会主义的经济基础。

（二）保证会计工作的质量，提高会计工作的效率

会计工作是一项严密细致的工作。会计所反映和监督的经济活动是错综复杂的，对错综复杂的经济活动要经过从凭证到账簿再到报表，进行计算、记录、分类、汇总、分析、检查，通过这一系列的处理程序和手续，方能为经营管理提供所需的各种数据资料。在实际工作中，各道程序、各种手续和各项数据之间存在着密切的联系，任何一道程序的脱节、一个手续的遗漏或者是一项数据的差错都会造成整个核算工作的结果达不到正确和及时的要求，从而贻误工作。正确地组织会计工作，使会计工作按照事先规定的处理程序和手续有条不紊地进行，可以防止差错；即使发生差错，也易于纠正。这样，才能保证会计工作的质量，提高会计工作的效率。

（三）确保会计工作与其他经济管理工作的协调一致

会计工作是一项综合性经济管理工作。单位里所发生的各项经济活动，都要通过会计加以反映和监督，因而会计工作就与其他各种经济管理工作，如计划、统计等有着十分密切的联系。它们在共同的目标之下相互补充、相互促进。正确地组织会计工作，能使会计工作与其他经济管理工作更好地分工协作，密切配合，共同完成管理经济的任务。

总之，正确地组织会计工作，不仅有利于企业、事业等单位经济活动的顺利进行，也有利于整个国民经济的正常发展。

二、会计工作组织的要求

正确地组织会计工作，必须符合以下三点基本要求。

（一）符合国家对会计工作的统一规定

会计所提供的各项数据资料，既是反映企业、事业等单位遵循国家的方针、政策，执行计划和预算的结果，又是国家制定方针、政策，编制计划和预算的重要依据之一。为了充分发挥会计的重要作用，国家对会计工作的重要方面都做了统一的规定。遵循国家的统一规定，是各个企业、事业等单位组织会计工作所要遵循的首要原则。

（二）适应本单位生产经营管理的特点

国家对会计工作的统一要求，只是从整个国家的情况和需要出发所作的原则性规定。由于各个单位的经济活动各不相同、业务繁简程度不等，经营管理对会计的具体要求也不尽相同。因此，要组织好会计工作，必须要按照各单位经济活动的不同情况和经济管理的具体要求，作出切合实际的安排以及提出具体的实施办法。

（三）符合精简节约的原则

在组织会计工作时，应在保证会计工作质量的前提下，尽量节约会计工作的时间和费

用。所有会计凭证、账簿、报表的设计,各种会计处理手续和程序的规定,会计机构的设置和会计人员的配备等,均要虑及成本——效益原则,以最少的人力、物力、财力消耗取得最大的工作效果。

第二节 会计机构

一、会计机构的设置

会计机构是指各单位内部组织、领导和直接从事会计工作的职能部门。建立和健全会计机构,是保证做好会计工作和发挥会计作用的重要条件。

《中华人民共和国会计法》(以下简称《会计法》)规定,国务院财政部门主管全国的会计工作,县级以上地方各级人民政府财政部门管理本行政区域内的会计工作。中央和地方各级管理机关,一般设置会计司、局、处、科等专门机构。它们的主要任务是:在处理好本身的日常会计工作的同时,组织、领导和监督所属单位的会计工作,审核、分析、批复和汇总所属单位上报的财务报表,核算本单位与财政机关、上下级之间有关缴款和拨款的会计事项等,对所属单位的会计工作进行检查和指导,总结交流先进经验,处理属于职责范围内的其他工作。

基层各单位会计机构的设置,应根据其经营规模大小、会计业务繁简、收支数额大小等具体情况来确定。《会计法》第三十六条规定:"各单位应当根据会计业务的需要,设置会计机构,或者在有关机构中设置会计人员并指定会计主管人员;不具备设置条件的,应当委托经批准设立从事会计代理记账业务的中介机构代理记账。"各单位是否设置会计机构,因各单位情况不同而由各单位根据自己的会计业务需要决定。原则上,企业和行政事业单位需要科学、合理地组织会计工作,都要设置会计工作的专职机构,由于各单位的经营规模大小不同,会计业务的复杂程度不同,机构人员设置的要求不同,办公自动化程度不同,各单位可以根据会计业务需要决定是否设置专门的会计机构,或者选择在有关机构中配备专职会计人员。通常实行独立核算的大中型企业、实行企业化管理的事业单位,以及财务收支数额较大、会计业务较多的机关团体和其他组织,都要设置由本单位领导人直接领导的会计机构,并配备必要的会计人员。而财务收支数额不大、单位形式比较简单、会计核算不太复杂的单位,如一些经营规模小、业务量少的企业,以及业务比较少的机构、团体和事业单位,可以不设置专门的会计机构。在不与法律、法规相违背的情况下,是否设置会计机构,如何设置会计机构,怎么称呼会计机构,均由各单位自主决定。

《会计基础工作规范》规定,没有设置会计机构或者配备会计人员的单位,应当根据《代理记账管理办法》的规定,委托会计师事务所或者持有代理记账许可证书的代理记账机构进行代理记账。

必须指出，由于会计工作与财务工作都是综合性的经济管理工作，而且它们之间的关系非常密切，在我国的实际工作中，通常是合并设置一个财务会计机构，统一办理财务和会计工作。

二、会计工作的组织形式

企业会计工作的组织形式是指企业内部各级会计机构之间在会计反映和监督上的相互关系。会计工作的组织形式，一般可分为集中核算和分散核算两种。

集中核算是指把企业的会计工作主要集中到企业的会计机构来进行。企业内部各部门、车间一般不设置会计机构，只设置专职或兼职的会计人员，对本部门或本车间发生的经济业务，填制原始凭证和汇总原始凭证，定期报送企业的会计部门，由企业的会计部门登记账簿，并编制财务报表。实行集中核算可以减少核算层次，节省人力、物力，提高工作效率，但核算工作过于集中，与各部门、车间的责权利结合不紧密。它一般适用于规模较小、业务量较少的单位。

分散核算又称非集中核算，是指把企业的会计工作分散到企业的各个部门、车间来进行。在分散核算组织形式下，企业各部门、车间一般要设置会计机构，设立并登记会计账簿，单独计算盈亏，编制内部会计报表。企业的会计机构则主要是汇总编制整个企业的会计报表。实行分散核算，使各个部门、车间能够随时掌握和利用核算资料，及时地解决经营过程中出现的问题。它一般适用于规模较大、业务量较多的单位。

对于一个企业或者企业内部的几个不同部门，是实行集中核算还是实行分散核算，主要应根据各企业、部门的特点和管理要求，从有利于加强经济管理、经济核算来决定。但无论采用何种组织形式，企业对外的现金收支、银行存款结算、物资购销、债权债务结算等经济往来，都必须由企业的会计机构集中办理，企业内部各部门、车间不能直接对外发生经济往来。

三、会计工作的岗位责任制

组织好会计工作，必须认真贯彻会计工作岗位责任制。会计工作的岗位责任制是指为了加强对会计工作的管理，提高会计工作的效率，保证财务会计制度的贯彻执行而在财务会计机构内部，按照会计工作的任务和会计人员的配备情况，建立事事有人管、人人有专责的一种责任制度。这样，可以合理使用人力，提高会计人员的责任感和纪律性，加强会计人员之间的协作和监督，促使会计人员不断提高业务能力，改进工作方法，保证按质、按量、按期完成会计工作。

（一）会计工作岗位设置要求

各单位应当根据会计业务需要设置会计工作岗位。会计工作岗位一般可分为：会计机构负责人或者会计主管人员、出纳、财产物资核算、工资核算、成本费用核算、财务成果核算、资金核算、往来结算、总账报表、稽核、档案管理等。开展会计电算化和管理会计的单位,可以根据需要设置相应工作岗位,也可以与其他工作岗位结合。档案管理部门的人员管理会计档案,不属于会计岗位。

会计工作岗位可以一人一岗、一人多岗或者一岗多人,但出纳人员不得兼任(兼管)稽核、会计档案保管和收入、支出、费用、债权债务账目的登记工作。《中华人民共和国会计法》第三十七条规定:"会计机构内部应当建立稽核制度。出纳人员不得兼任稽核、会计档案保管和收入、支出、费用、债权债务账目的登记工作。"出纳人员是会计机构中直接与现金打交道的工作人员。根据我国的有关规定和各单位的实际情况,出纳人员一般有以下职责:办理现金收付和银行存款结算业务;登记库存现金日记账和银行存款日记账;保存库存现金和各种有价证券;保管有关印章、空白收据和空白支票。因为出纳人员直接管理钱款,所以对几个岗位不能兼职,否则容易发生弄虚作假、监守自盗等现象。实行岗位责任制,并不要求会计人员长期固定在某一会计岗位,可以安排会计人员在适当时间轮换岗位。这样,既有利于会计人员比较全面地熟悉并掌握各项会计工作,又便于会计人员之间互相协作,提高会计工作效率。

(二)会计人员回避制度

国家机关、国有企业、事业单位任用会计人员应当实行回避制度。单位领导人的直系亲属不得担任本单位的会计机构负责人、会计主管人员。会计机构负责人、会计主管人员的直系亲属不得在本单位会计机构中担任出纳工作。需要回避的直系亲属为:夫妻关系、直系血亲关系、三代以内旁系血亲和配偶亲关系。

第三节 会计人员

会计人员是指根据《中华人民共和国会计法》的规定,在国家机关、社会团体、企业、事业单位和其他组织(以下统称"单位")中从事会计核算、会计监督等会计工作的人员。

一、会计人员的职权

会计人员作为办理会计事务、进行会计核算和会计监督的主体,依法进行会计核算、实行会计监督,既是其法定职责,也是其法定权力。会计人员依法履行职责,进行会计核算,实行会计监督,其合法权益受法律保护。一切干扰和阻碍会计人员依法进行会计核算和实行会计监督的行为都是违法行为,会计人员有权予以抵制。

（一）会计人员的职责

会计人员的职责主要是：严格执行会计制度，实行会计核算；加强会计监督，维护国家财政制度、财务制度和财经纪律；加强经济核算，参与经营管理，讲求经济效益。

具体地说，会计人员的职责，主要有以下十个方面：

（1）按照国家财务制度的规定，认真编制并严格执行财务计划、预算，遵守各项收入制度、费用开支范围和开支标准，合理使用资金，保证完成财政上缴任务。

（2）按照国家会计制度的规定记账、算账、报账，做到手续完备，内容真实，数字准确，账目清楚，日清月结，按期报账。

（3）按照银行有关制度的规定，合理使用贷款，加强资金管理，做好结算工作。

（4）参与编制各项经济计划、业务计划，指定定额，签订经济合同，参与经营决策。

（5）按照经济核算原则，定期检查、分析财务计划、预算的执行情况，挖掘增收节支的潜力，考核资金使用效果，揭露经营管理中的问题，及时向领导提出建议。

（6）按照国家颁发的《会计档案管理办法》的规定，妥善保管会计凭证、会计账簿、会计报表等会计档案资料。

（7）遵守、宣传、维护国家财政、财务制度和财经纪律，同一切违法乱纪行为做斗争。

（8）对上级机关和审计、财政、税务、银行等部门来单位了解、检查会计工作，要负责提供有关资料，如实反映情况。

（9）会计人员调动工作或离职，必须按规定向接管人员办理移交手续。

（10）上级机关决定撤销、合并的单位，会计人员要会同有关人员，编制财产、资金、债权、债务移交清册，办理交接手续。

（二）会计人员的权限

为了保障会计人员能够顺利地履行自己的职责，国家赋予会计人员一定的工作权限。根据国家的有关规定，会计人员的工作权限主要有：

（1）有权要求本单位有关部门、人员认真执行国家批准的计划、预算，遵守国家财经纪律和财务会计制度。

（2）参加本单位有关生产、经营管理的会议，有权提出有关财务开支和经济效益方面的问题和意见。

（3）有权监督、检查本单位有关部门的财务收支、资金使用和财产保管、收发、计量、检验等情况。

（4）有权要求本单位有关部门、人员提供同会计工作有关的情况和资料。

（5）对于违反法令、制度、规定的事项，有权拒绝办理。

（6）对于在执行职务中所发现的问题，有权向本单位领导或上级机关、财政部门报告，提请处理。

二、会计人员的一般要求

会计人员从事会计工作，应当符合下列要求：（1）遵守《中华人民共和国会计法》和国家统一的会计制度等法律规范；（2）具备良好的职业道德；（3）按照国家有关规定参加继续教育；（4）具备从事会计工作所需要的专业能力。

会计人员具有会计类专业知识，基本掌握会计基础知识和业务技能，能够独立处理基本会计业务，表明具备从事会计工作所需要的专业能力。会计机构负责人或会计主管人员，是在一个单位内具体负责会计工作的中层领导人员。担任单位会计机构负责人（会计主管人员）的，应当具备会计师以上专业技术职务资格或者从事会计工作不少于三年。

会计人员具有违反国家统一的会计制度的一般违法行为，情节严重的，五年内不得从事会计工作。因有提供虚假财务会计报告，做假账，隐匿或者故意销毁会计凭证、会计账簿、财务会计报告，贪污，挪用公款，职务侵占等与会计职务有关的违法行为被依法追究刑事责任的人员，不得再从事会计工作。

三、会计专业职务与会计专业技术资格

（一）会计专业职务（会计职称）

会计人员是从事经济管理工作的专业技术人员。为了更好地培养和合理地使用会计人员，充分发挥会计人员的积极性，鼓励会计人员努力钻研科学、提高业务水平，更好地为社会主义建设服务，国家在会计人员中实行专业技术职务制度。我国从1992年8月起，开始执行全国统一的会计人员专业技术职务任职资格考试制度。根据2019年1月11日人力资源和社会保障部、财政部《关于深化会计人员职称制度改革的指导意见》（人社部发〔2019〕8号），会计人员职称层级分为初级、中级、副高级和正高级。初级职称只设助理级，高级职称分设副高级和正高级，形成初级、中级、高级层次清晰、相互衔接、体系完整的会计人员职称评价体系。初级、中级、副高级和正高级职称名称依次为助理会计师、会计师、高级会计师和正高级会计师。

（二）会计专业技术资格

会计专业技术资格是指担任会计专业职务的任职资格，简称会计资格。会计专业技术资格分为初级资格、中级资格和高级资格三个级别，分别对应初级、中级、副高级会计职称（会计专业职务）的任职资格。目前，初级、中级资格实行全国统一考试制度，高级会计师资格实行考试与评审相结合制度。

通过全国统一考试取得初级或中级会计专业技术资格的会计人员，表明其已具备担任相应级别会计专业技术职务的任职资格。用人单位可以根据工作需要和德才兼备的原则，从获得会计专业技术资格的会计人员中择优聘任。

四、总会计师

总会计师是主管本单位会计工作的行政领导，是单位行政领导成员，协助单位主要行政领导人工作，直接对单位主要行政领导人负责。凡设置总会计师的单位，在单位行政领导成员中，不设与总会计师职权重叠的副职。总会计师组织领导本单位的财务管理、成本管理、预算管理、会计核算和会计监督等方面的工作，参与本单位重要经济问题的分析和决策。

《中华人民共和国会计法》规定，国有的和国有资产占控股地位或者主导地位的大、中型企业必须设置总会计师。《会计基础工作规范》要求，大、中型企业、事业单位、业务主管部门应当根据法律和国家有关规定设置总会计师。总会计师由具有会计师以上专业技术资格的人员担任。《总会计师条例》规定，事业单位和业务主管部门根据需要，经批准可以设置总会计师。其他单位可以根据业务需要，自行决定是否设置总会计师。

总会计师既要对企业的财务状况负责，又要组织领导和监督检查企业生产经营的各个环节和各个职能部门，实行全面的经济核算，讲求最大的经济效益。实践证明，实行总会计师的经济责任制，有利于协调企业的各项经济工作，是加强企业经营管理、提高经济效益的一项重要措施。

第四节 会计法规

一、会计法律规范的层次

综观世界会计发展史，法律对会计理论和实务的影响明显而深刻，会计法律规范是整个社会法律制度的有机组成部分。会计法律规范是指为了保证市场正常运行而形成的，对各单位的会计实务及会计信息披露发挥指导作用的有关法规、准则、制度的总和。

目前，我国会计法律规范基本上已经形成了以《中华人民共和国会计法》为中心、国家统一的会计制度为基础的相对完整的法规体系。会计法规体系已经成为会计工作顺利进行和健康发展的有力保障，对社会主义市场经济的发展起到了重要的保证和促进作用。

我国会计法规体系包括三个层次。第一个层次是会计法。《中华人民共和国会计法》是我国会计工作的根本大法，是从事会计工作、制定其他各种会计法规的依据。它规定了会计工作的基本目的、会计管理权限、会计责任主体、会计核算和会计监督的基本要求、会计人员和会计机构的职责权限，并对会计法律责任做了详细规定。第二个层次是国务院颁布的有关会计工作的行政法规，主要有《总会计师条例》《企业财务会计报告条例》等。第三个层次是国家统一的会计制度，其法律地位低于会计法和会计行政法规，具体有会计部门规章和会计规范性文件。会计部门规章包括《企业会计准则——基本准则》《事业单位会计准则》《财政部门实施会计监督办法》《会计师事务所执业许可和监督管理办法》《注册会计师注册办法》《代理记账管理办法》《会计档案管理办法》。而会计规范性文件则包括《小企业会计准则》《会计人员管理办法》《会计基础工作规范》《会计电算化管理办法》，以及企业会计准则体系中的具体准则及其解释等。这些构成了我国会计法律制度的主要内容。

二、会计法

国家机关、社会团体、公司、企业、事业单位和其他组织必须依照《中华人民共和国会计法》规定办理会计事务。1985年1月21日，第六届全国人民代表大会常务委员会第九次会议通过了《中华人民共和国会计法》（以下简称《会计法》），该法自1985年5月1日起施行。《会计法》是会计法规体系的最高层次，是制定其他会计法规的依据，也是指导会计工作的最高准则。

随着改革开放的深入和社会主义市场经济的发展，为了适应形势发展的需要，1993年12月29日，第八届全国人民代表大会常务委员会第五次会议通过了《关于修改〈中华人民共和国会计法〉的决定》，中华人民共和国主席第17号令予以公布，自公布之日起施行。这是《会计法》经历的第一次修订。

1999年10月31日，第九届全国人民代表大会常务委员会第十二次会议对《会计法》进行了第二次修订，修订《会计法》对规范会计行为，提高会计信息质量，更有效地发挥会计在经济建设中的作用，具有非常重要的意义。修订后的《会计法》由原来的30条增加到现在的52条，除了会计年度这一条规定外的其他各条款都进行了修订。

2017年11月4日，第十二届全国人民代表大会常务委员会第三十次会议对《会计法》进行第三次修订，修订后的《会计法》自2017年11月5日起施行，删除了关于从事会计工作的人员必须取得会计从业资格证书等规定，标志着施行20多年的会计从业资格管理制度正式取消。修订后的《会计法》突出了规范会计行为、保证会计信息质量的基本宗旨，补充、完善了会计核算和会计记账的基本制度和规则，强化了单位负责人对本单位会计工作和会计资料真实性、完整性负责的责任制，加强了会计人员的资格管理，强化了对会计活动的制约和监督，加大了对违法行为的处罚力度，适应了当前经济和财务管理的需要。

三、会计准则

会计准则是指导会计工作的规范、评价会计工作的准绳。为了适应我国社会主义市场经济发展的需要，统一会计事务处理标准，保证会计信息质量，我国多年来一直重视会计准则的建设。财政部于1992年发布了第一项会计准则，即《企业会计准则》，之后又先后发布了包括关联方关系及其交易的披露、现金流量表、非货币性交易、投资、收入、或有事项、资产负债表日后事项、会计政策、会计估计变更和会计差错更正、借款费用、债务重组、固定资产、无形资产、存货、中期财务报告在内的 16 项具体准则。

2006 年 2 月 15 日，财政部按照立足国情、国际趋同、涵盖广泛、独立实施的原则，对上述准则做了系统性的修改，发布了包括《企业会计准则——基本准则》和 38 项具体准则在内的企业会计准则体系。2006 年 10 月 30 日，财政部又发布了企业会计准则应用指南，从而实现了我国企业会计准则与国际财务报告准则的实质性趋同。2014 年开始，为保持我国企业会计准则与国际财务报告准则的持续趋同，财政部对企业会计准则进行修订和新增，陆续发布修订和新增的十几项企业会计准则，保持了与国际财务报告准则的持续趋同。

我国企业会计准则体系由基本准则、具体准则、应用指南和解释等组成。其中，基本准则在整个企业会计准则体系中扮演着概念框架的角色，起着统御作用；具体准则是在基本准则的基础上，对具体交易或者事项会计处理的规范；应用指南是对具体准则的一些重难点问题做出的操作性规定；解释是随着企业会计准则的贯彻实施，就实务中遇到的实施问题而对准则做出的具体解释。

此外，为了规范小企业确认、计量和报告行为，促进小企业可持续发展，发挥小企业在国民经济和社会发展中的重要作用，财政部于 2011 年 10 月 18 日制定了《小企业会计准则》，规定自 2013 年 1 月 1 日起在小企业范围内施行。小企业会计准则的发布和实施，标志着由适用于大、中型企业的企业会计准则和适用于小企业的小企业会计准则共同构成的企业会计准则体系基本建成，为今后统一会计标准、提高会计信息可比性、建立良好的会计秩序奠定了坚实的基础。

四、会计制度

会计制度是处理会计事项的具体规范和标准。要使各行业、各部门和各单位的会计工作有组织、有秩序地进行，充分发挥会计核算、会计监督、参与经济决策等多种职能，必须制定科学的会计制度。

改革开放以来，我国的会计制度不断改革创新，从改革开放初期为了吸引外资而建立的外商投资企业会计制度，到后来为了适应股份制改革而建立的股份制企业会计制度，再到后来建立的不分行业、不分所有制的统一会计制度，即《企业会计制度》《金融企业会计制度》《小企业会计制度》，在此基础上，分别一般企业、金融保险企业、小企业建立各自操作性较强的有关会计科目设置、具体账务处理、财务会计报告编制和对外提供的办法，适应了我国改革开放和市场经济发展的需要。

财政部于 2006 年 2 月 15 日发布了包括《企业会计准则——基本准则》和 38 项具体准则在内的企业会计准则体系，自 2007 年 1 月 1 日起在上市公司范围内施行，执行 38 项具体会计准则的企业不再执行《企业会计制度》和《金融企业会计制度》。2011 年 10 月 18 日，财政部制定了《小企业会计准则》，自 2013 年 1 月 1 日起在小企业范围内施行，

2004 年 4 月 27 日发布的《小企业会计制度》同时废止。

准则代替制度，实现两者的统一是一种必然结果。一方面会计准则和会计制度核算的范围随着我国市场经济的完善、企业财务人员会计水平的提高将趋于一致，另一方面会计准则和会计制度核算的内容没有本质上的区别，只有规范程度上的详略之分。因此，如果财务人员的会计水平提高到足以熟练的应用会计准则的程度，用会计准则取代会计制度是必然的。

第五节　会计档案

一、建立会计档案的意义

会计档案是指单位在进行会计核算等过程中接收或形成的，记录和反映单位经济业务事项的，具有保存价值的文字、图表等各种形式的会计资料，包括通过计算机等电子设备形成、传输和存储的电子会计档案。会计档案是国家档案的重要组成部分，也是各单位的重要档案。会计档案可以为国家和单位提供详尽的经济资料，对国家制定宏观经济政策和单位制定经济决策具有一定的参考价值。在企业的经济管理中，建立和健全会计档案能为事后检查会计账目和明确经济责任提供书面证明，能为分析经济活动、总结生产经营管理的经验提供有用的资料。鉴于会计档案的重要性，各单位必须加强对会计档案管理工作的领导，建立和健全会计档案的立卷、归档、保管、调阅和销毁等管理制度，切实做好会计档案的管理工作。为了加强会计档案的科学管理，2015 年 12 月 11 日中华人民共和国财政部和国家档案局令第 79 号发布修订后的《会计档案管理办法》，自 2016 年 1 月 1 日起施行的新《会计档案管理办法》，完善了会计档案的定义和范围，增加了电子会计档案的管理要求，明确了会计档案的销毁程序，调整了会计档案的定期保管期限，并延长了会计档案向单位档案管理机构移交的期限。

二、会计档案的立卷和归档

《会计法》第二十三条规定："各单位对会计凭证、会计账簿、财务会计报告和其他会计资料应当建立档案，妥善保管。"单位会计档案由会计凭证、会计账簿、财务会计报告和其他会计资料组成，各单位每年形成的会计档案，应由财会部门按照归档的要求，负责整理立卷或装订成册。

会计部门对记账后的记账凭证要进行整理，定期（每旬或每月）按编号顺序排列，连同所附原始凭证定期装订成册。装订时应加具封面、封底，注明会计凭证所属的时期、种类、张数和起讫号数等，并在装订线上加贴封签。装订成册的封面应按规定格式书写清楚，并在封签处加盖会计主管的骑缝图章。对于某些重要的原始单据，以及各种需要随时查阅的单据，可另编目录，单独登记保管。

在会计年度终了后，各种会计账簿也应归档保管。会计账簿每册为一卷，在更换新账后，将旧账归入会计档案。活页账和卡片账在归档时应装订成册，编定页码，要像订本账一样加具扉页，注明单位名称、所属时期、共计页数和记账人员姓名等，并要加盖公章。

各种会计报表应当专门留存一份归入会计档案，归档时分别按月度报表、季度报表、半年度报表、年度报表装订成册。若一卷内有多份报表，则要填写在卷内目录和案卷备考上。会计报表归档后，如果上级主管部门在批复时有更动，应将此项批复连同更正后的资料一起归档。此外，各种重要的会计检查报告和会计分析报告也应归入会计档案。

为大力推动电子会计数据的深度开发和有效利用，为政府决策和管理提供更多维度、更具参考价值的会计信息，新《会计档案管理办法》明确将电子会计档案纳入会计档案范围，规定会计档案包括通过计算机等电子设备形成、传输和存储的电子会计档案。

为了确保电子会计档案的真实、完整、可用、安全，对于电子会计资料仅以电子形式归档保存的方式，新《会计档案管理办法》提出了如下具体条件：一是形成的电子会计资料来源真实有效，由计算机等电子设备形成和传输；二是使用的会计核算系统能够准确、完整、有效接收和读取电子会计资料，能够输出符合国家标准归档格式的会计凭证、会计账簿、财务会计报表等会计资料，设定了经办、审核、审批等必要的审签程序；三是使用的电子档案管理系统能够有效接收、管理、利用电子会计档案，符合电子档案的长期保管要求，并建立了电子会计档案与相关联的其他纸质会计档案的检索关系；四是采取有效措施，防止电子会计档案被篡改；五是建立电子会计档案备份制度，能够有效防范自然灾害、意外事故和人为破坏的影响；六是形成的电子会计资料不属于具有永久保存价值或者其他重要保存价值的会计档案；七是电子会计资料附有符合《中华人民共和国电子签名法》规定的电子签名。以上要求中，第一、七项规定是确保电子会计档案的真实，第二、三、六项规定是确保电子会计档案的准确、完整、可用，第四、五项规定是确保电子会计档案的安全。单位内部形成的电子会计资料仅以电子形式归档保存必须同时满足第一至六项规定；单位从外部接收的电子会计资料仅以电子形式归档保存必须同时满足第一至七项规定。

三、会计档案的保管和调阅

当年形成的会计档案，在会计年度终了后，可由单位会计管理机构临时保管一年，再移交单位档案管理机构保管。因工作需要确需推迟移交的，应当经单位档案管理机构同意。单位会计管理机构临时保管会计档案最长不超过三年。临时保管期间，会计档案的保管应当符合国家档案管理的有关规定，且出纳人员不得兼管会计档案。

单位会计管理机构在办理会计档案移交时，应当编制会计档案移交清册，并按照国家档案管理的有关规定办理移交手续。纸质会计档案移交时应当保持原卷的封装。电子会计档案移交时应当将电子会计档案及其元数据一并移交,且文件格式应当符合国家档案管理的有关规定。特殊格式的电子会计档案应当与其读取平台一并移交。单位档案管理机构接收电子会计档案时,应当对电子会计档案的准确性、完整性、可用性、安全性进行检测,符合要求的才能接收。

各单位有关部门要加强对会计档案的科学管理,做好保管工作。一方面,在会计档案的保护技术上要采取措施保证不破损、不霉烂、不被虫蛀;另一方面,要使会计档案存放有序、查找方便,严格执行安全和保密制度,以防泄密。档案管理部门接受保管的会计档案,原则上应当保持原卷的封装,个别需要拆封重新整理的,应当会同原财务会计部门和经办人员共同拆封整理,以分清责任。

单位应当严格按照相关制度利用会计档案,在进行会计档案查阅、复制、借出时履行登记手续,严禁篡改和损坏。单位保存的会计档案一般不得对外借出,确因工作需要且根据国家有关规定必须借出的,应当严格按照规定办理相关手续,建立会计档案调阅制度,设置"会计档案调阅登记簿",详细登记调阅日期、调阅人、调阅理由、归还日期等。会计档案借用单位应当妥善保管和利用借入的会计档案,确保借入会计档案的安全、完整,并在规定时间内归还。

四、会计档案的销毁

根据会计档案的特点,会计档案可以分为永久会计档案和定期会计档案。永久会计档案是指无限期保管的会计档案,如年度财务会计报告、会计档案保管清册和会计档案销毁清册等。定期会计档案是指有保管期限,期满后即可按规定销毁的会计档案。近年来,国家档案局对机关和企业文件材料的定期保管期限进行了调整,会计档案在很多民事案件中都作为重要证据,考虑到民事案件的诉讼时效最长为20年,为便于单位档案的统一管理,并结合会计档案的实际利用需求,新《会计档案管理办法》的定期保管期限由原3年、5年、10年、15年、25年五类调整为10年、30年两类。会计档案的保管期限,从会计年度终了后的第一天算起。企业和其他组织会计档案保管期限如表11-1所示。

会计档案的销毁是会计档案管理的重要环节,其中鉴定工作是档案销毁的前提和基础。监销是保证销毁工作按照规定程序和要求进行的一项制度安排。《会计档案管理办法》要求单位应当定期对已到保管期限的会计档案进行鉴定,并形成会计档案鉴定意见书。会计档案鉴定工作应当由单位档案管理机构牵头,组织单位会计、审计、纪检监察等机构或人员共同进行。经鉴定,仍需继续保存的会计档案,应当重新划定保管期限,对保管期满、确无保存价值的会计档案,可以销毁。单位档案管理机构负责组织会计档案销毁工作,并与会计管理机构共同派员监销。监销人在会计档案销毁前,应当按照会计档案销毁清册所列内容进行清点核对;在会计档案销毁后,应当在会计档案销毁清册上签名或盖章。

电子会计档案的销毁还应当符合国家有关电子档案的规定,并由单位档案管理机构、会计管理机构和信息系统管理机构共同派员监销。

表 11-1　企业和其他组织会计档案保管期限表

序号	档案名称	保管期限	备注
一	会计凭证		
1	原始凭证	30 年	
2	记账凭证	30 年	
二	会计账簿		
3	总账	30 年	
4	明细账	30 年	
5	日记账	30 年	
6	固定资产卡片		固定资产报废清理后保管 5 年
7	其他辅助性账簿	30 年	
三	财务会计报告		
8	月度、季度、半年度财务会计报告	10 年	
9	年度财务会计报告	永久	
四	其他会计资料		
10	银行存款余额调节表	10 年	
11	银行对账单	10 年	
12	纳税申报表	10 年	
13	会计档案移交清册	30 年	
14	会计档案保管清册	永久	
15	会计档案销毁清册	永久	
16	会计档案鉴定意见书	永久	

第六节　会计电算化

一、会计计算技术的发展

会计为经济管理所提供的数据资料，要经过记录、计算、分析、整理等一系列工作。进行这些工作，要运用一定的操作技术，会计计算技术就是在对会计数据进行记录、计算、整理等操作过程中所采用的技术方法。会计计算技术是随着经济社会的发展和科学技术的进步而不断发展变化的。组织会计工作时，要提高会计工作效率，应按实际需要，采用并改革会计计算技术。

纵观会计发展史，会计计算技术大致经历了手工操作、机械化操作和电子计算机操作三个发展阶段。

手工操作技术是指通过手工劳动处理会计数据。会计在漫长的发展演变过程中，逐步进化到以算盘为运算工具，用笔墨在会计凭证、会计账簿上记录各项经济业务，并通过会计报表的编制，提供系统的数据资料。

机械化操作技术是以机器操作代替手工操作。由于不断发展的机械化大生产对会计提出了科学管理的要求，在会计工作中，首先在记录和计算方面使用了打字机和计算机；以后又出现穿孔卡片计算机核算系统，只要把原始数据制成穿孔卡片，经过分类、整理、计算、制表等机械化处理程序，即可打印成会计报表输送出来。机械化操作技术是会计计算技术的重大发展，相比于人工操作技术，机械化操作技术使会计数据处理变得既快又准确。

电子计算机操作技术是随着科学技术的进步、电子计算机的发明而采用的现代化的会计操作技术。使用电子计算机处理会计数据，有关数据的分类、排序、运算、存储、传输等一系列处理过程，都是在机器内自动进行，从而大大提高了会计数据处理的正确性、及时性和精确性。

二、会计电算化的特点

随着计算机科学的发展和现代化管理对会计工作提出更高的要求，电子计算机在会计工作中的应用逐步推广。以电子计算机为主的当代电子技术和信息技术应用到会计实务中的人—机系统称为计算机会计信息系统。它是用电子计算机代替人工记账、算账、报账，以及替代部分由人脑完成的对会计信息的处理、分析和制作的过程，计算机会计信息系统与人工会计信息系统输入、处理、输出、存储的内容基本相同。应用电子计算机处理会计数据，不会改变会计理论和原则，但会使会计工作发生一些新的变化，具体表现如下：

（1）电子计算机能够长时间大量存储经济、技术方面的数据资料，可根据会计工作的需要随时加以组合利用，快速而准确地进行数值运算和逻辑判断，因而就为开展会计分析和预测工作创造了极为有利的条件，同时使现代数学方法在会计工作中得到较为广泛的利用。

（2）采用电子计算机处理会计数据后，可以为宏观控制和微观经济管理迅速提供更多的经济信息。同时，由于记账、编表等抄写和计算工作，都由计算机来承担，会计人员的工作负担也就减轻了，便于其集中主要精力加强会计监督及开展分析和研究工作，更好地发挥会计在经济管理中的作用。

（3）由于电子计算机的应用，企业所需要处理的各种数据资料日趋集中，要求其建立起电子计算机化的全面管理信息系统，把会计信息系统作为一个子系统纳入其中，从而使会计工作组织形式及对会计人员的配备和要求上发生不同程度的变化。

三、建立会计电算化的内部管理制度

硬件、软件、人和管理制度是搞好会计电算化的四大重要因素。为了加强对会计电算化工作的管理,美国注册会计师协会于 1976 年发布了管理咨询服务公告第 4 号《计算机应用系统开发和实施指南》。国际会计师联合会于 1984 年 2 月和 1985 年 6 月颁布了三个有关会计电算化的《国际审计准则》,对电算化环境下的审计提出了详细具体的指导,对审计证据、审计软件、测试数据、计算机数据处理环境下的内部控制等都给出了明确的描述。我国会计电算化与国外相比起步较晚,会计电算化发展很不平衡。为了加强对会计电算化工作的管理,规范会计核算软件,保证会计核算软件的质量,从而保证通过电子计算机核算生成的会计信息的真实、准确,《会计法》作出了总括性的规定。《会计法》第十三条规定:"会计凭证、会计账簿、财务会计报告和其他会计资料,必须符合国家统一的会计制度的规定。使用电子计算机进行会计核算的,其软件及其生成的会计凭证、会计账簿、财务会计报告和其他会计资料,也必须符合国家统一的会计制度的规定。"各单位应根据实际情况和财力状况,选择与本单位会计电算化工作规划相适应的计算机机种、机型和系统软件及有关配套设备,建立和健全会计电算化内部管理制度。

(一)建立会计电算化岗位责任制

会计电算化的工作岗位可分为基本会计岗位和电算化会计岗位。基本会计岗位包括会计主管、出纳、会计核算各岗、稽核、会计档案管理等工作岗位。电算化会计岗位包括直接管理、操作、维护计算机和会计软件系统的工作岗位。建立会计电算化岗位责任制,要明确各个工作岗位的职责范围,切实做到事事有人管,人人有专责。

(二)划分电算化会计岗位和工作职责

1. 电算化主管

电算化主管负责协调计算机和会计软件系统的运行,要求具备会计和计算机知识,以及相关的会计电算化组织管理经验。可由会计主管兼任。

2. 软件操作

各单位应鼓励基本会计岗位的会计人员兼任软件操作岗位。软件操作岗位负责输入原始凭证和记账凭证等会计数据,输出记账凭证、会计账簿、财务报表及进行部分会计数据处理,要求具备会计软件操作知识,达到会计电算化初级知识培训的水平。

3. 审核记账

审核记账岗位负责对输入计算机的会计数据进行审核,操作会计软件登记计算机内的会计账簿,对打印输出的会计账簿、财务报表进行确认,要求具备会计和计算机知识,达到会计电算化初级知识培训的水平,可由主管会计兼任。

4. 电算化维护

电算化维护岗位负责保证计算机硬件、软件的正常运行,管理计算机内的会计数据,要求具备计算机和会计知识,达到会计电算化中级知识培训的水平,一般应由专职人员兼任。

5. 电算化审查

电算化审查岗位负责监督计算机和会计软件系统的运行,防止利用计算机进行舞弊,要求具备会计和计算机知识,达到会计电算化中级知识培训的水平,可由会计稽核人员兼任。

6. 数据分析

数据分析岗位负责对计算机内的会计数据进行分析,要求具备计算机和会计知识,达到会计电算化中级知识培训的水平,可由主管会计兼任。

(三)建立会计电算化操作管理制度

在会计电算化操作管理方面,应根据本单位情况,由专人保存必要的上机操作记录,记录操作人、操作时间、操作内容、故障情况等内容;规定上机操作人员对会计软件的操作工作内容和权限,对操作密码严格管理,指定专人定期更换密码,杜绝未经授权人员操作会计软件;预防已输入计算机的原始凭证和记账凭证等会计数据未经审核而登记计算机内的会计账簿;操作人员离开机房前,应执行相应命令退出会计软件。

(四)建立计算机硬件、软件和数据管理制度

在建立计算机硬件、软件和数据管理制度方面,保证机房设备安全和计算机正常运行是进行会计电算化的前提条件,要经常对有关设备进行保养,保持机房和设备的整洁,防止意外事故的发生;确保会计数据和会计软件的安全保密,防止对数据和软件的非法修改和删除,对磁性介质存放的数据要进行双备份;在软件修改、升版和硬件更换过程中,要有一定的审批手续,保证实际会计数据的连续和安全,并由有关人员进行监督;健全计算机硬件和软件出现故障时进行排除的管理措施,保证会计数据的完整性;健全必要的防治计算机病毒的措施。

(五)建立会计电算化档案管理制度

会计电算化档案管理是重要的会计基础工作,对会计电算化档案管理要做好防磁、防火、防潮和防尘工作,重要会计档案应准备双份,存放在两个不同的地点。采用磁性介质保存会计档案,要定期进行检查和复制,防止由于磁性介质损坏,而使会计档案丢失。通用会计软件、定点开发会计软件、通用与定点开发相结合会计软件的全套文档资料和会计软件程序,视同会计档案保管,保管期截至该软件停止使用或有重大更改之后的五年。

在当代高科技迅速发展的形势下,会计面临着新的挑战。随着计算机领域中网络、数据库、人工智能、决策支持系统等技术的发展,会计信息系统也将向着网络化、智能化、决策化方向发展。

四、会计软件

各单位应根据实际情况和财力状况,选择与本单位会计电算化工作规划相适应的计算

机机种、机型和系统软件及有关配套设备。会计核算软件设计应当符合我国法律、法规、规章和国家统一的会计制度的规定，保证会计资料真实、完整，提高会计工作效率。

配备会计软件是会计电算化的基础工作，会计软件的好坏对会计电算化的成败起着关键性的作用。配备的会计软件应达到财政部《会计核算软件基本功能规范》的要求，满足本单位的实际工作需要。配备会计软件主要有选择通用会计软件、定点开发会计软件、通用与定点开发会计软件相结合三种方式，各单位应根据实际需要和自身的技术力量选择配备会计软件的方式。

（一）选择通用会计软件

各单位开展会计电算化初期应尽量选择通用会计软件，选择通用会计软件的投资少，见效快，在软件开发或服务单位的协助下易于应用成功。选择通用会计软件应注意软件的合法性、安全性、正确性、可扩充性和满足审计要求等方面的问题，以及软件服务的便利，软件的功能应该满足本单位当前的实际需要，并考虑到今后工作发展的要求。小型企事业单位和行政机关的会计业务相对简单，应以选择投资较少的微机通用会计软件为主。常用的通用财务软件有金蝶、用友、管家婆、速达、金算盘、新中大等。

（二）定点开发会计软件

定点开发会计软件包括本单位自行开发、委托其他单位开发和联合开发三种形式。大中型企事业单位会计业务一般都有其特殊需要，在取得一定会计电算化工作经验后，也可根据实际工作需要选择定点开发的形式开发会计软件，以满足本单位的特殊需要。

（三）通用与定点开发会计软件相结合

会计电算化初期选择通用会计软件，会计电算化工作深入后，通用会计软件不能完全满足其特殊需要的单位，可根据实际工作需要适时配合通用会计软件定点开发配套的会计软件，选择通用会计软件与定点开发会计软件相结合的方式。

本 章 小 结

会计工作的组织包括会计机构的设置、会计人员的配备和会计制度的建立。会计机构是指各单位内部组织、领导和直接从事会计工作的职能部门。会计工作的组织形式，一般可分为集中核算和分散核算两种。各单位应当根据会计业务需要设置会计工作岗位。会计工作岗位，可以一人一岗、一人多岗或者一岗多人，但出纳人员不得兼任（兼管）稽核、会计档案保管和收入、支出、费用、债权债务账目的登记工作。会计人员是从事经济管理工作的专业技术人员，会计专业技术资格分为初级资格、中级资格和高级资格三个级别，分别对应初级、中级、副高级会计职称的任职资格。目前，初级和中级资格实行全国统一考试制度，高级会计师资格实行考试和评审相结合制度。我国的会计法规体系包括会计法、国务院颁布的有关会计工作的行政法规和国家统一的会计制度三个层次。会计档案是指单位在进行会计核算等过程中接收或形成的，记录和反映单位经济业务事项的，具有保存价值的文字、图表等各种形式的会计资料，包括通过计算机等电子设备形成、传输和存储的电子会计档案。会计档案可以分为永久会计档案和定期会计档案，定期会计档案的保管期限分为10年和30年两类。会计档案的保管期限从会计年度终了后的第一天算起。在当代高科技迅速发展的形势下，会计信息系统也将向着网络化、智能化、决策化方向发展。

思考题

1. 为什么要重视会计工作的组织？组织会计工作应注意哪几点？
2. 为什么要建立会计工作的岗位责任制？
3. 会计人员的职责和权限有哪些？
4. 试述我国的会计法规体系。
5. 为什么要建立会计档案？
6. 会计电算化的特点是什么？如何建立会计电算化的内部管理制度？